www.ingramcontent.com/pod-product-compliance
Lightning Source LLC
Chambersburg PA
CBHW061956090426
42811CB00006B/952

ספר הסולם

פנחס הכהן טורנהיים

בס"ד

ספר הסולם

פנחס הכהן טורנהיים

עטיפה : סטודיו בלאנק'ס - **נטלי אמוייל**

הגהה ועריכה לשונית :   -**נפתלי פרום**

הוועדה להוצאה לאור

2022 - נדפס בארה"ב תשפ"ב   -   **Printed In USA**

לכבוד ריבון כל העולמים מלך מלכי המלכים הקדוש ברוך הוא א-ל אחד יחיד ומיוחד, מי ימלל יקרך והדר הודך הנעלם מכל שכל ונסתר מכל חכמה. תודה לך שנתת בידי את הזכות להיות צינור קטן בספר זה, אשר נכתב להאיר את אורך בעולמנו וללמד אותנו את הדרך אל האור הקדוש האין סופי באין סוף דרכים, הריני נכנע לפניך כניעה גמורה בלב ונפש חפצה לעשות את הטוב בעיניך וחלילה לא להכעיסך.

תודה על החיים הנפלאים ועל כול הטוב שנתת לנו בחן, בחסד וברחמים רבים. שתמכת בנו והראתה לנו את הדרך אל האור האין סופי דרך עולמך והדברים הנפלאים בעולמך אשר בראת כסאות וחופה קבעת לחסידיך, להתעדן בזיו אורך, לחזות בנועם ה' ולבקר בהיכלו. וכן כתוב, "בנאות דשא ירביצני על מי מנוחות ינהלני נפשי ישובב" (תהלים; כ"ג - ב', ג'). ותכלית כל טוב הכינות לכל העובדים לפניך באימה ויראה, מנוחת השקט עולם ועד. ממעל לראש כל רום וגובה נראה הודך, הוד יקר ונעלם. אליו תאוות כל נפש, כל רוח אליו תשוקתו, להתעלה עילוי על עילוי, ולאור באורך לנצח נצחים. וכיסא כבודך שמת, לשרת אותו שרפי קדש, חיות, ואופנים. ורוחך מנהל אותם אל כל עבר ופינה.

● ● ●

ספר זה מוקדש לעילוי נשמת

דוד ויונה מדמוני זצ"ל

זכותם תגן עלינו

ולעילוי נשמת **חיה אפרתי** ז״ל

בת מאיר משה ופרידה אלטע מינדל עליזה

ותודה לך על המסרים.

ספר זה נכתב גם לעילוי נשמת

ינון בן דוד ויונה מדמוני ז״ל

ספר זה גם מוקדש באהבה :

להוריי היקרים אבי **מאיר הכהן** ואמי **פרומה** שיזכו לחיים ארוכים.

התברכנו בכם, אתם תמיד הייתם מעודדים ותומכים. אתם העוגן החזק שלנו, וכמובן הדבק שמדביק בין כולנו. תודה, אבא ואימא המדהימים שבזכותם הגעתי עד הלום.

תודה לאשתי היקרה מיכל בת דוד, שכל המתנות אשר לי, הם אך ורק בזכותך. תודה שבאת לחיי ושהפכת את חיי לחיי אהבה ונתינה. כי רק אדם שיש לו הרבה אור, יכול לחלק לכול הסובבים אותו. וְאַת הסיבה שקבלתי את הזכות להיות צינור קטן, בספר שמאיר את אורו של האור הקדוש האין סופי בעולמנו.

תודה שהיית ותמיד תהיי התמיכה, במלוא עוצמת אהבה שהייתה לי אי פעם. כל מאמץ קטן כגדול שאת עושה עבורי, הוא פשוט מדהים. תודה על הדחיפה והעידוד האינסופי לכתוב. אני אסיר תודה על כך שיש לי אותך בחיי, כי אשת חיל מי ימצא אַת מיכל בת דויד המלך, המקור לכוח ולהשראה שלי כי אַת זו שריפאת את כאב נשמתי, וְאַת הסיבה להצלחתי.

"ותקם בעוד לילה" (משלי; ל"א, ט"ז), אַת תמיד היית הראשונה ליזום רעיונות כל הזמן, ותמיד בכל מחיר ברצונך להביא שלום ואהבה לעולם, שבסוף זה משתלם לכולם. "כפה פרשה לעני וידיה שלחה לאביון" (משלי; ל"א, כ'), ביתך תמיד היה ותמיד יהיה, כבֵּיתו של כלבא שבוע. כל אדם שנכנס לביתך רעב, אם זה רעב לאוכל, רעב לתמיכה נפשית, רעב לתמיכה רוחנית, או צמא לתורתנו הקדושה, הוא תמיד יוצא שׂבֵעַ. ועלייך נאמרו הפסוקים; "רבות בנות עשו חיל את עלית על כלנה" (משלי; ל"א, כ"ט), "פיה פתחה בחכמה ותורת חסד על לשונה" (משלי; ל"א, כ"ו).

אַת היא מיכל בת דויד, וספר התהילים הוא עֵד לי. כתוב; "קול ה' בכח קול ה' בהדר" (תהלים; כ"ט, ד'), וכידוע, הכל תלוי ב"כלי". ושמיעת הקול תלויה במקבל את הקול, ואין הקול נשמע אלא לאוזניים קדושות. את זו שתמיד עוזרת ליקום להביא שלום לרחוק ולקרוב, כי אצלך שניהם שווים באותו משקל - הן עבור מי שהורגל בתורה מנעוריו, והן למי שנתקרב רק עתה ושב מדרכו לדרך של האור הקדוש. כנאמר; "אמר ה' ורפאתיו" (ישעיה; נ"ז, י"ט) מחוליו ומחטאיו. "וכשם שאי אפשר שיקנה אדם עולם הבא - כי אם על ידי העולם הזה, כך אי אפשר לאדם להשיג את שלימות נפשו כדי לזכות לעולם הבא, אלא רק על ידי אשה טובה". (שבט מוסר; פרק כ"ד). וזו היא אַת מיכל בת דויד המלך!

תודה על מתנת שמיים שלי אתם ילדיי - לבנותַיי **אריאל וטלי** היקרות ולבני **יוני** היקר על כל אורך התקופה האחרונה. זה לא מובן מאליו שיש לי תמיד על מי להישען. אתם תמיד משתוקקים לעזור ולתת ולתמוך, ואף פעם לא יושבים בצד ללא עזרה ותמיכה. אני מעריץ אתכם על היכולת שלכם להתחשב בכל אדם ואדם, ועל ההירתמות והרצון לעזור לכולם בכל סיטואציה, ואתם עושים זאת מתוך הקרבה גדולה. אתם, אהבת חיי לנצח!

תודה גם ל-**חנן ונטעלי שולמן**, שני מלאכים אמיתיים. אתם תמיד שותפים, אוהבים, ותומכים לי, כאח ואחות. תודה על התמיכה המשפחתית, הרגשית, והמקצועית, לאורך כל הדרך על ההערות וההארות החכמות שלכם. אתם האוזן הקשבת תמיד ובכל מצב לכל הסובבים אתכם בבעיותיהם, משאלותיהם ובקשותיהם של הזולת. ואתם תמיד התשובה לכל המשאלות.

תודה **לאחי**, **ולאחותי**, ולכל **משפחתי**, על התמיכה ואהבה.

תודה מיוחדת **לשרי דינר**. איך אוכל לתאר את כול החום והאהבה שנתת לי? את תמיד רוצה את הכי טוב בשבילי בחיים.

ותודה **למאיר דינר** שאתה תמיד דואג להעניק עזרה בכל רגע ורגע, ועל עזרתך בקשר לספר זה.

תודה כמובן לרב ולרבנית **אראל'ה ושרהל'ה שיינברגר** וכל ילידיכם ובית חב"ד ג'ורג'טאון. תודה לכם מקרב לב על אהבתכם, על ההבנה, ועל הנתינה האין סופית.

ותודה רבה כמובן לזוג **מיכל ועלי רזיאל** על התמיכה באהבת אין קץ. אתם תמיד כאן מלאים בחכמה, ענווה וצניעות לתפארת ויתרונותיכם העצומים. אתם מלווים אותי בהגשמת פרויקטים מורכבים. תודה על הלב והדלת הפתוחה שלכם, ושאתם עם נתינה אינסופית לכל נזקק!

תודה רבה **לרב ולרבנית אדמוני** על עשייה ברוכה וקדושה בדרך התורה.
ותודה **לניר גרמי** על עשייתך המבורכת.

ותודה לכל אותם אנשים היקרים שלימדו אותי על החיים, בהבנה ובאהבה.
ותודה לכל הנשמות היקרות שלימדו אותי על החיים, ועומדים לצידי באור ובחושך תמיד שם להדריך אותי כמו GPS לכיוון האור באהבה והבנה ותודה על המסרים לספר זה.

תוכן העניינים:

● ● ●

הקדמה

מזל טוב...

קיבלת במתנה חללית, והיא נמצאת בחצר האחורית שלך. יש לך עכשיו את היכולת לטוס לירח ואפילו למאדים. אך יש לי רק בקשה אחת, בשיגור החללית לחלל, היזהר בבקשה עם האש אשר יוצאת מהחללית, שלא תשרוף את הבית של השכן שלך.

ויש לי אליך עוד בקשה קטנה. אני די בטוח שאתה לא ממש יודע להטיס חלליות, לכן יש לי רעיון עבורך, תתחיל ללמוד **קורס טַיָס** (ייקח לך בערך שנתיים לסיימו) ואחרי שתסיים קורס זה, עשה **קורס אווירונאוטיקה**. כך יהיה לך את ההכשרה המקצועית בנושא של מכשירי ניווט אלקטרוניים, תקשורת תעופתית, השכלה טכנית בבטיחות תעופה, בקרת איכות, וכמובן - הגורם האנושי בכל דבר הקשור בטכנולוגיית תעופה. כשתסיים את הקורסים הנ״ל, הייתי ממליץ לך לעשות קורס נוסף של **מדעי החלל**, כי אני ממש לא רוצה שתלך לאיבוד בין הכוכבים.

ברגע שתסיים את כל הלימודים שהמלצתי לך עליהם, יהיה לך ביד את הכוח לעוף לאן שרק בא לך, ללא מעצורים. אך אם לא תעשה זאת, יהיה לך בעיה עם החללית, השווה כמובן חמש מאות מיליון דולר בערך. ובאם לא תעשה בה שימוש נכון ומושכל, היא תהפוך להיות גוש חלודה ששווה פחות מהעלות להוציא אותה מהחצר האחורית.

הקב״ה נתן לך מתנה שאתה חי בתוך הידע הזה, והוא מבקש ממך ללמוד איך להשתמש במתנה הזאת. אז הוא נתן לך את ספר ההוראות של החיים וזאת - התורה הקדושה. עם זאת, הוא נתן לך גם הבטחה, שברגע שתלמד איך להשתמש במתנה הנפלאה שקיבלת, יהיו לך את כל הכלים לעוף לגן עדן, ולא תהיה לך סיבה או רצון לחזור. כי הגעת לשלמות הנפש ושלמות הגוף.

הידע האמיתי אף פעם לא נרכש באופן שיטתי, אלא מכֶּה באדם לפתע. בכדי שהאדם לא יחטוף הלם, שוֹק, או שיגעון - יש בלם לפני ההבנה הזו, כדי שההבנה תתרחש בצורה נכונה, הדרגתית, ושפויה.

אנו חייבים להבין, ששום דבר אינו מִקרי בחיינו. החיים הם בחירתנו ומעשי ידינו, ורק אתה יכול לבחור בתהליכים של איך אתה רוצה לחיות, לאכול, ולנצח מחלות. אם מוחךָ אינו מוכן לשמוע לעצת נשמתך, עליך לצאת מדעתך (מהשכל ומההיגיון שלך) ותלמד להקשיב ללבך ולצַו נשמתך, ולקבל את הכוחות שאתה מייחל להם כל חייך. בכדי ללמוד, אתה חייב לצאת מהמיינד והמוח שלך. כי המוח והשכל, עוצרים את מה שהנשמה והלב כבר יודעים.

תן לנשמה את הכוח להביא עבורך, את החוכמה שכבר יש בה. וכן כתוב; "כי אין אדם נולד חכם, ואי אפשר לו לדעת את הכל. אך בקריאת הדברים יתעורר במה שלא ימצא בספרים עצמם, כי בהיות שִׂכְלו נעוֹר על הדבר, הולך ומשגיח הוא על כל הצדדין, וממציא עניינים חדשים ממקור האמת".
(ספר מסילת ישרים; י"ב)

הנשמה יודעת, שהמוח אמור ללמוד את מה שהיא כבר יודעת. עם זאת, לימדו אותנו להפעיל את המוח ולחשוב עם השכל, ולא עם הנשמה והלב. לכן רוב העולם מוגבל. כי לשכל אין את המידה והיכולות, שיש לנשמה.

המילה "מוח" מופיעה 66 פעמים במחזות של וויליאם שייקספיר, אבל אפילו לא פעם אחת בתורה. איך יכול להיות שבתורה הקדושה לא כתוב מוח? התשובה לכך היא פשוטה בתכלית הפשטות. התורה מלמדת את האדם ללמוד את מה שנשמתו כבר יודעת, כדי שהמוח יתחיל לזכור.

ברגע שאתם מגיעים למקום שאין לכם תשובה על מה שאתם קוראים בספר זה, אתם מתחילים לתַקשר עם הנשמה, וזה הזמן לטפס למדרגה הבאה בסולם.

פרק 1

בריאה חדשה

לפני שתינוק נוצר ברחם אימו, ישנה שמחה גדולה שאנחנו לא מודעים לה. זה ממש כמו חתונה. יש חתן ויש כלה - בשמחה של חיבור בין בעל לאישה, אלא שאפילו האבא והאימא לא מודעים לזה. בדיוק כפי שבעל ואישה נהפכים לזוג ביום חתונתם, כך גם הגוף והנשמה הופכים להיות לאחד ביום הלידה וביום החתונה.

כשתינוק נולד, הוא נראה לנו כבריאה חדשה. אך למעשה, הוא לא מתחיל שום דבר חדש, אלא רק ממשיך את תהליך הבריאה האין סופי, שהוא למעשה המעגל של החיים והמוות. לכל אחד מאיתנו יש מעגל פרטי שמתחיל את הבריאה שלנו, וממשיך את מה שכבר היה בגלגול הקודם ומה שעוד יהיה בגלגול הנוכחי והבא, ואז מגיע הקו הישר שמלמד אותנו כיצד לאהוב את הבורא ואת האני שהוא האדם, ולהגיע להרמוניה ושלמות פנימית עם עצמו.

הרצון של הנשמה הוא, להשיג את החכמה העליונה באופן ישיר ללא מעבר דרך השכל, אלא ישירות דרך הקו הישר - שהוא הלב והרגש. מכיוון שהדרך לרוחניות והשגה רוחנית מעבר לזמן ולמקום הוא רק דרך הקו הזה (הלב) הנקרא בקבלה **בינה**.

המעגל מסמל את כל האפשרויות והיכולות, ואילו **הקו הישר** מסמל את המציאות הכללית המתנגדת לבריאה. כי היא מפריעה לו לקבל את מדרגת החכמה שחפצים בה, ומכריחה אותו להתחיל בעבודה של שִׁפלות כדי למצוא את העולם הישר.

ישנן נקודות מסוימות הנמשכות לאורך הקו הישר, והם נקראים **ספירות**. לקו הישר יש התחלה וסוף מאד ברורים, עם מבנה לכיוון העליון והתחתון. בתהליכי החיים אנחנו עוברים דרך הספירות, לכיוון העליון או התחתון.

קל לנו יותר להתעסק עם הקו הישר המסמל את הגשמיות כי הוא נראה לנו יותר מציאותי, למרות שחכמת הקבלה לא עוסקת בגשמיות אלא רק בנפש האדם. אדם מרגיש ייאוש מהגשמיות, ואז הוא מתחיל לחפש את הטעם הרוחני בחייו, ואז הוא מחפש את הקו הישר (הספירות) לעלות בו. במצב זה, הוא ירגיש ניתוק מהעיגול.

לפי הקבלה, ישנם שלשה צדדים בלוח הספירות ; **ימין, אמצע, ושמאל.** הרמ"ק - רבי משה קורדובירו מחשובי מקובלי צפת במאה ה-16 ובעל הספר "פרדס רימונים" כתב, שהם נקראים שלוש קבוצות : <u>מושכל, מורגש, ומוטבע,</u> ובלשון הקבלה הם מְכוּנים ; **נפש, רוח, ונשמה.**

הספירות נמצאות זה מול זה, והם מייצגות ספירות מנוגדות, ומערכת יחסים של ניגוד והשלמה.

בצד הימין נמצאים הספירות ; **חכמה, חסד, ונצח.**
<u>החכמה</u> - באה מתוך ספירת הכתר - מתוך האין. הכתר זוהי החכמה. שפירושו, היכולת ליצור משהו חדש, אך ללא המסוגלות להוציאו (מן הכוח) אל הפועל באופן מעשי ומוחשי.

<u>החסד</u> - זוהי ספירה המביאה את חסדו של הבורא לאדם, ואת הרצון להֵיטיב לעולם ללא גבול. ספירה זו מעניקה לאדם עצמאות, ויכולת להתמודד עם אתגרים בחיים.

<u>הנצח</u> - זה השפע האלוקי היורד למטה, על מנת לרומם את המציאות ללא גבול. היא עוזרת לנו להתגבר על הקשיים, ובמקביל עוזרת לנו להשפיע על האחֵר. ספירה זו מבטאת גם, התפשטות והשפעה.

בצד שמאל של הספירות, יש את הספירות; **בינה**, **הוד**, ו**גבורה**, המציינים איפוק ובלימה.

הבינה - היא התגלמות החכמה, ומעניקה את יכולת המימוש בעולם החומרי, והיא מקור הבחירה החופשית. כמו כן, היא מציינת במובנה החיובי את היכולת להכיל ניגודים, כדי ליצור שלמות. במובן השלילי היא מציינת את היכולת להפוך טוב לרע. הבינה נמשלה לרחם, המקבלת את הזרע לתוכה.

הוד - זהו כל דבר מרשים ויפה, ויכולת להודות על האמת, ולהודות על הטוב.

הגבורה - מצמצת את השפע ונותנת אך ורק למי שראוי לה, לפי המעשים של האדם. היא מנוגדת לחסד, בכך שהיא מחשבת במדוָיק את המעשים של האדם, ולפי זה היא נותנת לו את מה שמגיע לו. מחד היא נותנת בחירה חופשית לאדם, ומאידך זו הספירה הנקראת "דין". היא תמיד מחשבת את הדין והחשבון של כל בן אנוש, ומזה בא לאדם הפחד.

הספירות האמצעיות הן; **דעת**, **תפארת**, ו**יסוד**. הן מציינות ומייצגות את השילוב והאיחוד הנוצר מתוך איזון שני הכוחות גם יחד. (הספירות מימין והספירות משמאל)

הדעת - מחברת בין החכמה לבינה, והיא מייצגת את האמונה בעולם הגשמי מתוך אמון במציאותו של הבורא. ספירה זו מייצגת את היחסים בין איש לאשתו, ובין האדם לבוראו.

התפארת - זו הספירה המושלמת. כי היא מחברת את החסד והגבורה בהרמוניה כזו, שהופכת את שתי הספירות הללו - לתפארת וליופי. ספירה זו נמצאת בין הנתינה המוחלטת, להגבלה. לכן היא נקראת גם **אמת** או **רחמים**. עקב היותה הספירה האמצעית ביותר במבנה הספירות, היא מייצגת הסתכלות שלמה ואמיתית על החיים, וזוהי המידה המושלמת שיכול האדם לרכוש לעצמו.

יסוד - לספירה זו אני אוהב לקרוא; "משיב הרוח ומוריד הגשם". ספירה זו שולחת את המחשבה משמים לארץ, ומהרוחניות לגשמיות. היא מחברת בין הרצון, למעשה. זוהי הספירה, שבכוחה האידאות האלוהיות מתגשמות בעולם, כפי שכתוב; "רבות מחשבות בלב איש ועצת יהוה היא תקום" (משלי; י"ט, כ"א). זוהי הנקודה, המחברת בין השמים לארץ.

הספירות הללו הן יסודות ומיוסדות כמסמרות כסדרן, בשתי הידיים:
חמש ביד ימין והם; **כתר**, **חכמה**, **חסד** (**גדולה**), **נצח**, **ותפארת**.
וחמש ביד שמאל והם; **בינה**, **גבורה**, **הוד**, **יסוד**, **ומלכות**.
התפארת מציינת את ברית הלשון, המכריע בין הדין והחסדים.

צד ימין של הספירות, מכוּנֶה הצד **הזָכרִי**. הן מאופיינים בכוחות פעלתניים, המנסים להתרחב ולהתפשט ככל הניתן. כל ספירה מייצגת תכונה כללית, ללא מורכבות ופרטים.

צד שמאל של הספירות, זהו הצד **הנְקבִי**. הם מייצגים כוחות נפעלים (פאסיביים), הנוטים להצטמצם ככל הניתן, ולהיכנס להגדרות ופרטים מדוייקים. הם מייצגים את ההיפך הגמור של הספירות הנמצאות בצד ימין.

צד האמצע של הספירות, הוא הזיווג המאחֵד בין התכונות השונות, ומנסה לאחֵד בין הניגודיות, על מנת להגיע לשלמות. זהו הרגע שבו האדם מגיע לשלמות - במובן הרוחני. כפי שבעל ואישה הופכים להיות זוג אחד, כך גם הגוף והנשמה הופכים להיות אחד ביום החתונה. כי הזיווג או החתונה, מסמלים את האפשרות של תיקון הבריאה.

הבריאה יוצרת כל הזמן חיבורים בין כל מרכיבי הבריאה, והתינוק ברחם אימו הוא הצעד הראשון לקראת תיקון הבריאה. כי החומר הוא הגורם אשר מכיל בתוכו את הרוח - הכלי שמשרת אותה - ואשר עליו באותה העת היא פועלת את פעולתה, להתחבר לתהליך שיכול לשנות את העבר על ידי פעולות ההווה, ולשנות שלִילה לחיוב.

תהליך הבריאה, יכול להשפיע על התהליך הקוסמי כולו. כדי להשפיע על תהליך הבריאה שלנו, עלינו להתחיל במחשבה ולהידבק במטרה, ולהתחבר לכוח ההשראה המשפיע עלינו.

חוויית הבריאה של כל אחד מאיתנו, הוא חותם הצמצום שמוביל או יוביל אותנו למעשים הנעלים, שייקחו אותנו דרך הספירות (הסולם) לכיוון עולם הישר - הקו הישר - להגיע למדרגות העליונות ביותר, השער הנעלה ביותר, שהוא השער האין-סופי, והוא האור האין-סופי שאינו משתנה.

אורות המרכבות (הספירות) משתנים, והם אינם חזקים וגדולים כמו האור האין-סופי. אז אם בחרנו נכונה, האור נהיה יותר חזק, יותר טהור ונקי, וכמובן עוזר לנו להתחבר לאור האין סופי. אך אם לאורך הדרך חל שיבוש, והכלים שלנו לאורך הדרך שהם המרכבה והספירות "התלכלכו" באמצעות בחירה בדרך לא נקיה, או על-ידי עיגול משובש ולא מושלם, המרכבות קורסות. זה מה שיוצר את המרירות בין המדרגות, שמחייבת אותנו להתקדם למעלה ולא להיתקע במדרגות. כי כל העולם נע על ידי דרך תורה בקו ישר, או דרך ייסורים על-ידי עיגול משובש. וזה נקרא שבירת הכלי, המשפיע על המציאות שלנו בכל התחומים.

אם לעיתים אין לנו כוח להתעלות רוחנית או להתקדם, ואנחנו חושבים שאנו יכולים להסתפק במועט, במצב זה אנו ממש לא מתקדמים רוחנית. ובגלל שאנחנו לא יכולים לחזור אחורה כי זה כבר לא יספק אותנו, אז אנו צריכים ללמוד להרים את עצמינו מחדש בתהליך חדש, ולצבור אנרגיות חדשות ודרך יותר אוהבת, ולשוב לכיוון האור האין-סופי עם המרכבה, שהוא תהליך שאנו מבינים אותו כתיקון.

עד שתינוק נולד, אף אחד בכלל לא חשב עליו, חוץ מהאימא שדיברה אל הבטן שלה במשך כשלושה חודשים. ברגע שהתינוק נולד ויוצא לאוויר העולם, מאותו רגע יש מי שיתגעגע אליו בכל רגע. אז מה קורה פה? איך זה שברגע אחד, הילד הזה נהפך להיות כל כך חשוב? הרי לפני רגע, לפני הלידה, לא היה

29

לאֵם מישהו להתגעגע אליו או לאהוב אותו. איך יכול להיות, שהתינוק הזה שאף אחד אפילו לא מכיר אותו לפני הלידה, כבר יתגעגעו אליו ברגע שהוא יעזוב, ימות, יילֵך וכו', אבל רגע לפני שהוא נולד, הרגשות הללו עדיין לא היו קיימות, אז לְמה ולמי בעצם אנו מתגעגעים?

כולנו בלי יוצא מן הכלל, מבקרים רוחניים בגוף פיזי. ניתן לקרוא לגוף הפיזי, רכב. כולנו יחידה אחת, בדומה לכספית שיש לה את היכולת להתחלק למיליוני חלקים ולחזור להיות יחידה אחת בעלת צפיפות גבוהה מאוד. כך גם הכול וכולם קשורים לכולם ; חי, צומח, דומם, נשמות, ונפשות. הכול נוצָר ויוצֵר את האור האין-סופי, על-ידי האור האין-סופי.

הכול וכולנו אחד. החלומות שלנו, החיים והמוות, הם כולם תהליך מתוך תהליך אין סופי, שהוא האור האין סופי. בכל חלום, כמו בכל דבר אחר בחיים, יש מסר. תפקידנו להפיק לקחים, וללמוד מאותם מסרים. לנשמה אין הבדל בין אם היא בגוף האדם, או מחוץ לגוף האדם (לפני הלידה או לאחר מות הגוף). היא תמיד אותה נשמה.

כתוב בזוהר (פרשת יתרו ; ע"ו, ע"א), שהגוף הוא לא האדם, אלא הוא רק נרתיק שלובש האדם. אז מי הוא האדם עצמו? למעשה, האדם הוא הנשמה שהיא המחשבה. ואם האדם עצמו הוא המחשבה, הרי שבמקום שהמחשבה נמצאת, שם נמצא האדם עצמו.

לכן בתהליך האין סופי, אנחנו לא רק נוצרים ונבראים על-ידי האור האין סופי, אלא אנו גם יוצרים את האור האין סופי, דרך הבריאה האין-סופית. בדומה לסודות של חז"ל העוסקים פעמים רבות בתיאורים של מחזות וסיפורים משונים שלא עולים על הדעת, ובכך הם מגלים לנו את הצד הנסתר של התהליך האין סופי, באמצעות האור האין סופי.
לא פלא, שמפרשים רבים של התלמוד, מבקשים לתרץ וליישב את הסיפורים הללו. הם מסבירים למשל את הסיפור על 'תנורו של עכנאי' בו היה ר' יוחנן עשה מופתים רבים, כדי להוכיח שהלכה כמותו ולא כמו שאר החכמים.

רבינו חננאל מסביר את הסיפור הנ"ל, שבעצם הוא התרחש כולו בחלום או בחיזיון, ולא בעולם הגשמי והמוחשי. הנשמה נמצאת בתוך הגוף, ולמוח יש מוגבלות מלקבל את השידור שהנשמה רוצה לתת לנו לראות את הקיים מחוץ לגוף. אז האדם במוגבלותו, מתגעגע לְמה שבאמת עדיין נמצא מולו או בתוכו. לכן, החלומות הם ההזדמנות של הנשמות, לעביר לאדם מסרים. הנשיא הראשון של איגוד הפסיכואנליטיקנים הבינלאומי קרל גוסטב יונג כתב, שהחלומות הם הביטוי לתכנים עמוקים של האדם, והחלום הוא באדם עצמו. בחלקים של הנפש ובתת-מודע.

רב חִסְדָא אמר, שחלום שלא נפתר, הריהו כאגרת שלא נקראה. החלומות באים רק בסמלים, כפי שהיה עם יוסף בהתגשמות חלומותיהם של שָרֵי פרעה. לכן חייבים לפתור אותם.

כשאדם ער, הוא עֵר לעולם הפיזי. לכן יש לו מוגבלות, מלראות את הרות. אבל לנשמות למעלה או אפילו בעודן בגוף, לא ממש איכפת או משנה החומר או הגשמיות. הם נמצאים תמיד בעולם משלהם, והם במודעות עצמית גבוהה.

לכן זה חשוב מאד שנבין, שהמושג "געגועים", כמו געגועים לתינוק שעד לפני שהוא נולד אף אחד בכלל לא חשב עליו, אינו קיים בעולמות העליונים (בעולם הרוח). כי הנשמה חווה את האהבה, כדבר הקיים תמיד. געגועים, זה דבר שאינו קיים בעולמות העליונים. לכן, נשמות שעוזבות את העולם הפיזי, אינם רוצים שיתאבלו עליהם כלל וכלל.

אצלנו יש דיני אבלות, שמקורם הוא אהבה עצמית. כי אנחנו 180 מעלות להיפך מהעולמות העליונים, ששם יש רק אהבת הזולת ללא שום אגו. אם היינו יודעים מה הפירוש חיים עליונים ולאן הנשמות עוברות, ואת האמת המתרחשת בעולמות העליונים, היינו מעלים חיוך על שפתינו בזמן ההלוויה, והיינו שמחים ברגע שהיינו מבינים את בחירתם של אהובי ליבנו ואת מקומם החדש. אבל בני אדם בוכים כמובן על האובדן האישי שלהם עצמם, ולא על מי שמת והלך לעולמו.

גוף האדם הגשמי, מושפע מחמישה כוחות רוחניים הנקראים; **נפש**, **רוח**, **נשמה**, **חיה**, **יחידה**, כמבואר בכתבי האר"י. מוכרחים לבאֵר את מהות הכוחות הנפשיים הללו. שלושה הכוחות התחתונים אשר הגוף החומרי מקושר עמם באופן חזק והחיות הגשמית מחובר אליהם מאוד, הם; נפש, רוח, ונשמה, אשר נקראים גם כוח המוּרגש, כוח המוּטבע, וכוח המוּשְׂכל.

הנפש - היא הכוח החיוני המורכב וזורם עם הדם ככתוב; "כי הדם הוא הנפש" (דברים; י"ב, כ"ג). עיקר משכן כוח זה, הוא בחלק התחתון של הגוף. בכבד, בטחול, בכליות, ובמעיים. כי שם הוא 'בית החרושת' של הדם.

הרוח - הוא כוח המידות (תכונות אישיות); גאווה, שִׁפלוּת, טוב-לב, קנאה, כעס, וכמובן מידת הניצחון (אני הכי הטוב בלנצח את כולם), וכן מידת ההוד - להודות לחברו, וכל שאר המידות.

הנשמה - היא כוח השכל והחכמה, ומקום משכנו בחלק העליון בגוף - הראש, ומשם הוא שולח את השפעתו לכל חלקי הגוף. המוח מונח בראש, עם מיליוני התאים שישנם בו. עם זאת, רק הכוח האלוקי המשפיע על מוח האדם נותן את החכמה שיש באדם. זהו הכוח העליון השכלי, אשר ממנו מקור החכמה.

ידוע לכולם, שהעין הגשמית לא רואה, והאוזן הגשמית לא שומעת, אלא רק המוח הוא זה שרואה ושומע. העין והאוזן, הם רק כלים וצינורות מותאמים, להוביל את הנראה והנשמע אל המוח.

כיצד ניתן להגדיר משהו, שאין לנו את הידע או אף מונח אחֵר להשוואה ולתיאור? יתרה מכך, מכיוון שאנחנו חיים בתוך מקום וזמן, אז כמובן שלא כל מה שאנו רואים בחיים, אנחנו באמת מבינים. אפילו שפתנו מוגבלת ואינה יכולה להביע הסבר לדבר העל טבעי המופלא הזה, שהוא אנחנו עצמנו (הנשמה). זה כמו לנסות להסביר מה זה אין-סוף, לאדם שהוא למעשה סופי (כי הגוף והחומר הם סופִיִים). למרות שהאדם הוא חלק מהבריאה האין סופית, אין לו את המקום בשכלו להסביר או להבין, מה זה אין סוף.

לדוגמא; האם אדם שנולד עיוור, יכול להגדיר מה זה אור? נשמה היא תמצית של מהות רוחנית, המתקיימת במצב שאין לו מקביל בעולם הגשמי, ובלתי ניתן לתפוש זאת בהיגיון, בשכל, ובמוח הפיזי. משום שמהותן הרוחנית של הנשמות, שונה מכל דבר שאנו מכירים. אז אם נבקש מאדם שנולד עיוור להסביר לנו מה זה אור, יהיה לו מאוד קשה, ויחסרו לו מילים ומונחים על מנת להביע מה זה אור, וכיצד האור מתמקד או נשבר ומתפרק לצבעים, ומהן השפעותיו.

העיוור יהיה מסוגל לתפוש את כל המידע המצוי בסביבתו, אך ורק באמצעות חושֵי הטעם, הריח, השמיעה, והמישוש. אך לא יהיה לו את המושגים האחרים של חוש הראייה, בכדי להסביר שאור זה קרינה אלקטרומגנטית הנראית לעין האנושית, ושלקרינה אלקטרומגנטית יש אורך גל הנראה לעין האדם.

לכן, גם בנוגע למהותם של הנשמות, אנחנו ממש כמו עיוורים. אולי אנו יכולים להגדיר אותם באמצעות השוואות או על ידי הדמיון שלנו. אך ככל שנהפוך להיות טהורים נקיים ואוהבים יותר ונפסיק לחשוב עם המוח, וניתן למוח ללמוד את מה שהנשמה כבר יודעת, רק אז נוכל לחדור לתוך הדברים הנסתרים מאיתנו, ומעטה הערפל יסור מעלינו.

אם נשאל את הנשמה, מה את? מי את? היא תענה למוח המוגבל, בצורה מוגבלת. היא תענה; "אני גוף ". זהו מצב איום ונורא. מצב זה, הוא המצב הכי גשמי של הנשמה (נפילת המודעות שלה לתוך החומר, ואיבוד ההבנה שהיא אלוהית ורוחנית).

הגוף עצמו רובו מים. המים מהווים 60-70% ממשקל גוף האדם. זאת אומרת, שאנחנו יותר מים, מאשר עור ועצמות. הנפש נמצאת בדם כפי שכתוב; "וְאִישׁ אִישׁ מִבֵּית יִשְׂרָאֵל וּמִן-הַגֵּר הַגָּר בְּתוֹכָם אֲשֶׁר יֹאכַל כָּל-דָּם וְנָתַתִּי פָנַי בַּנֶּפֶשׁ הָאֹכֶלֶת אֶת-הַדָּם וְהִכְרַתִּי אֹתָהּ מִקֶּרֶב עַמָּהּ. כִּי נֶפֶשׁ הַבָּשָׂר בַּדָּם הִוא- עַל-כֵּן אָמַרְתִּי לִבְנֵי יִשְׂרָאֵל כָּל-נֶפֶשׁ מִכֶּם לֹא-תֹאכַל דָּם." (ויקרא, י"ז, י')

לפי זה, אם נוריד את העור עצמות והבשר מעל הגוף, עדיין יישאר לנו 60-70% של נוזלים אשר הנפש בתוכו. זאת אומרת, שהאדם הוא למעשה יצור מֵימִי שקוף, סוג של מדוזה שעשויה מחומר דמוי גֶ'לִי.

ואם נוריד מהנפש (הגוף) את הלבוש של הדמוי גֶ'לי או מֵימִי, יישאר האֵדים (חום), הנוצר מחומר נוזלי. חומר זה, דליל יותר ממים. ואם נוריד גם את האדים מגוף האדם, נישאר רק עם אוויר. אך מהו אוויר?

האוויר מקיף אותנו מכל עבר. אנו חשים בקיומו של האוויר, אך לא רואים אותו, כי הוא שקוף לחלוטין. יתרה מכך, מרכיבי האוויר הם חנקן, חמצן, ומימן - (גזים). זאת אומרת, שחוץ מהאוויר, יש לנשמה עוד לבושים, שהם מרכיבי האוויר; חנקן, חמצן, ומימן. זהו האוויר שאנו נושמים. אי אפשר לראות, להריח, או לטעום אותם, אבל הם שם. עכשיו, אם נוריד מהנפש גם את האוויר (חנקן, חמצן ומימן), יוצא אם כן, שנשארנו רק עם חלל.

החלל החיצון לכאורה אין בו כלום. אך למעשה, יש בו את כל הגלקסיות. החלל נראה או מרגיש לנו כמשהו רֵיק, אבל הוא כולל את כדור הארץ וכל שאר הכוכבים והשמשות. החלל לא באמת ריק לגמרי. הוא מורכב מוואקום מאוד חזק, ומכיל צפיפות נמוכה של חלקיקים כמו; פלזמה, מימן, הליום, קרינה אלקטרומגנטית, שדות מגנטיים וניטרינו, ולזה אנו קוראים ריק? כמעט שכחנו, שיש גם מה שנקרא חומר אפל ואנרגיה אפלה.

אם הנפש תוריד את החלל מעליה, אז היא תישאר עם חשמל. אך מה זה חשמל? לפי המדע, החשמל הוא גם חלק אינטגרלי בטבע, המתקבל מברָקים הנמצאים בסופות גשם. יש בגופנו חשמל הנמצא בעצבים, המניעים את שרירינו ומאפשרים לנו לחוש את סביבתנו. זאת אומרת, שאנו מייצרים חשמל בגופנו?. זה חלק טבעי בנפש. אבל מה זה חשמל? למעשה אין תשובה לשאלה זו, אלא רק תיאורים דֵי מופשטים של תופעות, אשר החשמל גורם להם.

בכדי להסביר מה זה חשמל, אנו צרכים להבין דבר מאוד קטן, אשר ממנו כל חומר מורכב, וזהו "האטום". האטום הוא חלקיק מיקרוסקופי בסיסי, שממנו מורכב החומר. האטום מורכב מחלקיקים קטנים כמו; גרעין שבו יש פרוטונים וניטרונים אשר מורכבים מחלקיקים נוספים, ומסביבם יש ענן של אלקטרונים. הנפש עדיין לבושה בחלקיקים אלה. וכך ניתן להמשיך ולהוריד עוד ועוד חלקים מהנפש, עד שאתה מבין, שהיא בעצם הופכת להיות חלק מהאור האין סופי.

קשה מאוד להבין מה זה ומי זה הנשמה שבתוכנו. כמובן שסוד זה, הוא חלק מתורת הנסתר. ומהי תורת הנסתר? נסתר פירושו המילולי הוא; סותרת את הנגלה. 'נסתר' מלשון סותר. הסתירות מסתירות את הנסתר, לאדם שלא הבשיל עדיין לכדי גילוי. כלומר, תהליך חשיפת העולם הנסתר עובר דרך גילויים, הנדמים כסותרים את הרובד הגלוי של המציאות הגלויה לנו.

האדם מורכב מגוף, מוח, ונשמה. רוב האנשים משתמשים רק בגופם, ולא ברוחם. אחרי גיל 30+ המוח מתחיל להיות מוזנח על-ידי רוב בני אנוש, ואחרי שהאדם סיים אוניברסיטה, הוא לא קורא ולא כותב. המחשבות יוצרות פחדים אצל רוב האנשים, והם נתקעים בתוך הפחדים האלה, ולעולם לא יוצאים מהם. רוב בני אדם כבר לא רוצים ללמוד ולא ללמד, אז אין מזון למוח או לנשמה. כולם תקועים בתוך הפלאפונים, הסמארטפונים, הטאבלטים, שעונים חכמים, טלוויזיה, מחשבים, ומזינים את מוחם ונשמתם בדברים טְפלים ושליליים ברובם.

אדם יושב בתוך הסמארטפון הכי טוב בעולם עם כל האפליקציות המומלצות למיניהם, והאפליקציות אומרות לו 'תפסיק לחשוב'. הם אומרים לו, 'זה לא התפקיד שלך לחשוב'. כמו שהרב הקבלי הקדוש אליעזר אלפרנדי אמר; "המנהיגים הם אלה שיגידו לנו מתי לישון, מתי לעבוד, מתי לשבת, מתי לקום, ואפילו מתי למות".

אמרנו לבורא הקדוש לצאת לפנסיה, והעברנו את השליטה למנהיגים ואנשי התקשורת. האדם אומר לעצמו, אני עסוק בסמארטפון שלי, אז תן לי חיים קלים ותחשוב בשבילי. ואם אני מוצא את עצמי במקום שאני לא מבין את עצמי, בשביל זה יש פסיכולוגים, מורים, רבנים, עורכי-דין, ועוד אוסף גדול של אנשי דעה לכאורה שאינם יודעים מה לעשות אפילו עם עצמם, וכך המערכת ממשיכה עד אין-סוף. והדור הצעיר ששכח לכתוב או לקרוא ובטח לחשוב, יורד שאוֹלָה מול עינינו, והמבוגרים כמו עדר ממשיכים לקנות את הסמארטפון הכי טוב בעולם, ואת הטאבלטים הכי טובים ומומלצים, ועוד ועוד טכנולוגיה, במקום עֵטים וספרים. ופתאום אנחנו מוצאים את עצמנו בעולם שחי על סמים וכדורים של דיכאון, והכול בשם "החופש". אבל אף אחד לא שואל 'חופש ממה'?

בעולם הנשמות קיים דבר שנקרא **נתינה אין-סופית**. זה כמו שאדם זוכה לגור בארמון המלך, וכל ימי חייו מקבל מהמלך את כל אשר יבקש, מבלי להתאמץ עבור משהו.

בעולם הנשמות לא קיימים תכונות כמו; קנאה ושנאה. אבל אהבה ובושה כן קיימים שם. וכאשר אדם חי בבית המלך ומקבל את כל הטוב ממנו, ואין לו דרך כל שהיא לשלם למלך תגמול של הכרת הטוב, אז האדם מרגיש רע וחש בושה גדולה עד כדי כך, שהוא לא יכול לעמוד לפני המלך. הבושה זה לא רק טבע האדם, אלא היא אחת מתכונות היסוד של עולמנו הרגשי והרוחני, וכמובן גם תכונתה של הנשמה.

בורא עולם ידע מראש, שעולם הנשמות לא ישרוד חיות של בושה. אז לזכות הנשמה, ברא הקדוש ברוך הוא את עולם העשייה. ספר שער הגלגולים מסביר אודות ארבעת העולמות; **אצילות**, **בריאה**, **יצירה**, **ועשיה**.

כל <u>הנפשות</u> ובני אדם שוכנים בעולם <u>**העשייה**</u>. זהו העולם החומרי שאנחנו מכירים.

כל <u>הרוחות</u> הם מעולם <u>**היצירה**</u>.

וכל <u>הנשמות</u> הם מעולם <u>**הבריאה**</u>.

הנשמה יורדת לעולם החומר, בכדי לעבוד את היסוד האלוקי דרך קיום התורה, מצוות, ומעשים טובים. כך אנחנו מטפסים בסולם הרוחני. בסולם הרוחני יש שבע מדרגות. הדמיון של כולנו הוא, שיש סולם עם אלפי מדרגות כדי להגיע לשמים, אבל אין זה נכון. הדרך היא מאוד קצרה, כי יש בה רק שבע מדרגות.

<u>המדרגה הראשונה</u>:

זהו בסיס הסולם שלנו, והוא מצביע על העובדה שאין ניתוק בין העולם הגשמי לעולם הרוחני. האדם מתחיל את חייו בארץ, שזה הגוף. הגוף צריך אהבה עצמית, כסף, מין, כוח, רכוש, ביטחון אישי, הצלחה, ויותר מכל - מזון ומים. אבל לגוף יש גם פֶּה, והפֶּה נועד ללמד אותנו להתפלל. התפילה נמצאת גם היא במדרגה הראשונה, והיא זו שעוזרת לנו לטפס למדרגה השנייה.

<u>במדרגה השנייה</u>:

האדם לומד להשתמש בגוף ובמוח, ולומד לשאול את עצמו האם הוא פועל מתוך כוח של הרס עצמי, או מתוך כוח בונה של התמודדות לשם יצירת התיקון. כך הוא יוצר יצירה אישית, מחשבות, רעיונות, חידושים, וגדילה אישית. מעטים יודעים להשתמש בגוף ובמוח יחד, ובקושי מגיעים ל- 10% מהפוטנציאל שלהם. המילה "סולם" מופיעה בתורה הקדושה פעם אחת בלבד, ב'חלום יעקב', וזה היה הסולם הפלאי שראה יעקב בחלומו, ככתוב; "והנה סֻלָּם מֻצָּב ארצה וראשו מגיע השמימה והנה מלאכי אלהים עֹלִים וירְדים בו" (בראשית: כ"ח, י"ב). פסוק זה מרמז לנו, שאם היינו יודעים את הכוח הטמון במוחנו, הפלאים שהיינו יכולים לעשות כתוצאה מכך היו נפלאים והיינו מטפסים למדרגה השלישית, ששם אנו יכולים להגיע לדרגות רוחניות גבוהות ביותר. אך רוב בני אנוש נמצאים ברמה הנמוכה ביותר. עם זאת, בני אדם יכולים ורצוי שיגיעו למדרגה השלישית מתוך השבע במינימום.

כמובן, זה תלוי בזיכוכו של כל אדם, עד שיתגלו אליו כל המדרגות הערוכות מראש שמֵעֵילָא לתתָא, (בארמית; מלמעלה למטה) ולהיותם מסודרים ובאים

בהשגה בזה אחר זה, זה למעלה מזה, כדוגמת שלבֵי הסולם, והם מכוּנים "מדרגות".

כך האדם יוצר איזון פנימי, ועוסק יותר בענייני זהות הנשמה, מטרת חייו, הרחבת אופקי נשמתו, יחסיו עם אלוקים, ויחסי השותפות שלו עם שותפיו לחיים ולעסקים, ומעל הכול בגורל האישי שלו. זה נקרא, ליהנות מחוויית החיים. כי הבורא מתנסה בחיים דרכנו. לכן אנחנו חייבים ללמוד להגיע למקומות יותר בוגרים, כדי שנהנה יותר מחוויית החיים ונוכל לתת ולהטיב יותר עם שאר הבריות.

חמשת המדרגות הנוספות, הם שלבי סולם רוחני גבוהים עבור ההבנה האנושית, ולכן לא העליתי אותם כאן על הכתב.

פרק 2

בריאת העולם

ספר בראשית בתיאור בריאת העולם, מתאר את בריאת הקוסמוס הכולל את מיני בעלי החיים ובעקבותיהם האדם. לפני בריאת היְצוּרים, היה אור אינסופי, שהוא האור שהאיר עוד לפני שנברא העולם. כפי שנכתב בכתבי המקובלים; "עד שלא נברא העולם, היה הוא ושמו אורו בלבד". האור אין סוף, הוא אור שאינו שייך לשום דבר חיצוני. זהו אור שלמעלה מהתלבשות והשתייכות לעולם החומר, וזהו השורש לאור הממלא את כל העולמות הגשמיים. אבל על מנת להתחיל בתהליך בריאת העולם, היה צריך בורא העולם בראשית כל, לצמצם ולסלק את האור האינסופי הזה.

בספר "עץ החיים", כותב האר"י הקדוש בתחילת תיאורו את השתלשלות העולמות; "דע כי טרם שנאצלו הנאצלים ונבראו הנבראים, היה אור עליון פשוט ממלא כל המציאות. ולא היה שום מקום פנוי בבחינת אויר ריקני וחלל, אלא הכל היה מלא אור האין סוף הפשוט ההוא. ולא היה לו בחינת ראש ולא בחינת סוף, אלא הכל היה אור אחד פשוט שווה בהשוואה אחת, הוא הנקרא 'אור אין סוף'. וכאשר עלה ברצונו הפשוט לברוא את העולמות ולהאציל הנאצלים, להוציא לאור שלימות פעולותיו ושמותיו וכינוּיָיו, שהיתה זו סיבת בריאת העולמות. הנה אז צמצם את עצמו אין סוף בנקודה אמצעית"... וכו'.

בכתבי הרמב"ם במורה נבוכים כתוב, שבריאת העולם נעשתה בשני שלבים שונים: בריאת העולם יֵש מאַיִן כפי שנכתב בפסוק; "בראשית ברא אלהים את השמים ואת הארץ", ובה ברא אלוהים "את השמים". אחד הפירושים בעברית למילה 'אֶת' הוא, "עִם". כלומר, ברא את השמים וכל אשר בשמים, את הארץ וכל אשר בארץ. באותו רגע, משנבראו הגלגלים הקובעים את מידת הזמן,

החלה ספירת הזמן, ובכל יום משֵשת ימי השבוע הוציא הקדוש ברוך הוא מן הכוח אל הפועל, את הכוחות הטמונים בבריאה.

ספר הזוהר מתייחס לבריאת העולם באופן נרחב ומסביר, שהסיבה לבריאה היא, ״שיתגלו שלמות כוחותיו״. כלומר, שיהיו מציאויות שירגישו נפרדות מהבורא, כדי שיוכלו להכיר בגדולתו. אמנם מבואר כבר בשער הגלגולים, שמטרה זו היא לא עבור עצמו (הבורא), אלא עבור הנבראים.

כשאנו קונים מכשיר חדש כמו ; מחשב, טלפון, או מכונת כביסה, עוד לפני שאנו מוצאים את המכשיר מהקופסה, אנחנו פותחים את הוראות השימוש. ומי היה הראשון להמציא את הרעיון הזה? אלוהים!!
עוד לפני שנברא העולם, התורה הקדושה כבר נכתבה. אך מה הקשר בין התורה לבריאת העולם? התורה הקדושה היא האחת והיחידה. היא הוראות השימוש של המשתמש בעולם הפיזי, בו אנו חיים.

בעל הסולם המבאֵר את מהותה של חכמת הקבלה ואומר : שהמצוות שבתורה, אינם אלא חוקים והנהגות הקבועים בעולמות העליונים, והם השורשים לכל דרכי הטבע שבעולמנו הזה, ולפיכך מתאימים תמיד חוקי התורה לחוקי הטבע שבעולם הזה, כמו שתי טיפות מים.

חכמי הקבלה מצאו, שארבעת העולמות הנקובים בשם : **אצילות**, **בריאה**, **יצירה ועשייה**, החל מעולם הראשון היותר עליון הנקרא אצילות, עד העולם הזה, הגשמי, המוחשי, הנקרא עשייה, צורתם שווה זה לזה לגמרי, בכל פרטיהם ומקריהם. דהיינו, שכל המציאות ומקרֶיה, הנמצא בעולם הראשון, כל אלה נמצאים גם כן בעולם השני שמתחתיו, בלי שום שינוי של משהו. וכן בכל יתר העולמות שלאחריו, עד לעולם הזה, המוחשי. ואין שום הבדל ביניהם, אלא הבחֵן מדרגה בלבד, המובן רק בחומר שבפרטי המציאות, שבכל עולם ועולם.

נחזור להתחלה. "בראשית", מה פירוש המילה בראשית? כידוע לנו, בראשית פירושו המילולי הוא; **בהתחלה**. בראשית הדברים. בתחילת הדברים. בראשית הבריאה.

אבל איך יכול להיות שבראשית זה בהתחלה? הרי נאמר; "סוף מעשה במחשבה תחילה". חייב להיות אם כן, שבהתחלה היתה מחשבה כלשהי, ורק בסוף נעשתה פעולה. זאת אומרת, שהמילה בראשית כמובן נשמעת לנו בפשטות שזו התחלת הבריאה. אבל למעשה, הבריאה הייתה סוף מעשה, כשהכל היה כבר מוכן במחשבה.

בספר הפליאה כתוב; כשעלה משה רבינו עליו השלום להר סיני, פגש משה רבנו את המלאך מטטרון - הרחבה העיקרית על דמותו של המלאך מטטרון מצויה בספר היכלות והמרכבה, הכוללים חיבורים מיסטיים שחוברו בתקופת התנאים והאמוראים, שבו מספר מטטרון לרבי ישמעאל את הגניאולוגיה שלו, ואת האופן שבו זכה למקום בו הוא נמצא כעת. רבי ישמעאל עולה למרום ב"צפיית המרכבה", שזו פעולה של התעלות מיסטית, ושם הוא נפגש ב- "מטטרון מלאך שר הפנים" שנשלח להדריכו בעולמות העליונים. ר' ישמעאל שומע, שהמלאכים האחרים מכנים את מטטרון "נער", ומטטרון עצמו אומר לו, שהאל בעצמו נוהג לקרוא לו כך. בתגובה לשאלת ר' ישמעאל לפשר הכינוי מספר מטטרון, כי בתחילה הוא היה בן אדם בשם **חנוך בן ירד** המוכר מהמקרא – ומסֵפר היוֹבלים שהוא אחד מן הספרים החיצוניים, המתאר את קורותיהם של אבות עם ישראל. ספר היובלים כמו ספרים חיצוניים אחרים, לא נתקבלו על ידי חכמי היהדות לאורך הדורות, ושם מספר מטטרון שהוא הוּעלָה לשמים, על מנת לשַמֵש כעֵד על בני האדם, לאחר חטאי דור המבול.

חֲנוֹךְ היה הדור השביעי, לאדם הראשון. הוא היה בנו של יֶרֶד ואביו של מתוּשֶלַח. בתיאור חייו, במקום שיופיע הביטוי וימת המופיע אצל שאר הנמנים באותו פרק, מופיע הביטוי; "ואיננו כי לקח אותו אלהים".

וכך כתוב אודותיו; וַיִּתְהַלֵּךְ חֲנוֹךְ אֶת הָאֱלֹהִים, אַחֲרֵי הוֹלִידוֹ אֶת מְתוּשֶׁלַח, שְׁלֹשׁ מֵאוֹת שָׁנָה, וַיּוֹלֶד בָּנִים וּבָנוֹת. וַיְהִי כָּל יְמֵי חֲנוֹךְ, חָמֵשׁ וְשִׁשִּׁים שָׁנָה וּשְׁלֹשׁ

מֵאוֹת שָׁנָה. וַיִּתְהַלֵּךְ חֲנוֹךְ אֶת הָאֱלֹהִים, וְאֵינֶנּוּ, כִּי לָקַח אֹתוֹ אֱלֹהִים (בראשית; ה', כ"ב - כ"ד). בעקבות זאת, נוצרה במשך הדורות ספרות עשירה על דמותו, כצדיק שלא מת.

וכתוב על ר' ישמעאל; "אמר לי מטטרון מלאך שר הפנים, כשביקש הקדוש ברוך הוא להעלות אותי במרום, בתחילה שיגר לי את המלאך ענפיאל השַׂר, ונטלני מביניהם לעיניהם, והדריכני בכבוד גדול על רכב אש וסוסי אש ומשרתי כבוד, והעלַני עד השכינה לשמי מרום. וכיון שהגעתי לשמי מרום, היו חיות הקודש ואופנים שרפים וכרובים וגלגלי המרכבה ומשרתי אש אוכלה המריחין את ריחי ברחוק שישים וחמשת אלפים ושלש מאות פרסה, ואמרו מה ריח ילוד אשה ומה טעם טיפת לבן, שהוא עולה בשמי מרום וישמש בין חוצבי שלהבת? משיב הקב"ה ואמר להם; משרתי צבאי וכרובי ואופני ושרפי אל ירע לבבכם בדבר זה, שכל בני האדם כפרו בי ובמלכותי הגדולה והלכו ועבדו עבודה זרה וסילקתי שכינה מביניהם ועליתי למרום".
וכן כתוב; "אמר ר' ישמעאל, אמר לי מטטרון מלאך שר הפנים, כשלקחני הברוך הוא מן בני דור המבול, העלני בכנפי רוח שכינה לרקיע העליון והכניסני לתוך פלטורין גדולים שברום ערבות רקיע ששם כיסא הכבוד של שכינה ומרכבה... והעמידני לשמש כל יום ויום את כיסא הכבוד".

למעשה, מטטרון הוא שליח הבקשות, התחינות והתפילות, להיטיב את מצבנו. את התפילות מעביר למעלה המלאך מטטרון, והן הופכות להיות שופר בעולמות עליונים. הוא מְפַנֶה את הבקשות למקום המתאים, והוא אחראי להעלות את תפילותינו מהמסגרת של המלכות (עולם החומר הנקרא מלכות), עד לכיסא המלכות.

<u>וכתוב באותיות דרבי עקיבא:</u>
"אל"ף - אמר הקב"ה, <u>א</u>בדתיו, <u>ל</u>קחתיו, <u>פ</u>קדתיו למטטרון עבדי שהוא אחד מכל בני מרומים כולן. <u>אבדתיו</u> בדורו של אדם הראשון, וכיון שהסתכלתי בבני דור המבול שהן מקולקלין ובאין, סילקתי שכינתי מביניהן, ועליתי בקול שופר ובתרועה למרום, שנאמר; "עלה אלהים בתרועה יהוה בקול שופר (תהלים; מ"ז,

ו׳), ולקחתיו לחנוך בן ירד מביניהם, והעליתיו בקול שופר ובתרועה למרום להיות לי לעד עם ארבע חיות שבמרכבה לעולם הבא. פקדתיו על כל גנזים ואוצרות שיש לי בכל רקיע ורקיע, ומפתח של כל אחד ואחד מסרתים בידו, ושמתִּיו שַׂר על כל השמים ועשיתיו משרת לכיסא כבודי היכלי ערבות לפתוח לי דלתותיהן, וכיסא הכבוד לבלבל ולסדר חיות הקודש לקשור בראשם כתרים... רוממתי על כל רום קומתו בתוך כל רמי הקומות שבעים אלפים פרסאות, גידלתי כִּסאו מאור כיסאי, והרביתי כבודו מהדר כבודי. הפכתי בשרו ללפידי אש, וכל עצמות גופו לגחלי אור... קראתיו בשמי יו״י הקטן שר הפנים, ויודע רזים, וכל רז ורז גליתי לו באהבה, וכל סוד וסוד הודעתיו ביושר. קבעתי כִּסאוֹ בפתח היכלי מבחוץ לישב ולעשות דין בכל פמליא שלי שבמרום, וכל שר ושר העמדתי לנגדו ליטול ממנו רשות לעשות לו רצוני. שבעים שמות נטלתי משמותי, וקראתיו בהם להרבות לו כבוד. שבעים שרים נתתי לידו לפקוד להם בכל לשון פיקודי דברי... ולא עוד, אלא שבכל יום ויום יושב מטטרון שלש שעות בשמי מרום וכונס את כל הנשמות של עוּבָּרין שמתו במעי אִמָּן ושל יונקי שדיים שמתו על שדי אמן, ושל תינוקות של בית רבן שמתו על חומשי תורה, ומביא אותן תחת כיסא הכבוד ומושיבן כתות כתות וחבורות חבורות ואגודות אגודות סביבות פניו, ומלמדן תורה וחכמה והגדה ושמועה ומסיים להן ספר תורה, שנאמר; ״את מי יורה דעה ואת מי יבין שמועה, גמולי מחלב עתיקי משָׁדָיִם״ (ישעיה; כ״ח, ט׳).

האות ת׳ הגיעה בראשונה והקב״ה פסל אותה, וכן הלאה כל האותיות. עד שהגיעה האות ב׳, והיא נבחרה להיות האות שהיא ההתחלה של סדר הבריאה. זוהי האות איתה אלוקים פותח את התורה; ״**ב**ראשית ברא אלהים את השמים ואת הארץ״ (בראשית; א׳, א׳). הסיבה שהיא האות שאיתה נפתחת התורה ולא האות א׳, מפני שהיא אות של **ב**רכה. ה-**ב**ריאה התחילה באות ב׳, והיֶתר עוקבות אחריה.

אכן, האות א׳ נשארה מבויֶישת בצד. אמר לה הקב״ה; ״אל״ף אל תירא, שאתה ראש לכולן כמו המלך, **א**ת **א**חת, ו**א**ני **א**חד, והתורה אחת, שאני עתיד

ליתן בך לעמי ישראל, שנאמר; "אנכי ה' אלהיך" (שמות; כ', ב'), **לכן פתח הקב"ה** את מעמד הר סיני באות א' ובמילה "אנכי". (מדרש אותיות דרבי עקיבא)

ניתן לייצר מהמילה **בראשית** מילים רבות:
ראש, אש, אבר, בת, אבי, שי, יש, רבי, שר, שירת, שיר, שבת, ראשית, שתי, שאר, באר, שבר, בריאת, ברא, את, אשתי, בתי, רשת... וכו'.

ספר הפליאה מרחיב מאוד על המילה בראשית ואומר, שבתוך המילה בראשית כלולה כל הבריאה כולה. כי המילה בראשית, כלול בה הכל. היא מראה לנו את הדרך איך להגיע ולגעת באור הקדוש.
במילים פשוטות היוצאות מתוך המילה בראשית אנו לומדים, שהמילה בראשית מרמזת לנו על הדבר הבא; **ראשית** בוא ל-**באר** (אלו המילים שניתן להוציא מהמילה בראשית). ומה זה באר?

בְּאֵר, בדרך כלל זה מקווה מים. למדנו מאברהם אבינו שהיה חופר בארות והוא הוריש את העסק הזה לבנו יצחק. "וישב יצחק ויחפֹּר את בְּאֵרֹת המים אשר חפרו בימי אברהם אביו" (בראשית; כ"ו, י"ח). כל הרעיון של הבארות היה, למצוא את השכינה בתוכנו. כל זה כלול בתוך המילה <u>בראשית</u>.

אך גם המילה **שבר** נמצאת בתוך המילה בראשית. "וישב יצחק ויחפֹּר את בארֹת המים אשר חפרו בימי אברהם אביו ויסתמום פלִשתים אחרי מוֹת אברהם ויקרא להן שמות כשמות אשר קרא להֶן אביו" (בראשית; כ"ו, י"ח).
כבר בתחילת הדרך, היו מי שרצו לסתום לנו את הבאר. הבארות אכן נסתמו. כפי שנאמר; "ויסתמום פלשתים". הם מילאו את הבארות בעפר. הבאר מסמל את השפע האלוהי השוכן בנו. למעשה, הסיפור המוקדם ביותר המסמל את השבר הזה הוא, סיפור הנחש שגרם לראשונה את השבר בבריאה.

"ויצַו יהוה אלוהים על האדם לאמר מכל עץ הגן אכֹל תאכל ומעץ הדעת טוב ורע לא תאכל ממנו" (בראשית; ט"ז, י"ז). הקב"ה ציווה על האדם שלא יאכל מעץ

הדעת ולאחר מכן יצר את חוה, ואז בא הנחש ומצליח לבלבל את חוה ואומר לה; "לא מוֹת תְּמֻתוּן" (בראשית; ג', ד').

סיפור האכילה מפרי עץ הדעת, זהו למעשה היה החטא הראשון של האדם הראשון.
הנחש ידע שאם הוא ילך תחילה לאדם, הוא לא יצליח להכשילו. הלוא אדם קיבל את הציווי ישירות מאת אלוקים כעין תורה שבכתב, ואין סיכוי שדברי הנחש יצליחו להסיטו מהמסילה.

אז הנחש הפיל את חוה על העץ, והוכיח לה שלא קרה לה דבר אף על פי שנגעה בעץ. לנחש היה מימד ערמומי מעורב בשטניות. כי הנחש ידע מראש, שחוה תתבלבל בהבנת הצו האלוקי. וזה מה שהנחש עשה בהצלחה. הוא בלבל אותה.

הנחש אמר; "והייתם כאלהים יודעי טוב ורע" (בראשית; ג', ה'). למה חוה הייתה צריכה לדעת מה זה רע? היא הייתה בעולם שכולו מעל הטוב. היא חיה בגן עדן. הרי נאמר; "ומעץ הדעת טוב ורע לא תאכל ממנו" (בראשית; ב', י"ז). זאת אומרת, שגן עדן זה מקום שהוא מעל הטוב והרע.

למעשה, בעולם הגשמי, לכל דבר יש שני פנים או שני צדדים; טוב ורע, חום וקור, גבוה נמוך, וכן הלאה. אך גן עדן, זה מקום שיש לו רק צד אחד ואין לו תחליף, תמורה, או משהו שעומד מולו כקוֹנְטְרָה. זה מקום שאין לנו מושג אפילו להסביר מה הוא.

וכן מספר ר' ישמעאל; "אמר לי מטטרון מלאך שר הפנים, מיום שטרדו הבורא העולם לאדם הראשון מגן עדן, היתה שכינה שרויה על כרוב תחת עץ החיים, ומלאכי השרת היו מקפצין ובאין ויורדין כתות כתות מן השמים, וחבורות חבורות מן הרקיע, ומחנות מחנות מן השמים לעשות רצונו בכל העולם כולו. ואדם הראשון ודורו יושבין על פתח גן עדן להסתכל בדמות תוארו של זיו השכינה. לפי שזיו השכינה היה מהלך מסוף העולם ועד סופו, על אחת ששים וחמשה אלפים בגלגל חמה. שכל המשתמש בזיו אותה השכינה אין זבובין

ויתושין שורין בו, ואינו חולה ואינו מצטער, ואין כל מזיקין יכולין להזיק אותו. ולא עוד, אלא אפילו מלאכים לא שולטים בו. כשבורא העולם יוצא ונכנס לעדן, ומעדן לגן, ומן גן לרקיע, ומרקיע לגן עדן, והכל מסתכלין בזיו דמות שכינתו ואין ניזוקין".

לחוָה לא היו את המושגים של טוב ורע, אז למה היא בכל זאת שמעה לנחש? הרי קודם חטאוֹ של אדם, לא היתה לו את היכולת לדעת ולהבחין בין טוב לרע? כוונת הבריאה היתה, שהאדם יהיה בעל שכל. כפי שנאמר; "ויברא אלהים את האדם בצלמו בצלם אלהים ברא אותו" (בראשית; א', כ"ז). הצלֶם הוא השכל/המודעות. ובסיבת השכל, צִוָּה אותו אלהים, ולא דיבר הבורא העולם יתברך שמו את מצוותיו לבהמות, ולא למי שאין לו שכל. ועם השכל יבחין האדם בין האמת והשקר. אבל הידיעה בין טוב לרע לא היה זה במוּשְׂכָּלוֹת באותו הזמן.

ניתן מכאן לראות, שהבחנת הטוב והרע, שייכים למלאכה. שהרי מנהיגי המדינות עוסקים במלאכה של הנהלת המדינה, כחלק מהאבחנה בין טוב לרע. מכיוון שהבחירה בין טוב לרע הגיעה לאחר החטא - והיא הרשות שלא הייתה קיימת לאדם לפני החטא - שהיא ההבחנה של מלאכות הנותנת לאדם את חופש יכולת המחשבה לבין ידיעת הטוב והרע. כי במצב של האדם לפני החטא, הוא לא היה צריך להתעסק במלאכות, ולא ידע את ההבדל בין טוב לרע. אבל ברגע שידע את ההבדל הזה, הוא נדרש לעבוד את האדמה (לעשות מלאכה).

הרמב"ם מתאר את ההבחנה בין טוב לרע, כדבר שלא רצוי שהאדם יתעסק בו בכלל. אך היום אנחנו רק שומעים על אמת ושקר, ואנו עסוקים בין טוב לרע. במיוחד אנו רואים זאת אצל מנהיגי המדינות ובפוליטיקה, כולם מכנים את כולם שקרנים, ושופטים את כולם כרשעים.

בשֵׂכל מכיר האדם את האמת, וזה כאשר היה אדם הראשון במצבו השלם הגמור ביותר. אבל לאחר החטא, האדם נטה לעבר תאוותיו הדמיוניות ותענוגות חושיו הגופניים, כפי שכתוב; "ותפקחנה עיני שניהם וידעו כי עֵרֻמִּים

הם" (בראשית; ג' ז'). לא כתוב "ותפקחנה עיני שניהם **ויראו**", אלה "**וידעו**". לא היה להם מעטֶה על העין והוא הוסר, אלא שבא להם מצב אחר בו חשבו למגונֶה, את אשר לא חשבו למגונה קודם.

התורה מספרת לנו, שהאישה ראתה שהעץ טוב למאכל. איך הנחש גרם שחַוָה תפעל מתוך מניע של תאווה? מה שהנחש עשה דבר ראשון, הוא דחף את חַוָה על העץ, וזה עזר לכוחות התאווה להשתלט עליה כתאווה לעיניים.
"ותרא האִשָׁה כי טוב העץ למאכל וכי תאוָה הוא לעֵינַיִם ונחמד העץ להשְׂכיל ותקח מפריו ותאכל" (בראשית; ג', ו'). הנחש ידע ועדיין יודע, לנצל היטב את חולשותיו של האדם עד היום הזה, ולהפילו ברִשתו.

בהבנה הפשוטה, הנחש היה מעוניין לפתות את האישה, כדי שהיא תעבור על הציווי האלוקי. המדרש הבין, שלנחש הייתה מטרה נוספת. והיא, להפריד בין אדם לחוה, כדי לזכות בנאמנותה של חוה.
המדרש אומר; שהנחש "ראה אותם מתעסקין בדרך ארץ ונתאווה לה" (בראשית רבה; י"ח, ו').
"רבי אלעזר אומר; "בשעתא דאטיל נחש ההוא זוהמא בחוה קבילת ליה..." (זוהר בראשית של"ב).

לפי הזוהר, היה אף מימד מיני בפיתויו של הנחש. הזוהר מתאר את יחסי המין שקיימו חוה והנחש. חוה נתפשת על ידי חז"ל כדמות קלת דעת, וזאת בגלל סיפור הפיתוי בגן עדן.
לשיטתם של חז"ל, קיימת זיקה בין בריאתה של חוה, לבריאתו של השטן. עדות לכך נמצאת במדרש; "רבי חנניא בנו של רב אדא אומר, כיון שנבראת האישה נברא השטן עימה" (בראשית רבה; ב', כ"א).

בעקבות כך, בכמה מן המדרשים ובירושלמי פירשו, כי שלושת המצוות נידה, הפרשת חלה, והדלקת נרות, - המוטלות על נשים, באו כדי לכפר על מעשי חוה בגן עדן. שלושת המצוות האלה לשיטת חז"ל, הם ראשי תיבות של המילה נחש (נידה, חלה, שבת)

האדם הוא קורבן של נסיבות חייו, אבל הבחירה בידו ועליו לשאת בתוצאות מעשיו, על טעויות, משלמים.

כתוב; "כי תצא למלחמה על אויביך ונתנו ה' אלהיך בידך" (דברים; כ', א'). אומר הזוהר, שבפסוק זה מרומזת, **המלחמה** העליונה (הרוחנית) והתחתונה (הגשמית). זהו חטא עץ הדעת, או חטא אדם הראשון. זוהי הגלות הרוחנית או גלות הנשמה מרום גדולתה, המשפיעה על האדם (הנשמה), בעולמות התחתונים והגשמיים.

למעשה, הגלות הרוחנית, יצרה את העבדות של הבנים למטה בעולם הגשמי. דבר זה בא לידי ביטוי בהיותנו עבדים לפרעה.

הזוהר ממשיך ואומר; "היא למעלה ובנֶיה למטה". הבת מסמלת את חוה הנקבית שגרמה לכל החטא, והבן הוא האדם עצמו הנמצא בגוף וסובל בשל גלות הנשמה. זוהי הסיבה ל-210 השנים בהם היינו בגלות במצרים.
ולמה הבת למעלה? מדוע החטא מיוחס לחוה והיא מקור החטא, ולא הבן (האדם)? בגלל שבא סמאל שהוא השטן אל הבן (**אדם**) ולא יכִיל לֵיה ולא יכול לכוון על הבן עד כדי כך, ובא עם הנחש בבת (**חוה**) והטיל בה זוהמא ולכן הבת בגלות.

קשה פה להבין, מהי בדיוק אותה הטלת 'זוהמא' שלא נפסקה עד הר סיני. לא ברור מבחינה טכנית, כיצד יכול נחש שאותו כולנו מכירים, לבוא על אשה ולשכב עמה. לקושי זה מצטרפת העובדה, שהתורה מספרת לנו בצורה פשוטה על נחש שיכול לדבר כאחד האדם.

מסביר ה-**סְפוֹרנוֹ** (רבי עובדיה ספורנו 1468-1550) שהיה מראשי קהילת יהודי רומא וקהילת בולוניה, שחיבורו החשוב והנפוץ ביותר הוא ביאור לתורה, שהנחש הוא משל ליצר הרע, הקיים בכל אדם ואדם.

בעקבות החטא אנו מבינים, שלפני האכילה מפרי עץ הדעת, האדם התייחס בתמימות לעירום ולכן לא התבייש. אבל ברגע שירד החטא לעולם באמצעות מעשיו השליליים של האדם, ירדה ונעלמה לה הבושה.

לכן הדבר הראשון שאמר הקב"ה לאדם אחרי חטא עץ הדעת היה; "ויאמר לו אַיֶּכָּה" (בראשית; ג', ט'). היכן אתה? לאן נוטה לבך? לטוב או לרע?

מכאן אנו מבינים, שעבודתנו הרוחנית היא, לחבר בחזרה את השכינה עם האור הקדוש. עלינו לחפש את הבאֵר, ולהעלות את האש לשמיים, דרך שירֵי השבת.

כמובן שכל אלה מילים מאוד עמוקות ומשובחות, ולהבין אותם זה לא פשוט כמשמעותו. אבל בפשטות ניתן לומר, שהדרך אל האור עוברת דרך הבאר. באר זו, היא כמובן התורה הקדושה שמלמדת אותנו, שבסופו של התהליך, אברהם לקח פטיש גדול ושבר את כל הצלמים. הצלמים הם סימבול ליצר הרע, לתאוות, ולתשוקות הגשמיות. שבירה זו', שוברת את השבר שגרם הנחש.

50

● ● ●

פרק 3

בראשית הזמן

בראשית הזמן, מה שהתחיל מיד באותו רגע, זה חוויית הזמן. אנחנו חיים במקום וזמן, שלמעשה בכלל לא קיים. בשביל להבין זאת, נצטרך את מלוא כוח המשוואות של איינשטיין.
בהתחלה של היקום - כלומר, "המפץ הגדול".

תורת "המפץ הגדול" מתארת את המצב הראשוני של היקום כנטול ממדים, כולל מימד הזמן. כל המאסה של העולם הייתה מרוכזת בנקודה זעירה ייחודית, שלא הייתה קיימת במרחב, מכיוון שהוא עדיין לא נברא. התפשטות הנקודה הזו ותנועת חלקיקי האנרגיה, יצרו את החומר הקיים ביקום ואת הזמן.

לאורך ההיסטוריה התקיימו חילוקי דעות לגבי אופן הגדרת הזמן.
<u>אייזיק ניוטון</u> שהיה פיזיקאי ומתמטיקאי אנגלי אשר נחשב לאחד המדענים הגדולים והמשפיעים ביותר בכל הזמנים, הגדיר את הזמן כישות ממשית ועצמאית ביקום, והיא אינה תלויה או מושפעת מתופעות חומריות, והיא זורמת באופן רציף ומוחלט במרחב, ואף בחלל הריק.

<u>קאנט</u> שהיה פילוסוף גרמני ונחשב לאחד מגדולי הפילוסופים בעת החדשה, אימץ את גישתו של ניוטון במובן שהזמן זורם ברציפות ואינו מושפע מהחומר. מאידך הוא גם סבר, שהזמן אינו מהווה בהכרח תכונה ממשית, אלא תוצר תודעתי שנועד לספק הסבר מניח את הדעת לשאלה, כיצד ייתכנו רצף השינויים במרחב.
<u>וילהלם פון לייבניץ</u> שהיה מתמטיקאי פילוסוף פיזיקאי איש אשכולות גרמני במתמטיקה, פיתח את החשבון הדיפרנציאלי והאינטגרלי באופן בלתי תלוי

באייזיק ניוטון, וחלָק לחלוטין על גישתו של ניוטון. הוא טען, שהזמן הוא תכונה המתקיימת על ידי החומר עצמו, ולכל עצם זמן משלו הנקבע על פי מהירות תנועתו. לדבריו, את השינויים במרחב ניתן להסביר באופן מספק על ידי תנועות העצמים. לפיכך, הניסיון לתאר את הזמן כישות עצמאית הוא מיותר, ונוגד את "עקרון הטעם המספיק" שאותו הגה לייבניץ. עוד הוא סבר, שגם זמנים רציפים, כמו תופעות מחזוריות רציפות הקיימות בטבע, הם יחסיים מטבעם ולא מוחלטים. מפני שהזמן החומרי מושפע מתופעות שונות במרחב שמעוותים את זרימתו, ומקובלת כיום על ידי רוב האמפיריציסטים.

הפיזיקה מתארת כמה חיצי זמן, שעד כה כל ניסוי הראה שכיוונם זהה. חץ הזמן הסיבתי, הוא הראשון והמוכר ביותר. קיימת סיבה, ורק לאחר מכן קיימת תוצאה. כיוון זה של הזמן, מתיישב עם חץ הזמן התרמו-דינמי, שמתקדם מהאנטרופיה הנמוכה לגבוהה. שני אלה מתיישבים עם חץ הזמן הקוונטי, שבו תמיד קריסת פונקציית הגל מתרחשת אחרי מדידה.

נכון שהאדם מסוגל לקבוע ציוני זמן שהם מאורעות מסוימים, בהשוואה אליהם נמדדים מאורעות אחרים, כמו בוקר. תחילת היום הוא ציון זמן עבור פעולות שונות, המתרחשות לפני, אחרי, או במהלך הבוקר.

ואז בא איינשטיין בספרי הפיסיקה שלו וכותב, אם תטוס במטוס מהיר מספיק, אתה יכול להגיע בזמן יותר מוקדם ממה שעזבת.

ב-1905 הראה אלברט איינשטיין, שהתארכות הזמן נוגעת לאופי הזמן עצמו.

ב-1907 הרמן מינקובסקי הציג את מושג הזמן העצמי, ובכך הבהיר את משמעות התארכות הזמן.

ההבדל בין תנועת הזמן בשעונים בעת התארכות זמן נגרמת, כיוון שמהירות ה"טיקים" שונה בין השעון שנע, לבין זה שלא נע במהירות הלאה אל העתיד, והוא מתקדם בזמן קצר משלו.

ככל שגוף יזוז מהר יותר, כך גם התארכות הזמן תגדל תיאורטית. התארכות זמן מאפשרת לנוסעים ברכב במהירות גבוהה מספיק, תחושת השפעה של

התארכות זמן שיכולה להיות משמעותית. לדוגמה, יכול להיות שנסיעה במשך שנה, תתאים לעשר שנים על פני כדור הארץ.

פרדוקס התאומים:

אחת התופעות הידועות המכונה פרדוקס התאומים, יכולה להיגרם מתוצאה של התארכות זמן.

נניח שאחד משני אנשים תאומים עם שעון יוצא עולה על חללית, ועף אל החלל. לאחר זמן מסוים הם חוזרים, ובהתאם לאפקט התארכות הזמן. הזמן שחלף על השעון של התאום שטס לחלל, יהיה קטן יותר מזה של התאום שנשאר כצופה. כלומר, התאום שטס, הזדקן פחות מאשר אחיו התאום שנשאר כצופה.

ככל שהמערכת - לדוגמה חללית, תנוע מהר יותר, כך ינוע הזמן לאט יותר בעיני המתבונן, אף על פי שבעיני הטייס של החללית, הזמן ממשיך להתקדם בהתמדה.

ניתן להראות את תופעת התארכות הזמן, אם מסנכרנים שני שעונים אטומיים מדויקים מאוד, ולוקחים אחד מהם לטיסה על מטוס מהיר, בעוד השני נשאר על הקרקע. השעון המוטס יהיה איטי יותר בזמן הטיסה, ולכן לאחר חזרתו של המטוס הוא יציג שעה מוקדמת יותר, מהשעה שיציג השעון שנשאר על הקרקע.

במסגרת תורת היחסות הכללית של איינשטיין והמסקנות הנגזרות ממנה, התיאוריה הזו חייבת נקודת התחלה. אם תוסיף לזה חומר סטטי, תגיע בחזרה לתיאוריית הגרביטציה של ניוטון. על מנת לחזור לתיאוריה של ניוטון, צריך להניח שהמַאסה לא משתנה בזמן. אבל אם המַאסה כן משתנה בזמן - כמו השמש לדוגמא, שהיא לא זורקת הרבה מאסה החוצה וגם לא מקבלת. המַאסה שלה קבועה בזמן. בגלל זה, השנה תמיד באותו אורך. כלומר, כשהמַאסה קבועה, תורת היחסות הכללית מתאימה בקירוב לתורה של ניוטון. אבל אם המאסה הייתה משתנה, הדברים היו אחרים לגמרי. בהתחלה אמרו, שיש "**חומר אפל**" שהוא בלתי ניתן לצפייה ישירה. אם הוא אכן קיים, אזי הוא לא מקיים אינטראקציות אלקטרומגנטיות. אחר כך המציאו את "**שדה**

האינפלציה". לפי גירסה זו, היה תהליך פיזיקלי היפותטי שהתרחש ביקום הקדום, חלקיק זמן לאחר המפץ הגדול. מודל זה פותַח, על מנת לפתור כמה בעיות שמודל "המפץ הגדול" לבד לא יכול היה להסביר, כמו; מדוע היקום נראה אחיד בכל כיוון? כי היו בעיות בהסבר האחידות של קרינת הרקע הקוסמית.

אחר כך המציאו את "**האנרגיה האפלה**". לפי המחקרים הטוענים לקיומה של אנרגיה האפלה זו, השפעתה על מבנה היקום ועל התפשטותו תואמת את ההתנהגות הצפויה, מקיומו של הקבוע הקוסמולוגי של אלברט איינשטיין. אבל ב-1998 הובילו החוקרים למסקנה, שהיקום מאיץ את קצב התפשטותו. זו מסקנה מפתיעה. מכיוון, שעל פי חוק הכבידה האוניברסלי, צפוי שמהירות התפשטותו של היקום תואט, בגלל כוח המשיכה הפועל בין כל המאסות בו. על-מנת להסביר את חוסר הדומיננטיות של הכבידה האוניברסלית ביקום שהתפשטותו מואצת, מניחים החוקרים את קיומה של אנרגיה אפלה, שצפיפותה במרחב מוערכת בהתאם לתצפיות, על פי משוואות השדה של איינשטיין. כל פעם ממציאים משהו, שזה הכיוון הנכון או בכיוון של האינטרס המדעי, אבל עדיין היא אחת השאלות הפתוחות בפיזיקה.

מתארים קו מושלם על עיגול מושלם בתוך החור השחור - על-פי התיאור המקובל - מה שהיה מרחב נהיה זמן, ומה שהיה זמן נהיה מרחב. אחת מהנחות היסוד של איינשטיין ביחס למימד הזמן בתורת היחסות הכללית הוא;
שביקום יש ארבעה ממדים;

1. אורך.
2. רוחב.
3. עומק.
4. זמן.

לפי הקבלה, ראש השנה, הוא זמן שבו הזמן מתחדש, ורק אז יכול הזמן להמשיך להתקיים, ושנה חדשה תחל במעגלה המחזורי. הזמן אם כן, אינו מהות ניטרלית, אלא קיומו מושפע מהתנהגות מוסרית.

לפי זה אנו יכולים להבין, שמושג זמן, זה דבר שלא קיים במציאות האמיתית.

בעל ה"כלי יקר" מפרש (ויקרא; ט"ז, ב'), שיום כיפור נמצא מעל הזמן. לכן, ביום המיוחד הזה, ניתן להיכנס לקודש הקודשים. יום כיפור מייחד את עם ישראל, ביחס לאומות העולם. בראש השנה בורא העולם דן את כל העולם.

בפרשת בראשית כתוב, שהשמש והירח נבראו ביום הרביעי. אבל לפני כן כתוב; "ויהי ערב ויהי בקר יום אחד", וכן; "ויהי ערב ויהי בוקר יום שני", ואיך יכול להיות ערב ובוקר, אם אין שמש וירח?

הגמרא מלמדת אותנו, שהשמש לא נבראה רק בכדי לתת אור לעולם ביום והירח בלילה, כי הרי היה אור קדמון בעולם, אשר נגנז לימות המשיח. אז למה ברא הבורא את השמש והירח? עונה הגמרא, שזה נוצר במטרה שנוכל לחשֵב זמנים. כי רק לפי השמש אנו יודעים את שעות היום, וימי השבוע, ושבועות, חודש, וחודשי השנה. זו גם המצווה הראשון שנִצטוו עם ישראל כעַם, שנאמר; "החֹדֶש הזה לכם ראש חֹדשים" (שמות; י"ב, ב'), וזה מצוות בִּרכת החודש.

שמש בגבעון דום, הוא הסיפור המקראי על הנס שאירע לבני ישראל על ידי יהושע בן נון בעת מלחמת מלכי הדרום. נאמר; "שֶׁמֶשׁ בְּגִבְעוֹן דּוֹם וְיָרֵחַ בְּעֵמֶק אַיָּלוֹן" (יהושע; י', י"ב). על פי הכתוב, יהושע פנה אל ה' וציווה על השמש והירח להיעצר ולהפסיק את תנועתם, מה שמיד התרחש.

"אָז יְדַבֵּר יְהוֹשֻׁעַ ליהוה, בְּיוֹם תֵּת יהוה אֶת הָאֱמֹרִי לִפְנֵי בְּנֵי יִשְׂרָאֵל, וַיֹּאמֶר לְעֵינֵי יִשְׂרָאֵל: שֶׁמֶשׁ בְּגִבְעוֹן דּוֹם, וְיָרֵחַ בְּעֵמֶק אַיָּלוֹן" (יהושע; י', י"ב)

"וַיִּדֹּם הַשֶּׁמֶשׁ, וְיָרֵחַ עָמָד, עַד יִקֹּם גּוֹי אֹיְבָיו; הֲלֹא הִיא כְתוּבָה עַל סֵפֶר הַיָּשָׁר. וַיַּעֲמֹד הַשֶּׁמֶשׁ בַּחֲצִי הַשָּׁמַיִם, וְלֹא אָץ לָבוֹא כְּיוֹם תָּמִים" (יהושע; י', י"ב)

הפירוש המקובל הוא, שיהושע ביקש שהשמש יעמוד באזור גבעון (במזרח) ולא ישקע, ושהירח יעמוד באזור איילון (במערב), כדי שלבני ישראל יהיה אור, והם יוכלו לרדוף אחרי אויביהם בקלות.

רש"י אומר, שזו פשטות הכתוב, ובתקופה זו של החודש ארע הנס של עצירת השמש על ידי יהושע. ככתוב; "וַיַּעֲמֹד הַשֶּׁמֶשׁ בַּחֲצִי הַשָּׁמַיִם וְלֹא אָץ לָבוֹא כְּיוֹם תָּמִים" (יהושע; י', י"ג).

וכמה זמן נמשך אותו יום ואותו נס?
רבי יהושע בן לוי אמר; עשרים וארבעה שעות נמשך הדבר. הלְכה השמש מזריחתה שש שעות, ואז נעצרה. כפי שנאמר; "וַיַּעֲמֹד הַשֶּׁמֶשׁ בַּחֲצִי הַשָּׁמַיִם", ועמידתה נמשכה שש שעות. לאחר מכן חזרה השמש ללכת בשמים במשך שש שעות נוספות, ואז העמיד אותה יהושע למשך שש שעות נוספות. בסך הכל משעת הנץ החמה של אותו בוקר עד שעה שהסתיים הנס השני, חלפו עשרים וארבע שעות. וזו כוונת הכתוב באומרו שם; "כְּיוֹם תָּמִים".

יכול להיות שכוונת רבי אליעזר היא, שבתום עצירת השמש, חזרה השמש להסתובב באופן מהיר, והשלימה בסיבוב מהיר זה יום נוסף, שהיה שבת מקוצרת. ונמצא, שבסופו של דבר היו שם בסך הכל שלושים וששה שעות של נס.
בתחילה זרחה השמש כרגיל במשך שש שעות עד הצהרים, לאחר מכן עמדה השמש למשך עשרים וארבע שעות "כְּיוֹם תָּמִים", והתעכבה עם כניסת השבת. לאחר מכן השלימה השמש את החסר, והסתובבה במשך שמונה עשרה שעות בלבד, הן את המשך הסיבוב של יום השישי שהופסק בצהרים (שכרגיל נמשך שש שעות עד השקיעה), והן את הסיבוב המלא הנוסף שהייתה אמורה להסתובב במשך השבת.

זו המשמעות הפנימית של המילים שהשמש "אָץ לָבוֹא". כלומר, השמש עמד בשמים במשך "יוֹם תָּמִים", ולאחר מכן הסתובב באופן מהיר - "אָץ לָבוֹא", והשלים במהירות את החסר. כך שבסופו של דבר ניתן לתאר את מה שארע

שם באופן שתיאר אותו בן סירא: "יוֹם אֶחָד הָיָה לִשְׁנָיִם". מלשונו של בן סירא; "יוֹם אֶחָד הָיָה לִשְׁנָיִם", משמע מחד, שאורכו של הנס היה למשך יממה שלמה, ומאידך בסופו של דבר, נחשב יום זה לשניים. בבירור משמעות זו, נדון לקמן.

ה-נרבוני (משה מנרבון; פילוסוף, פרשן, ומתרגם יהודי) פירש את דברי רמב"ם ביחס לנס שעשה יהושע. לדעתו יש להסביר את הנס שעשה יהושע בדרך אלגורית. השמש לא עמד מסיבובו. כל מה שהיה שם הוא, שהרגָשַׁת הלוחמים הייתה, שהזמן אינו מתקדם. הם היו עסוקים במלחמה, עד שלא הרגישו בזמן העובֵר. הם רדפו את האויב בכל כוחם, הספיקו לנצח אותו ולהכות בו במהירות גדולה מאוד, והתחושה הייתה שהשמש עמדה בשמים.

דברים אלה של נרבוני, מתאימים לגישה האריסטוטלית. לפי אריסטו, לא ייתכן שכדור הארץ יפסיק להסתובב. לפי אריסטו, לא ייתכן שגלגלי הקוסמוס יפסיקו את סיבובם. הסיבוב הוא אין-סופי, קבוע וללא שינוי. לא יתכן שיהושע עצר את סיבוב כדור הארץ.
יתרה מכך, לא ייתכן בשום פנים ואופן, שינוי חוקי הטבע, ולא ייתכנו נסים. אריסטו מסכים, כי אלהים הוא הסיבה לקיומו של העולם, אך הוא טוען, שאלוהים אינו מתערב במהלך ההיסטוריה, ולכן אין הוא יכול לשנות את החוקים ולעשות נסים.

בפירוש הפסיכולוגי שפירש נרבוני את הנס שעשה יהושע, הוא הצליח לשמור על העקרונות של הפילוסופיה האריסטוטלית, אבל הכפיף את הפסוקים, לתיאוריה שבחר בה.
קשה להשתכנע, שהרמב"ם הבין כך את הנס של "שמש בגבעון דום". הטענות נגד פירושו זה של נרבוני הם כאלה. אם כל הנס הוא הצלחה פסיכולוגית ותחושה סובייקטיבית של הלוחמים, מדוע הרמב"ם כשהוא עוסק בנס הזה, הוא מסביר את ההבדל בינו לבין הניסים שעשה משה רבנו? הרי אין להשוות הרגשה של לוחמים המצליחים במלחמתם, לניסים שעשה משה לישראל! גם

הפסוק; "ולא היה כיום ההוא לפניו ואחריו לשמוע ה' בקול איש" (יהושע; י', י"ד) מהווה לכאורה ראיה שהנס היה מוחשי ולא פסיכולוגי.

אז קודם כל בואו נבין מה קורא פה. למה בכלל הייתה צריכה השמש לעמוד דום בגלל מלחמה?
עַם ישראל נלחם בערב שבת, וזה נשמע מעט מוזר. אך גם אברהם נלחם בשבת, ואנחנו כעַם נלחמנו בשבתות לא מעט, אז מה חדש?

בואו נחזור לתחילת הסיפור. מי היו הגבעונים? (יהושע; ט', ד').
(פסוק ד') – "וַיַּעֲשׂוּ גַם הֵמָּה" פעולת התגוננות מתוכננת, אך לא כשאר המלכים שטיכסו עצה למלחמה. הגבעונים פעלו "בְעָרְמָה, וַיֵּלְכוּ וַיִּצְטַיָּרוּ", כלומר התחפשו והעמידו פנים, וַיִּקְחוּ שַׂקִּים בָּלִים, שנשחתו מרוב שימוש להניח על "חֲמוֹרֵיהֶם, וְנֹאדוֹת", שקי עור, "יַיִן בָּלִים וּמְבֻקָּעִים וּמְצֹרָרִים", סדוקים וקשורים מחדש שוב ושוב.
(פסוק ה') – "וּנְעָלוֹת, נעליים בָּלוֹת וּמְטֻלָּאוֹת בְּרַגְלֵיהֶם, וּשְׂלָמוֹת, שמָלות", כעין כותנות ארוכות "בָּלוֹת עֲלֵיהֶם, וְכֹל לֶחֶם צֵידָם יָבֵשׁ הָיָה, נִקֻּדִים", פירורים. הם הביאו אִתם לחם יבש ומתפורר עם כתמי עובש.
(פסוק ו') – "וַיֵּלְכוּ אֶל יְהוֹשֻׁעַ אֶל הַמַּחֲנֶה הַגִּלְגָּל", שבגלגל "וַיֹּאמְרוּ אֵלָיו וְאֶל אִישׁ יִשְׂרָאֵל: מֵאֶרֶץ רְחוֹקָה בָּאנוּ", כפי שהנכם רואים. שמענו שאתם כוח חדש שהגיע לאזור, "וְעַתָּה כִּרְתוּ לָנוּ בְרִית".
(פסוק ז') – "וַיֹּאמֶר אִישׁ יִשְׂרָאֵל" באופן ספונטני "אֶל הגבעונים", שנמנו עם העם "הַחִוִּי: אוּלַי בְּקִרְבִּי אַתָּה יוֹשֵׁב, וְאֵיךְ אֶכְרָת לְךָ בְרִית"?! העם בישראל פקפק באמינות הסיפור שבפי הגבעונים, וחשש שמא הם בני האזור ולא הגיעו ממרחק.

כל זה היה אילוזיה פסיכולוגית. הגבעונים היו שקרנים ואמרו ליהושע, שמענו את גדולתכם וברצוננו לכרות עמכם ברית, שהרי אתם הגורם החדש הגדול והמפואר המתחזק והולך פה. אז ברצוננו להיות כפופים לפיקודכם ולגורלכם. בעד זה, אנו רוצים שתגנו אלינו במקרה של מלחמה עם המלכים האחרים.

זה דומה מאוד, לסיפור של ממלכת ירדן במלחמת ששת הימים. ישראל ביקשה את ירדן שלא להתערב במלחמה, והובטח להם שישראל לא תעשה לירדן מאומה. אבל כשירדן חשבה שהערבים מנצחים את ישראל, היא לא רצתה להראות כתומכת בישראל. אז גם היא נכנסה למלחמה, ובגלל זה ישראל כבשה את ירושלים שהיתה בשליטת ירדן.

הגבעונים עשו את הברית עִם ישראל. כששמעו המלכים שיש ברית בין הגבעונים ועַם ישראל, יצאו המלכים למלחמה נגד הגבעונים. הגבעונים ביקשו את ישראל לבוא להצילם, ובגלל הברית שעשה יהושע עם הגבעונים לא הייתה ברירה, אלא לבוא ולעזור להם במלחמה.

בגלל שהמלחמה הייתה בערב שבת ולא יכלו לדחות אותה ליום ראשון, היה חייב יהושע לבקש לעצור את הזמן. כי זו מלחמה שלא שייכת לעַם ישראל. הרי אסור להילחם בשבת. לכן כתוב; "ולא היה כיום ההוא לפניו ואחריו לשמוע יהוה בקול איש" (יהושע; י', י"ד).

הרמב"ם מפרש את הנס שעשה יהושע, בדרך שחז"ל מפרשים אותו. השמש והירח נעצרו במקומם, והיום התארך, עד שסיימו בני ישראל את הקרב. פירוש זה, מתעלם כמובן מדעת אריסטו ומההנחה שתנועת הגלגל היא אין-סופית. הפרשנות הפילוסופית, כמו השיטות המדעיות היום, אינה מאמינה בקיומו של כוח המסוגל לבטל את חוקי הטבע. המדע עוסק בחוקי הטבע.

אבל לפי אָלאן קָרדֶק (צרפתי, מייסד זרם דתי-פילוסופי הידוע כספיריטיזם) חומר מוגדר לכולנו כדבר - שיש לו מאסה ונפח במרחב, ושיכול להותיר חותם על חושינו. הגדרות אלה של החומר הן מדויקות ומלאות, רק מנקודת מבט של בני אדם, משום שביכולתנו להגדיר דבר רק על סמך מה שמוכר לכולנו. ואולם חומר מתקיים במצבי צבירה בלתי-מוכרים עבור האדם. אז החומר יכול להיות כל כך רוחני ולא מוחשי, עד שהוא לא יותיר כל חותם על חושינו, ועם זאת הוא עדיין יהיה חומר, על אף שהוא אינו נתפש ככזה על ידי בני אדם.

התנ״ך מראה לנו את הפריצה מחוקי הטבע, ואת ההשגחה של הקב״ה על ישראל. כל אלה אינם מתאימים לחוקי הטבע, ואינם מתאימים לחוקי החברה שאנו מכירים.

לדוגמא; כוכב לכת באסטרולוגיה, הוא כוכב שנע על פני השמיים. הירח והשמש זכו לכינויים המאור הקטן והמאור הגדול. עם זאת, בשל תנועתם הנצפית על פני השמיים, חלק מכוכבי הלכת הרחוקים מאוד בגלקסיה, הוגדרו אסטרולוגית כוכבי שֶׁבֶת, ואילו הכוכבים הקרובים לנו שאנו חוזים את תנועתם בשמים, הוגדרו ככוכבי לֶכֶת. כוכב שבת, הוא כוכב שנראה קבוע על מפת השמיים.

לדוגמא: כוכב מרקורי הוא כוכב התקשורת והתנועה. אם נחזור חמישים שנה אחורה, אנשים לא ממש הבינו מה המשמעות של כוכב מרקורי, ומה הן ההשלכות שלו לגבי התקשורת האישית או הבין-אישית, והשפעתו עליהם.

למרות שמרקורי הוא כוכב של העברת מידע והוא מגַשֵר בין אנשים, עם זאת, הוא גם יכול להוביל לבלבול או לקֶצר בתקשורת בין אנשים, במיוחד בתקופת נסיגת כוכב זה.

מה היא נסיגת מרקורי? מרקורי הוא הפלנטה הקרובה ביותר לשמש ותנועתו היא אליפטית, דבר הגורם לשינוי במהירותו של מרקורי. כשמרקורי מגיע למקום בו הוא הכי קרוב לשמש, כוח המשיכה של השמש משנה את המהירות שלו, ויוצר אשליה אופטית בה נדמה לצופה בכדור-הארץ, שמרקורי בעצם זז אחורה או עומד בזמן לעומת שאר הכוכבים, כאשר למעשה הוא עדיין נע קדימה.

נסיגת מרקורי מתרחשת 4 פעמים בשנה, וזאת יותר מכל הכוכבים. בתורת האסטרולוגיה, תקופת נסיגת כוכב מרקורי נחשבת לתקופה לא פשוטה. זו תקופה שמאופיינת בשינוי תדר של הכוכב. ההמלצות הן, להימנע מרכישות יקרות, או מחתימת חוזים למיניהם.

ישנו אתר אינטרנט המופעל על ידי חברה אמריקאית. האתר מהווה את הרשת החברתית המקוונת אחת מהגדולות בעולם. ב-2014 הודיעה החברה על רכישת חברת המסרים המיידיים, והם קנו את הרשת של החברה בזמן נסיגת מרקורי. מאז ועד היום, החברה סובלת מבעיות הקשורות למערכת ההפעלה.

איך יכול להיות שכוכב הנע ליד השמש, קשור למערכת הפעלה של הטלפונים שלנו? לפני חמישים שנה, היה יותר קשה להסביר זאת. אבל היום, שדברים אלה הם חלק בלתי נפרד מחיי היום יום שלנו, דבר זה ברור וקל יותר להבנה.

ממקום פילוסופי אנו מבינים, שברגע שאנחנו פורצים דרך הזמן, אנו עוברים לחיות חיי נצח. כי רק הזמן מגביל אותנו בגיל, ובאופן פיזי גורם לנו לזיקנה.

אנו מבינים אם כן, שאם המפץ הולך ומתעצם וזז יותר מהר, ככה גם השעון זז יותר מהר. אנחנו נמצאים בתקופה, שהזמן עובר יותר מהר ממה שהיה בעבר. ואם בכלל אין זמן, אז אין עבר הווה ועתיד. העבר, ההווה, והעתיד - הם אותו דבר. משום שאין זמן. יש רק את הרגע הזה. וברגע הזה, אני יכול לעשות בו מה שאני רוצה, ולנוע אחורה או קדימה בזמן. לטוס קדימה בזמן למדנו שאנחנו יכולים. אבל אחורה בזמן זה בלתי אפשרי, למה?

במאמר שפורסם במאי 2010 ב"דיילי מייל" הבריטי, הציע הקוסמולוג סטיבן הוקינג, שלושה רעיונות מציאותיים תיאורטיים למסע בזמן. כשאחד מהם הוא הרעיון, שזה ממש מעשי לנוע בזמן. ראשית הוא קובע, צריך להסכים לרעיון כי הזמן הוא מימד, בדיוק כמו רוחב, גובה, ואורך. הוקינג משתמש בדוגמה של נהיגה במכונית: אתה נוסע קדימה, זה כיוון אחד. אתה פונה ימינה או שמאלה, זה הכיוון שני. אתה נוסע במעלה הכביש ההררי, זה המימד שלישי. המימד הרביעי הוא הזמן. הראיות לכך שהדבר אפשרי, כוללות רכיבים מתורת הקוונטים ומסקנות מתורת היחסות של איינשטיין.
אלברט איינשטיין הציע לפני 100 שנה את הרעיון, לפיו יש מקומות שבהם הזמן מאט, ומקומות שבהם הזמן מאיץ, מציין הוקינג. "הוא צודק בהחלט". ההוכחה אומר הוקינג, טמונה ברשת מערכת מיקום לוויני גלובלי (GPS), אשר

בנוסף לכך שהיא עוזרת לנו לנווט על פני כדור הארץ, היא גם מגלה, כי הזמן עובר מהר יותר בחלל.

בתוך החללית, כל שעון מדויק ביותר. אבל למרות היותו מדויק כל כך, ישנו פער של כשליש מיליארדית השנייה בכל יום. צריך לתקן את המערכת כדי להימנע מסחיפה. אחרת, ההבדלים הקטנים הללו, ישבשו את כל המערכת ויגרמו לכל מכשיר GPS לסטות ב-10 קילומטרים בכל יום״. אומר הוקינג. לא השעונים אשמים, אלא זו משיכת כדור הארץ שגורמת לסטייה. איינשטיין הבין, כי החומר מושך את הזמן ומאט אותו, כמו החלקים האיטיים של הנהר. ככל שהעצם כבד יותר, כך הוא מושך יותר את הזמן, ו״מציאות מדהימה זו, היא שפותחת את הדלת לאפשרות של מסע בזמן לכיוון העתיד״. כותב הוקינג.

״תארו לעצמכם, שרכבת תעזוב את התחנה ב-1 בינואר 2050, ותנוע במעגלים סביב כדור הארץ שוב ושוב במשך 100 שנים. כשהיא תגיע ותיעצר ב-1 בינואר 2150, על הנוסעים עבר רק שבוע אחד, כי הזמן האט מאוד בתוך הרכבת. כשהם ייצאו מן הרכבת, הם ימצאו עולם שונה מאוד מזה שהם עזבו. בשבוע אחד הם נסעו 100 שנים אל תוך העתיד״. טוען הוקינג.

מכאן אנו לומדים, שכל תכונות העולם הם בחשבונות הזמנים, והדקה הכי חשובה ביקום - זה עכשיו. משום שאין עבר, הווה, ועתיד. אלא, רגע זה בלבד. הרגע, מנוּוָט על-ידי האור האין-סופי, עד אין סוף. אז יש לנו למעשה, רק את הרגע שהוא עכשיו. ברגע שנלמד, נבין. וברגע שנבין, ההיגיון ייתן לנו את התשובות להבין, שאתה הוא האדם הכי חשוב בחיים שלך. הסביבה לימדה אותנו תמיד לדאוג לעתיד. כך שמאז שאנחנו ילדים, אנו תמיד דואגים למחר. אף פעם אנו לא חיים היום, או ב-׳עכשיו׳.

זוהי הסיבה העיקרית, שלרוב בני האדם אין שמחת חיים, ותמיד הם מחכים למשיח. המשיח הוא לא בהכרח מישהו שיבוא להציל את האדם הפרטי. המשיח ייתן או יהווה ביטחון כלכלי, שיאחד את המשפחה ויביא שלום בינינו. אך מכיוון שאנו תמיד עסוקים במלחמה על העתיד האישי שלנו, אין לנו זמן

לחיות בהווה, ב-עכשיו. כי טבע האדם הוא לחשוב, שבעתיד יהיה טוב יותר. למעשה, העתיד הוא החומר המיוחד ששָׂם בורא עולם ביקום, בכדי לתת לאדם לחלום על העתיד, ולזה אנו קוראים, "תקווה".

המשעשע בכל העניין הוא, שזמן לא באמת קיים. אז מעניין מאוד, למה שעונים עולים כל כך יקר? דרך אגב, ההגדרה הטכנית לזמן הוא; **חלקיק בתנועה**. ללא תנועה, לא ניתן למדוד זמן. לכן, לפני שהיו חלקיקים (חומר כלשהו) לא היה זמן. לכן בלתי ניתן לשאול את השאלות הבאות: משום, שהשאלות הללו הן פרדוקס.

(1) האם לפני הבריאה היה זמן?

(2) האם ניתן למדוד את הזמן, לפני שהיה זמן?

(3) האם היה זמן, בו לא היה זמן?

פרק 4

הכנת הנשמה למסע הגשמי

הרבי מליובאוויטש (הרבי מחב"ד) דרש בליקוטי שיחות כרך א' עמ' 15; עשרה ניסיונות נתנסה אברהם אבינו. אחד הגדולים שבהם היה הניסיון באור-כשדים, כאשר אברהם בחר להיות מושלך לכבשן האש ולא להתכחש לאמונתו בקב"ה. ניסיון זה מוזכר בתורה ברמז בלבד. ואילו הניסיון הראשון שעליו מספרת התורה בפרוטרוט, הוא בפסוק "לֶךְ לְךָ מארצך וממולדתך ומבית-אביך" (בראשית; מ"ג, י"ב). הסיבה לכך היא, שניסיון זה קיים בעבודתו של כל יהודי.

בראש ובראשונה, ציווי זה נאמר לנשמה, קודם ירידתה לגוף. הנשמה מצד עצמה, אינה רוצה לרדת לעולם הזה, כמאמר חז"ל; "שעל כורחך אתה נוצר" (פרקי אבות; ד', כ"ב). שכן, היא רוצה להישאר במעמדה תחת כיסא הכבוד. אומר לה הקב"ה; "לך לך מארצך וממולדתך ומבית-אביך". הוא מצַוֶה עליה לרדת למטה, ולעבור את השלבים השונים המרומזים בפרטי הציווי.

ירידת הנשמה, היא למעשה ירידה רוחנית. ישנו מחקר הטוען, שנשמת האדם שוקלת כ-21 גרם. החוקר יצא מתוך נקודת הנחה, שהנשמה, רוחנית ככל שתהיה, חייבת להתקיים כחומר בעולם הזה ובגוף האדם. וכמוכרח, הנשמה היא בעלת מאסה. וכדי שהנשמה הרוחנית תוכל להתקיים בתוך העולם, הקב"ה מכסה אותה בכיסויים ולבושים, עד שאין מציאותה מורגשת. לכן היקום ניקרא עולם. כי הנשמה יורדת לעולם, עולם מלשון העלֶם. (היעלמות)

כאשר הנשמה נמצאת למעלה קודם ירידתה והתלבשותה בגוף, היא עומדת תמיד באהבה וביטול. לעומת זאת, בתהליך ירידתה למטה, היא עוברת כמה שלבים של ריחוק ממקורה. היא מגיעה לעולם הגשמי ומתלבשת בגוף חומרי

וגשמי, והגוף נעשה חלק ממציאות הנשמה. הנשמה צריכה את הגוף, בשביל להיות חלק מהעולם הגשמי. כך שבאופן גלוי רואים רק את גוף האדם, ולא את הנשמה.

תורת החסידות מלמדת אותנו לא לשפוט את האדם על-פי איך שהוא נראה לנו, כי אפילו האדם הפשוט עשוי להיות נשמה גבוהה. אז איך אנחנו יודעים מה היא החלוקה בין נשמות גבוהות לנשמות נמוכות? שהרי גם בנשמות יש סולם המעמדות.

לכאורה יודעים אנו, שיש דרגות אין-סְפוֹר בנשמות. החל בנשמות גבוהות וזַכּוֹת ביותר כמו נשמות הצדיקים הגדולים, וכלֵה בנשמות ירודות ונחותות. אלה הם שלוש דרגות בסולם הרוחני של הנשמות:

<u>בדרגה הראשונה</u>; והיא הגבוהה ביותר, היא הדרגה של שלמות. מה שניתן לכנותו "הנשמות הטהורות". אלה הם נשמות שהירידה שלהם אל תוך העולם מגבילה אותם רק במעט, והם נחשבות 'לנשמות גבוהות'. הנשמות הגבוהות מאירות בגוף בעוצמה רבה, כאילו הם עדיין בעולמות עליונים. כך שהגשמיות לא עומדת בדרכם, לראות את האור האלוקי והקדושה שבכל דבר. נשמות אלה ירדו לעולם הזה ישר מעולם ה'אצילות', ולא הוגבלו על-ידי העולמות הנחותים יותר. נשמות אלה רואות את הדברים כפי שהם נראים מעולם ה'אצילות, והם ירדו אך ורק לעזור לעולם שלנו ולנשמות התקועות פה. נשמות אלה, הם בשלמות.

<u>בדרגה השנייה</u>; אלה הם נשמות שהגיעו לאמצע סולם ההתפתחות הרוחנית, והן שואפות להגיע לשלמות. יש להן את היכולת להשיג את השלמות שהן שואפות אליו, אבל הן חייבות לעבור מבחנים של פיתוי וסבל וזקוקות ללימוד רב וליגיעה עצומה, כדי להגיע להבנה בעניינים רוחניים.

<u>בדרגה השלישית</u>; בתחתית הסולם, נמצאות הנשמות הנמוכות. נשמות בדרגה זו הן קלות-דעת, מוזרות, שובבות ביותר, והן משעשעות את עצמן על ידי בלבול בני האדם. קל לזהות אותם על ידי המאפיינים הלא מוסריים שלהן, ונטייתן להרע ולרוע.

בתהליך ירידת הנשמות לעולם הבריאה, הן עוברות דרך עולמות רוחניים שונים. בכל עולם, לובשות הנשמות את מושגיו ולבוּשָׁיו של אותו עולם. הסיבה שהנשמה עוברת את כל הדרך הזה הוא, בכדי שהיא תהפוך להיות גשמית יותר לכאורה. כך שבכל עולם שהיא עוברת, לובשת הנשמה את לבושיו, וזה גורם לנשמה להיות יותר ויותר מוחשית, עד שהיא מקבלת את הזכות לרדת לעולם העשייה.

העולמות בהם עוברת הנשמה, מתחלקים לארבע; **אצילות**, **בריאה**, **יצירה**, **עשייה**. נשמה מהדרגה השנייה והשלישית, עוברת את כל ארבע העולמות הללו ולובשת את לבושיהם, והדמות הסופית שלה, מורכבת מהחותם שהעניק לה העולם התחתון.

אך לפני שהנשמה יורדת לעולם החומרי, היא כבר מקבלת את זכות הבחירה והיא כבר יודעת מראש לאן היא הולכת, ואיזה סוג של אתגרים היא עומדת לעבור. כפי שכבר אמרנו, שהנשמות הנמוכות באות לעבור פה מבחנים של פיתוי וסבל, כדי ללמוד להגיע להבנה בעניינים רוחניים.

לכן היא בוחרת מי יהיו ההורים שלה, ולאיזה בית היא תיוולד. היא אף בוחרת את תאריך הלידה שלה. תאריך הלידה הוא תעודת הזהות של הנשמה, כי יום הלידה נותן לנשמה את כוח התמודדות בגוף הפיזי. אך גם להורים יש תפקיד חשוב מאוד, והוא; לתת לתינוק את השם המתאים ליום הלידה.

השם של האדם, זה החצי השני של ההשפעה של תאריך הלידה. הוא אמור לתת גיבוי להשפעה של יום הלידה, בכדי לחזק את כוחו של האדם בחייו. כשהורים נותנים לילדים שמות אופנה כמו של שחקן מפורסם ולא נשמעים לקול הפנימי או לתחושת הבטן או לאינטואיציה שלהם, הם פעמים רבות יוצרים מכשולים בחיי הילד, ולא נותנים תמיכה ליום ההולדת.

וכן אמר דוד המלך; "מוֹנֶה מספר לכוכבים לכולם שמות יקרא" (תהלים; קמ"ז, ד'). בזה הוא רוצה לומר לנו, כי לכל אחד מהכוכבים, אלוהים קרא שֵׁם הָנָאוֹת

והמתאים לו, לפי הדבר והתפקיד שהוא נברא שהוא בעבורו. כי לכל כוכב וכוכב יש כוח וממשלה על נבראֵי מטה, כל אחד על מין ידוע, שנותן בו כוח לעשות מלאכתו ותולדתו. וכמו שאמרו חז״ל (בראשית רבה; י׳, ו׳) ; ״אין לך כל עשב ועשב מלמטה שאין לו מזל מלמעלה מכה אותו ואומר לו : גְּדַל. שנאמר ; ״הידעת חֻקות שמים אם תשים משטרו בארץ״ (איוב ; ל״ח, ל״ג).

ואומר שם המדרש (בראשית רבה; י׳, ד׳) ; ״אמר רבי הושעיא דרש רבי אפס באנטוכיא... עד שלא חטא אדם הראשון, היו המזלות מהלכין דרך קצרה ובמהירות. משחטא, סיבבן דרך ארוכה ובמתינות. יש מזל שגומר הִילוּכוֹ לי״ב חודש כגון כוכב חמה, ויש מזל שגומר הילוכו לשלושים יום והיא לבנה. ויש מזל שהוא גומר הילוּכוֹ שנה והוא צדק, ויש מזל שהוא גומר הילוכו לשלושים שנה והוא שבתי. חוץ מן כוכב נוגה ומאדים, שלא גומרין הילוכן אלא לד׳ מאות ושמונים שנה. (ויש שאלה שנוגה מהלכת י״ב מזלות לעשרה חדשים, כל מזל כ״ה יום, ומאדים חודש וחצי, כל מזל מהלך י״ב שנה ומחצה)״.

רבי דוד קמחי (רד״ק) כתב בפירושו על הפסוק ; ״שאו מרום עיניכם וראו מי ברא אלה המוציא במספר צבאם לְכֻלם בשם יקרא מרב אונים ואמיץ כח איש לא נעדר״ (ישעיה; מ׳, כ״ו), וזהו שאמר הנה גם כן : **מרוב אונים** - השמות שקורא להם מרב כוחות, שיש לכל אחד מהם על יצורי מטה. ולפי הממשלה והכוח שיש לכוכב, נקרא שמו לפי אותו עניין. ושכל אחד מהם הוא **אמיץ כח**, כי לא יפסד כוחו ולא ישתנה כמו שהוא בנבראי מטה שהם נפסדים באישיהם אף על פי שעומד מיניהם. אבל נבראי מעלה **איש** מהם **לא נעדר**. לעולם בשום העדר, לא בכולו ולא במִקצָתו. כמו שהיה ביום הִבָּראו כן יהיה כל ימי עולם, לא יוסיף ולא יגרע. כי אין התוספת אלא לבעלי החיסרון, והם שלמים בבריאתם. וכל זה חייב אדם ללמוד מספרי החוכמות ולהבין בדעתו בנבראים״...

אם כן, איך נדע מהו האתגר של הנשמה בחיים?

הנסתר ותורת הנסתר, הם חלק מהחיים והיקום כולו. כל דבר קורה ויקרה למטרה מסוימת. אין מקרה. הכול וכולם קשורים ביחד, כולל הנשמות.

לכל נשמה יש ניצוצות שונים, הנמשכים לדברים שונים. כגון; אוכל מסוים, אנשים מסוימים, מוזיקה מסוימת. כל אחד נמשך לפי הניצוצות הקשורות לנשמתו, מטרת הנשמה, והיעוד שלה. התיקון של האדם נובע, מתוך שמיעה והבנה של הייעוד העמוק שלו, ומתוך התרחקות ומניעה של התנהגות שלילית, ומשמעת לבצע את המוטל עליו.

באמצעות הנומרולוגיה הקבלית, ניתן ללמוד ולהבין את דרכה של הנשמה בעולם, משום שהנשמה בוחרת את יום הלידה. דרך זה הנשמה מעניקה לנו רמזים, תחושות בטן, או אינטואיציה לגבי משהו, או עבור מה שהיא מתכננת לעבור בגורל בחייה. התובנה העמוקה הזו, מעוררת בנו תחושה שאנו יודעים את האמת לגבי אדם, המקום, הסיטואציה, ואיזה סוג אתגרים, ובצורה שהיא עומדת לעבור את החיים הגשמיים.

כל שעליך לבצע הוא, לעשות את החשבון הנומרולוגי, ולהבין מה הנשמה מתכננת עבור עצמה ומסלולה בעולם החומר. עליך לקחת את יום הלידה, חודש הלידה, ושנת הלידה, ולצמצם זאת למספר קטן. מהו מספר קטן? זהו מספר בודד מ-1 ועד 9.

המספרים מ-1 ועד 9 הם כמו אוסף גיליונות ורעיונות, שמסבירים שבעצם את עניינם וטיבם של המספרים בעולם. המספר, או ליתר דיוק סְפָרָה, זה דבר שהעולם מושתת עליו. בדיוק כפי שהעולם מושתת על עשרה המאמרות של מעשה בראשית, כך היקום מושתת גם על הערך המספרי של כל דבר, ואף על היחסים המספריים של כל דבר. דהיינו, היחסים הכמותיים של הדברים - אלה הם המרכיבים, המבנה, וכלל הכוחות שישנם בבריאה, הם כולם מערכות של יחסים כמותיים. בני אדם לא יודעים שהמספר צריך להוביל למה שנקרא **כל**. "כל", פירושו כמו בפסוק; "יש לי רַב" (בראשית; ל"ג, ט'), ומשמעו; יש לי הכל ולא חסר לי מאומה.

המספרים מעבירים אותנו ממה שנקרא "יש לי רב", ומביאים אותנו לתפיסה של - "יש לי כל". כל הרעיון של המספרים הוא, לחבר ולצרף את כל הדברים כולם. היינו, בסופו של דבר, כל המספרים כולם מתכוונים לחזור לאחד. אם

לא היה מספר בעולם, כאשר היינו רואים לפנינו המוני פרטים, היינו רואים לפנינו המוני אחדים. אחד, ועוד אחד, ועוד אחד, ועוד אחד.

אכן, המספר מצרף את כולם לקבוצה, והמספר הוא מה שיכול לצרף אותם למה שנקרא 'כלי'. המספר הוא זה שיוצר מפרטים, קבוצות. במערכת המספרית שלנו של לשון הקודש, כל עשר חוזר לאחד. כאשר הגענו לעשר, הגענו לצירוף והוא חוזר להיות אחד (אחת-עשרה, ואחר כך עשרים ואחת וכן הלאה). ובלשון המקובלים הראשונים, הוא חוזר להיות אחד במספר קטן. משמע; חוזר להיות יחידה אחת. האחד (1) הופך להיות עשר (10). ועשר עשרות חוזרים להיות יחידה אחת, מאה (100). ועשר מאות חוזרים להיות יחידה אחת של אלף (1,000), ויש גם רבבה (10,000) ויותר מזה אין, עד כאן מגיעים המספרים בתורה. (בתורה אין את המספרים מיליון, וטריליארד וכו').

אם כן, איך נבצע את החשבון הלכה למעשה? עלינו לקחת את יום הלידה, חודש הלידה, ושנת הלידה. <u>לדוגמא</u>; 12/11/1996.

- יום הלידה הוא 12. אנחנו מחברים את הסְפָרות 2 + 1 שהם שלוש.
- חודש הלידה הוא 11. אנו מחברים את הסְפָרות 1 + 1 שהם שתיים.
- שנת לידה 1996. אנו מחברים את הסְפָרות 6 + 9 + 9 + 1 יחד 25.

אנו לוקחים את המספר 25 והופכים גם אותו למספר קטן (לספרה בודדה) 5 + 2 = 7. לאחר שעשינו זאת, אנו מחברים את כל המספרים ביחד בצרוף והם; **3** (יום הלידה) + **2** (חודש הלידה) + **7** (שנת הלידה) סך הכל, נקבל את המספר 12.

עכשיו, שוב נצמצם למספר קטן את המספר 12, ונעשה שוב 2 + 1 = 3.
הספרה 3 היא התוצאה הסופית של צמצום או מספר קטן, אותו חיפשנו במקרה זה. לאחר שעשינו זאת, אנחנו הולכים לטבלת הנומרולוגיה בשביל לקבל אינדיקציה כללית, של מה שהנשמה הזו אמורה לעשות או לעבור בחייה, בכדי להצליח בחיים. המספרים, או ליתר דיוק הסְפָרוֹת, הם מ-אחד (1) עד תשע (9). לכל ספרה, יש מאפיין ייחודי לו.

הספרה 1 מציין את "האב":

<u>ספרה זו מציינת</u>; הנהגה, כריזמה, יוזמה, מקוריות, יצירתיות, אידאלים, התחלות, החלטיות, תנועה, עצמאות. פורץ דרך, מקרין בטחון, שואף להצלחה, מאמין בעצמו, סומך רק על עצמו. חייב להיות בשליטה. בעל כושר מנהיגות, סמכותי, יכולת להגיע לעמדות מפתח ופרסום. הוא מכובד, ופופולרי. העבודה שלו ביקום הוא, ללמוד לסיים כל תהליך אותו הוא התחיל - בעבודה או בלימודים, וללמוד לשתף אנשים בסביבתו הקרובה, ולוותר על האגו.

<u>במובן השלילי</u>; הוא תמיד רוצה להיות במרכז ולבלוט, או שהוא מתכנס בעצמו ונהיה מופנם.

הספרה 2 מציין את "האֵם":

<u>ספרה זו מציינת</u>; עדינות, ביישנות, אינטואיציה חזקה, רגישות, אמפטיה, אִכפתיות, שיתוף פעולה, יצירתיות. אוהב אינטימיות, יכולת מימוש גשמי וגם רוחני, דיפלומט, ואוהב לטפל. העבודה שלהם ביקום היא, ללמוד את היכולת לקבל החלטות, לפתור בעיות בעיקר במצבים רגישים, למתֶן מצבי רוח, ולהיות עקבי במחשבה.

<u>במובן השלילי</u>:

חוסר בטחון. חרדה גבוהה. תלותי, צריך כל הזמן חיזוקים. עקשן, מופנם, מצבי הרוח, דיכאונות, מושפע מהסביבה. מתלבט. תלות באנשים הקרובים לו, תמיד מצפה שאחרים יפתרו לו את בעיותיו, נטייה לאגור, חרדת נטישה, ברֵרן, תקוע בעבר, עקשן. בתחום הזוגי הוא תלותי בבן הזוג.

הספרה 3 מציין את "הילד":

<u>ספרה זו מציינת</u>; מזל, אהוב בחברה, יש עליו השגחה מלמעלה, בעל יופי וקסם המוקרן החוצה, הוא נשאר צעיר לנצח, לא אוהב להיות לבד, אינטלקטואל, רודף אחר האמת והצדק, אהוב, בעל שמחת חיים, זקוק לחברה ולהערצה, שחקן על במה. אוהב מוזיקה, אוהב נסיעות, ילדותי, שובב, חשוב לו סיפוקים מידיים, לא חושב על העתיד, שוכח מהר, בעל אינטואיציה חזקה, חסר טקט. מאוד יצירתי, לא אוהב מסגרות, אוהב חופש ואת חופש הביטוי. מאוד מיני,

אוהב את ההנאות בלי גבולות, בחיי הנישואים עלול להרגיש חנוק כי חשוב לו החופש. הוא חייב ללמוד להעריך את היכולות ואת הכישורים החבויים בתוכו, ולהוציאם החוצה לידי ביטוי בכל דרך אפשרית. עליו לנצל הזדמנויות בחוכמה, ולהיות אופטימי.

<u>במובן השלילי</u>:

ריקנות, דאגן, פסימי, מופנם, מרוכז בעצמו, אינו אוהב לעבוד, קורבן, פטפטן, חסר שמחת החיים, מגזים, חסר אחריות, נמשך לפשע, קושי להתבטא, עליו לפתח אמונה עצמית, ולהיות אמיתי כלפי עצמו וסביבתו הקרובה.

הספרה 4 "המוציא לפועל":

<u>ספרה זו מציינת</u>; קיבעון, "מרובע", אוהב ומחפש מסגרת אידאלית, מחפש אהבה ושייכות. ימצא את עצמו לא פעם משנה מסגרות. בטחון בחומר, זה הבסיס לחיים שלו. יש גם עיכובים ודחיינות, וזה חלק מהשגרה שלו. נמשך מאוד לכסף, וזקוק לבית משלו. בנחישות והתמדה, הוא תמיד ישיג את יעדו. מרדן, ועושה 'דווקא'. יש לו המון נתינה. יש לו גם רצון להעניק רגשות, אהבה, וכסף. הוא יסודי, הגון, אמין, אחראי, בעל יכולת תכנון לטווח ארוך, סובלני וסבלני, יכולת ביצוע, בעל משמעת, ואיש חוק.

העבודה שלו ביקום הוא, ללמוד לבנות מסגרת יציבה בחיים. הוא לא ממש יודע ליהנות מהחיים. עליו ללמוד להתגמש מבחינה רגשית, ולאזן את הדגש על מחשבה, כסף, וצורכי הגוף. ריצוי אנשים סביבו, יוביל לנזק רגשי.

<u>במובן השלילי</u>:

עליו להתגבר על הפחדים וחרדות, לא להיות נוקשה וביקורתי. חסר סבלנות וסובלנות, מריר, פדנט. קמצן, מרדן. לא לחפש קיצורי דרך. עליו להשקיע מחשבה בעשיית דברים שעוזרים לו להירגע, ולהשתחרר מתחושות של כבדות.

הספרה 5 "הנולד לחופש":

<u>ספרה זו מציינת</u>; יצירתיות רבה, יצריות, אדם כובש. זקוק לתנועה ומרחב, מפתיע, אוהב אתגרים, הרפתקן, לא שגרתי, בעל הומור. קיצורי דרך, זו

האהבה שלו. מסתגל לכל מצב, מגיב מהר, חייב לראות תוצאות מיידיות, מאבד עניין וסבלנות. צעיר לנצח, בעל קסם אישי, סקרן, אינטליגנט, בעלי כושר ביטוי ושכנוע מעולים, חד לשון, אוהב משחקי לשון, אינטואיטיבי, מהיר מחשבה, תקשורתי, טוב בכתיבה ובדיבור, צורך בנסיעות, סוחר.
העבודה שלו ביקום הוא, ללמוד לתקשר רגשית ולשתף. הוא יודע להתמודד עם התחייבויות ומחויבויות, אבל תמיד מחפש את הדרך הקלה. לכן עליו לאזן ביניהם, וכן לאזן את הצורך שלו כל הזמן להיות בשינויים.

במובן השלילי:

קושי בהתמדה, מאבד עניין במהירות, ממש לא בנוי לשגרה, חסר סבלנות וסובלנות. עליו לפתח סבלנות, וללמוד להשקיע ולהמתין, עד שיגיע שלב של קצירת הפירות. אבל ברגע שהגיע שלב זה, הוא מאבד עניין.

הספרה 6 "הבית":

ספרה זו מציינת; אהבה, הרמוניה, שלווה, יופי, אסתטיקה, ואומנות. בית שמח, מלא חן, רומנטי, בעל עין טובה לעיצוב ובישול, הילינג, כנות ויושרה. דואג לקרוביו ולידידיו. בדרך כלל זו מטרת חייו (לעזור ולדאוג לזולת), אינטליגנציה רגשית מאוד גבוהה, נוסטלגי מאוד, חברותי ביותר, יכולת נתינה ויצירת קשר עם הזולת. רבים באים אליו בכדי לקבל עזרה, אוהב לקבל בחזרה אהבה מכולם, חשוב לו שכולם יחייכו אל כולם, שונא ריב וחיכוכים, משרה אוירה נעימה, מפשֵׁר ומגשר בין אנשים - אך לא בכל מחיר.

במובן השלילי:

ימצא עצמו במקומות של ריב, חיכוכים, ועויינות. עליו ללמוד מהי נתינה ומהי הקרבה - ומהו ההבדל הדק ביניהם. עליו ללמוד לשלוט במצבי הרוח ובכעסים. כמו כן, עליו ללמוד שמניפולציות רגשיות וחניקה רגשית לא תוביל להגשמת חלומות, אלא יובילו רק לאכזבות ולמשברים. עליו ללמוד לתת אהבה גם לעצמו ללא ייסורי מצפון, אף על פי שזה יכול לבוא על חשבונם של משפחה וחברים.

מספר 7 אנשי הרוח:

ספרה זו מציינת; אינטואיציה חזקה, כושר ניתוח אנליטי, מוכשר מאוד, אינטליגנציה גבוהה, לא קונבנציונאלי. הגיוני, שכלתן, מנתח כל דבר לעומק.

חי בעולם פנימי, עשיר, עמוק, ורחב. איש חזון, עובד עם השכל. אוהב נגינה, אמנות, ואמנות המשחק. יש לו את האמנות לתמרן לאן שהוא רוצה. הוא יוצר ויצירתי, ונמצא תמיד בשליטה. עליו ללמוד להרפות. הוא לא תמיד חלק מכולם, הוא מעֵין מתנשא. קשה לו עם אינטימיות וקִרבה. מאוד רגיש, לא אוהב לתת מקום לרגש שלו, ולא יודע להחצין רגשות. הוא מופנם, בודד, ומתכנס בתוכו. מחפש את המושלם. בררן, מעדיף להיות לבד, או בחברה מצומצמת. למידה ותרגול היא חלק בלתי נפרד מחייו.

העבודה שלו ביקום היא, ללמוד להיפתח ולדבֵּר, ולאפשר לאנשים בסביבתו להכיר אותו באמת. עליו לפתח אמונה וחשיבה חיובית, ולהשקיע זמן בפיתוח המודעות, ובמחשבות ובהחלטות שהוא מקבל.

<u>במובן השלילי</u>:

קשה לו להתערבב עם הזולת, ולוותר על חומות ההגנה הסובבים אותו. עליו לשנות את התחושה שלא באמת מבינים מי הוא, ולקבל את העוּבדה שאנשים רוצים להיות בקרבתו. ניתוקים רגשיים זה הנורמלי שלו. הוא סגור, מאופק, חשדן, מרחף, חי בעבר, קשה לו להתקדם הלאה, תקוע, ומנותק מהמציאות. עליו להתקרקע. אמן המניפולציה, הבלבול, והאשליה. בעל נטייה לדיכאון. מייצר "מצבי אַין". עצבות, ריקנות, ושתיקה מרובים. נתון למצבי רוח משתנים. עליו להעמיק בכל דבר שהוא בוחר לעשות.

הספרה 8 אנשי הכסף:

<u>ספרה זו מציינת</u>; שאפתנות, יש לו צורך מתמיד ביעדים ובמטרות. הוא יעיל, תכליתי, נחוש, עקשן, ובעל אופי חזק. מאוד רציני ואחראי. יש לו נחישות לעולם העסקים, והצלחה בו. ההצלחה אינה באה לו בקלות, והוא מאוד תובעני בדרכו. מתחבר לסמכות והיררכיה וסטטוס. חשוב לו שדברים יעשו על פי רצונו ודרכו (יש המון אנשי מנהלים בספרה זו). אוהב ומתחבר לחברות גדולות, צבא, בנקים, ממשלה, מוסדות, ומערכות המשפט. בעל כושר ארגון מעולה. בהצלחה - אל לו לנוח על זרי הדפנה. יש לו צורך תמידי בעשייה נכונה, בהישגים, ובהתחשבות באחרים. יש לו אנרגיה של הישרדות, מתוך חוזק פנימי. יכול ליפול ממקומות הכי גבוהים בחיים, להתרסק, להפסיד, ולחוות קשיים. אך באיזשהו שלב הוא יקום, יאסוף את השברים, ימצא פתרונות

וימשיך הלאה - מעֵין "נחום תקום". אחד השיעורים החשובים שלו הוא, בנושא הכסף. יש בו משהו שמעורר התנגדות כלפיו, ללא כל סיבה נראית לעין. יש לו משיכה לאנשים מבוגרים ממנו, בשל בשלותם וניסיון חייהם. הוא מנתח את רגשותיו בדרך שכלתנית, דבר שעלול לדכא את הרומנטיקה. לרוב יַרְאֶה את אהבתו במעשים, ולא בהכרח ברגשות. יש לו שליטה חזקה על רגשותיו. חש מאוּיָּם על ידי פחד הדחייה, ביקורת, וחרדת כישלון. הוא חייב לעשות אינטגרציה אמיתית, בין החומריות לרוחניות.

הפן המעכב והעבודה שלו ביקום הוא; ללמוד להיות החלטי, מעשי, ולהתמקד בתחום אחד בו הוא בוחר להגשים את שאיפותיו, וללמוד למתֵן את מצבי הרוח וחוסר סבלנותו. עליו להבין שרק התמדה והשקעה לאורך זמן, תניב פרות.

<u>במובן השלילי.</u>

עיכובים, דחיות, אויבים, תביעות משפטיות. שמרנות, כבדוּת, עקשנוּת, ביקורתיוּת, ובעיות מוסריות. 8 נחשב לשופט הקוסמי - לכן עליו לכלכל היטב את מעשיו וצעדיו, כי מה שהוא יזרע זה מה שהוא יקצור - כאן ועכשיו ולא בגלגול הבא. עליו ללמוד להיות עקבי בתשוקות ליבו, וככל שהוא יהיה ממוקד במטרה אחת ולא יתפזר, כך הוא יוכל להצליח ולהגשים את חלומותיו. עליו ללמוד לאזן את הדגש על משיכתו לכסף ואת המשיכה המינית גופנית הלוהטת שלו. עליו ללמוד לשלוט על מחשבותיו ומעשיו, ולהבין שביצוע שינויים ותהליכים בחייו מצריכים זמן. עליו ללמוד; התמדה, סבלנות, ומיקוד.

הספרה 9 הכל יכול:

ספרה זו מכילה בתוכה את כל הספָרוֹת. היא כוללת בתוכה את כל הספרות מ-1 ועד 9.

<u>ספרה זו מציינת</u>; מסוגלות להבין כל אחד ולהזדהות איתו, לכן הוא יכול להיות יועץ מעולה. יש בו עוצמה כריזמטית, הוא מושך אליו אנשים, והוא יכולים להיות המנהיג, בכל מקום בו הוא נמצא. הוא רואה הכל ובגדול, ובעל ראייה רחבה. תפיסתו וגישתו אינה שגרתית. רואה את מה שאחרים אינם מסוגלים לראות. ניחן בהמון חכמת חיים. הוא מתלהב, נדלק מהר ומתקרר מהר. ברגע שאיבד עניין - אפילו בתחום האהבה, הוא עוזב ללא שום בעיה. עליו ללמוד לתַקשר ולדבר עם אנשים בסביבתו הקרובה.

העבודה שלו ביקום הוא; ללמוד לטפל באתגרים הנִקרים בדרכו, וללמוד לאזן את המלחמות הפנימיות ואת הספֵקות שלו, ולתת לסביבה להתקרב אליו, ולהבין שהתקשורת והדיבור הינו מצרך מאוד חשוב. עליו להשקיע לא רק בעשייה פיזית, אלא לסיים תהליכים. כמו כן, עליו להבין שלכל סוף ישנה התחלה חדשה. עליו ללמוד לשחרר, להשתחרר מהעבר - ומאנשים שכבר לא מתאימים למסלול הנוכחי שלו.

<u>מספר 9 במובן השלילי:</u>

אגרסיביות, אִי הבנות, ווכחן, חסר מנוחה, ספֵקות, ביישן, דאגות לא מוצדקות, ביקורתי, אֵיבָה, אנוכי, וצר אופקים. כופה את עמדתו על הזולת. קופץ מדבר לדבר ומעניין לעניין בחפשו אחר השלמות. מחד הוא וותרן, ומאידך הוא קשה החלטה.

מבין כל הסְפָרות (1 ועד 9), לספרה 9, הכי קשה לו לשנות הֶרגלים. עם זאת, אין עוד סִפְרה שיכולה לעשות התמרה ומהפך של 180 מעלות כמו הספרה 9. משום, שהספרה 9, מכילה בתוכה את כל הבריאה ואף מעבר לה.

כשנחבר את כל הספרות מ-1 ועד 9 (לא כולל 9), נקבל את המספר הדו-ספרתי, 36. מספר זה, הוא המספר המתקבל מצירופם של הספרות מ-1 ועד הספרה 9.

1+2+3+4+5+6+7+8 = **36** = 9. המספר הדו ספרתי (36) של החיבור של כל הספרות מ-1 ועד 9, מורכב משני ספרות.

<u>מהספרה</u> **3** שזה השילוש הקדוש שביהדות (אברהם, יצחק, יעקב; - כהן, לוי, ישראל; - תורה, הקב״ה, עַם ישראל;)

<u>ומהספרה</u> **6** המציינת את הבריאה. כי העולם נברא בשישה ימים.

כמו כן, הספרה 9 היא המכפלה של 3 בעצמו. 3 פעמיים 3 = 9, והיא הגימטרייה של המילה אמת. אמת, מתחילה באות א׳, ומסתיימת באות ת׳, ובאמצעה

נמצאת האות מ', הנמצאת בדיוק האמצע האלף בית העברי (היא האות ה-13).
לכן מילה זו (אמת), מכילה בתוכה את הכל, מאלף עד תיו.

בנוסף, המילה **אמת** מרמזת, שהאמת צריכה להיאמר מההתחלה, ועד האמצע,
ועד הסוף. ללא שום עיגולי פינות או שקר לבן. האמת היא אמת, ללא משוא
פנים. היא מה שהיא, ויהיה אשר יהיה.

פרק 5

אהבה עצמית

את סיפור אדם הראשון ניתן לספר על ספר בן אלף עמודים, ובעזרת השם אני אקבל את הזכות לכתוב יום אחד את הספר הזה. אך בפרק זה, אני ארחיב עליו בקצרה ולא בארוכה.

רבים חושבים, שהאדם הראשון הוא בעצם האדם הקדמון מאנשי המערות. אבל אין דבר רחוק יותר מהאמת מאשר לומר על אדם הראשון, שהוא איש המערות. אני די בטוח שביטוי זה בא מהסיבה, שאדם הראשון היה זה שחפר את מערת המכפלה. האדם הראשון היה יפה תואר, בצורה שאיננו יכולים לתאר. בגלל שאדם הראשון הוא יצירת הבורא יתברך והוא לא נולד מאישה, לכן יופיו היה מיוחד ביותר. היחיד שהיה דומה לאדם הראשון ביופיו היה יעקב אבינו, ואת זה אנחנו לומדים בגמרא (בבא בתרא; נ״ח, א׳) אודות רבי בנאה במערת המכפלה.

המסר הכללי שם בגמרא הוא, עליונות יופיו של אדם הראשון הן על הגברים והן על הנשים, ועל כל המין האנושי בכלל. עד כדי כך, שכל בני האדם הבאים אחריו מוגדרים ביחס אליו - כקופים. ובכך נרמז בסיפור עצמו, שהאדם הראשון הוא ׳דיוקני׳ (כדמות דיוקן של הקב״ה), ואילו הבאים אחריו הם רק ׳דמות דיוקני׳ (העתק דיוקן).
האמוראים משווים רק את יופיו של יעקב אבינו בלבד, ליופיו של האדם הראשון. כשמגיע רב בנאה למערת אדם הראשון (מערת המכפלה), הוא מצוּוֶה שלא להיכנס, כי יש איסור בהסתכלות בדמותו של אדם הראשון, משום שזה כמו להסתכל בדיוקני (דיוקן) של השכִינה. רב בנאה מספֵּר שהוא הסתכל רק בעקביו של אדם הראשון. והוא מציין, שתפוח עקביו של אדם הראשון, היה מכהֶה את גלגל חמה. במדרש זה בא לידי ביטוי אודות יופיו של אדם הראשון,

שקלסתר פניו היה מביא את הבן אנוש לסכנת סינוור, וזו סכנה ששום בר אנוש אינו מסוגל לעמוד בה, וכך גם לגבי ראיית השכינה. ככתוב; "כי לא יראני האדם וחי" (שמות; ל"ג, כ). הרעיון שרב בנאה ראה את העקבים של אדם הראשון שהם דומים לגלגל החמה, מציינים את העובדה שהוא זכה במעֵין ראִיַית פני שכינה, שאדם רגיל לא זוכה לה.

אדם הראשון נברא רק ביום השישי. מכל צורות הבריאה, האדם הוא המדבֵּר היחיד בעולם, וגם השליט היחיד בעולם הזה. אז למה הוא האחרון להיברא?

לפני שברא ה' את האדם, ביקש הקדוש ברוך הוא להתייעץ עם מלאכי השרת, ושאל אותם מה דעתם על בריאת האדם?
"מה מידותיו של אדם זה", שאלו המלאכים?
אומרת הגמרא שהקב"ה ענה למלאכים, שתכונותיו של האדם הם; מחד - אגואיסט, מורד, שקרן, גנב, ובוגד. ומאידך - טוב לב, רחמן, ודואג לזולת.
אמרו לו המלאכים למה לך לברוא יְצור כזה?

ממשיכה הגמרא ומספרת, מיד שלף הקדוש ברוך הוא את האצבע הקטנה שלו, ושרף את קבוצת המלאכים הזו. קרא הקב"ה לעוד קבוצת מלאכים ושאל אותם את אותה השאלה. הם ענו לו את אותה תשובה של המלאכים הקודמים. גם אותם שרף הקב"ה. קרא הקב"ה לקבוצה שלישית ושאל אותם את אותה השאלה, והם היו קצת יותר חכמים כי הם חששו להישרף באֵשוֹ הגדולה של הקב"ה, והם ענו לו "עשה כרצונך".
שאל אותם הקדוש ברוך הוא מדוע?
אז הם ענו לו; "אם לא נסכים איתך, אתה תשרוף גם אותנו".

עם זאת, מסופר גם, שבשעת בריאת האדם שאלו המלאכים מה מיוחד באדם? אמר להם הקדוש ברוך הוא, חוכמתו מרובה משלכם, ואיך ?

הביא הקדוש ברוך הוא את כל החיות בעולם ואמר למלאכים תנו שמות לחַיוֹת. המלאכים לא ידעו לתת לחיות, אפילו שם אחד. שאל הקדוש ברוך הוא

את אדם הראשון, האם תוכל לתת שֵׁמות לחַיות? מיד נתן האדם לכל חיה את שמה, וגם הוסיף פירוש והסבר, מדוע הוא בחר את השם הספציפי לכל חיה ובהמה.
לדוגמא; כלב - כי **כולו לב**. ואז שאל הקדוש ברוך הוא את האדם ומה שמך? אמר לו אני שמי הוא אדם, כי **נבראתי מן האדמה**. ומהו שמי שאל הקב"ה? ענה האדם, שמך **אדוני**, כי אתה אדון לכול הנבראים.

בריאת האדם הראשון הייתה כל כך מיוחדת, עד כדי כך שאין לנו את הזכות לדבר על זה. חז"ל דורשים בגמרא, שאדם הראשון היה למעשה מלאך, בכדי שיהיה לנו את הזכות להיות בני אדם. כי אם נתייחס לאדם כבן אדם, אז אנחנו נחשב לחמורים.

יש כמה וכמה פירושים בגמרא האומרים, שאדם היה ענק מהאדמה ועד השמים בבריאתו, ואז הקב"ה גימד אותו לאורך (גודל) של מאה אמה (כחמישים מטר). בכדי לברוא את האדם, אלוהים לקח עפר מכל קצוות העולם. ולמה?

כל יְצור וכל חיה בעולם, נבראה מעפר ממקום ספציפי בעולם. רק האדם נברא מכל העפר שבכל בעולם, בכדי לכבל את כל תכונות של החיות בעולם. ועל זה נאמר; "הֱוֵי עַז כנמר, וקל כנשר, ורץ כצבי, וגיבור כארי" (מסכת אבות; ה', כ'). כי באדם קיימים כל תכונות החיות.

כשהקב"ה אמר "נעשה אדם" (בראשית; א', כ"ו), הוא אמר זאת לא רק למלאכי השרת, אלא גם לכל החיות שבעולם, בכדי שיהיה באדם את כל התכונות הקיימות בעולם. לכן חז"ל קוראים לאדם - **עולם קטן**. תכונות אלו קיימים אצל כל בני האנוש, אבל רק אחדים זוכים ללמוד איך לנצל את כל מתנת שמים הקיימים בהם. למעשה, זהו סוד קטן והוא לא מעבר לים ולא במרומים, ככתוב; "כי קרוב אליך הדבר מאוד בפיך ובלבבך לעשותו" (דברים; ל' י"ד).
אז מה הוא הסוד? הסוד הוא; אהבה עצמית חסרת אנוכיות. מה היא אהבה עצמית?

יש כלל גדול בתורה כדברי רבי עקיבא; "ואהבת לרעך כמוך" (ויקרא; י"ט, י"ח). משמע, שעל האדם לאהוב את עצמו, וכך בדיוק לאהוב את זולתו.

אנו נמצאים בעולם מלא מלחמות. כשאנו מסתכלים על זה באופן גלובלי, אנחנו רואים מלחמות של מדינות נגד מדינות, ודתות נגד דתות. ואם אנחנו עושים זום ומסתכלים בתוך מדינה מסויימת אחת, אנחנו מוצאים מלחמת גזענות של שחורים כלפי לבנים, ולבנים כלפי שחורים, ושחורים כלפי סינים, וסינים כלפיי יפנים, ויפנים כלפיי מקסיקנים וכן הלאה...

ואם אנחנו עושים עוד זום ושמים פוקוס בתוך הדת היהודית במדינת ישראל, אנו מוצאים גזענות של אשכנזים כלפיי ספרדים. ואם נסתכל גם רק על הספרדים עצמם, אנו מוצאים את המרוקאי נגד הטריפוליטאים, הטוניסאים נגד הטורקים, והטורקים נגד התימנים, והתימנים נגד אתיופים וכן הלאה.
ואם עושים עוד זום ופוקוס עמוק יותר, ואנו נכנסים לתוך המשפחה עצמה, אז גם שם אנחנו מוצאים מלחמות בתוך הבית. בין אח לאחות, בין אבא לבן, בין אימא לבת, ובין אימא לבְּנָה, ובין בת לאביה, והמלחמה לא נגמרת רק שם.

פתאום האדם מוצא את עצמו מול המראָה והוא שונא את האדם שהוא רואה במראָה, את עצמו. האדם עצמו, לא אוהב את עצמו. זאת אומרת, שהאדם נמצא במלחמה יום יומית עם עצמו. זוהי הסיבה שיש מנתחים פלסטיים בכל הארץ ובכל העולם, והם מתעשרים כל כך הרבה, מהשנאה העצמית של האדם לעצמו. כשאדם מגיע למצב שהוא לא יכול להסתכל על עצמו במראָה, זוהי המלחמה הקשה ביותר.

בתפילות השחר ישנו פסוק שמקורו בגמרא האומר; "אמר רבי אלעזר, תלמידי חכמים מרבים שלום בעולם" (ברכות; ס"ד, א'). איך יכול תלמיד חכם שיושב בישיבה להַרבּוֹת שלום בעולם? הרי כל היום הוא בישיבה והוא לא מסתובב בעולם? אפילו שלוחי חב"ד שהם בחורים צדיקים אשר עושים עבודת קודש בשליחויות בכול רחבי תבל, עדיין אף פעם הם לא מעורבים בשיחות שלום בין

שתי מדינות? אלא הכוונה היא, שהם מרבים שלום בין הגוף שלהם, לנשמה שלהם.
הם עושים זאת באמצעות כוח לימוד התורה שהיא ספר ההוראות. הגוף מבטל את עצמו מכול התאוות, והנשמה מתענגת באור הקדוש. מצב זה יוצר אהבה עצמית. התורה נותנת לנו רמז מאוד גלוי לאהוב את עצמנו. כי אם לא תאהב את עצמך, איך תוכל לאהוב את רעך?

הנשמה היא אנרגיה חיובית ביותר, וכל שהיא רוצה לעסוק בו, הוא רק עבודת הבורא - בשמחה ובאהבה, בכדי לקבל את הזכות לעלות עד כיסא הכבוד. הגוף הגשמי הוא ההיפך המוחלט של הנשמה. הוא נברא מהאדמה, הוא שלילי, הוא זמני ולא נצחי, הוא חולני, ורודף אחר תאוות חומריות. והנה שָׂמוֹ הקדוש ברוך הוא לאדם, במקום שרבים בו המרחיקים אותו מהאור הקדוש, והם התאוות החומריות, אשר אם ימשך אחריהן הנה הוא מתרחק והולך מן הטוב האמיתי.

הגוף והנשמה יחדיו, זה כמו ייחוד בין בעל ואישה. כך גם השְׁכִינָה, והקדוש וברוך הוא. השכינה היא הנקבה (המהות הנקבית), והקדוש ברוך הוא הוא הגבר (המהות הזכרית). הבריאה הפיזית של העולם הזה והפעולות שלנו, משפיעות על חוזק השכינה. אנחנו זרועות הפעולה של השכינה. כל פעם שאנחנו בגלות עצמית, כך גם השכִינה. בכוחנו לעלות אותה או להוריד אותה. כשהורדנו אותה, אנו פוגעים בקב"ה. והרי הוא האנרגיה הסובבת את כולנו. זאת אומרת – שאז אנו חווים פחות אנרגיה, פחות חיים, פחות שמחה, ופחות אהבה.

אנו יכולים להרגיש, מתי יש לשכינה ולקב"ה ייחוד אמיתי. וזה, כאשר הרגשות הפנימיות שלנו מתבטאות באמצעות הפעולות החיצוניות שלנו, בשמחה ובאהבה. וזו הברכה הקבליסטית שאנחנו אומרים כל בוקר; "לשם יחוד קודשא בריך הוא ושכינתיה".
הקב"ה מתייחס אל המדרגה של אור אין סוף בלי גבול, הסובב כל עלמין. דרגה זו משתייכת לשני האותיות הראשונות, **יה** - זהו אור בלי גבול נעלה. 'שכנתיה' שהיא השכִינָה נקראת כך, על שהיא שוכנת ומתלבשת בדרגות תחתונות של

גבול - ממלא כל עלמין. דרגה זו משתייכת לשני האותיות **וה** - שהם המשָׁכה לעולם התחתון. "יחוד קודשא בריך הוא ושכינתיה" - פירושו; שהאור ללא גבול של אור אין סוף - קודשא בריך הוא, ימשוך ויתגלה בתוך העולם הזה הגבולי, שתפקידה לקשר בין הקדוש ברוך הוא, לשכִינָה.

אך כפי שאי אפשר להדליק מנורה בלי חשמל שיש בו את הכוח החיובי והשלילי, כך גם האדם חייב את שתי החיבורים ההפוכים, לגרום לשלמותו.

בעולם כיום, חיים כמעט 7.8 מיליארד בני אדם (ליתר דיוק 7,786,158,228 אנשים). העולם גדל בשנים האחרונות בקצב של 1.1% לשנה. רוב רובם של בני האדם, לא חיים בשלום עם עצמם. יש רוב מוחלט ששונא את עצמו, ונשמתם סובלת בגופם, רק בגלל רדיפה אחר תענוגות. אין להם לא תכלית ולא עתיד. אלה הם הנשמות הנמוכות בקטגוריה הנמוכה ביותר בתחתית הסולם, שזקוקות לעמל רב וליגיעה עצומה, כדי להגיע לשמץ של הרגשה בעניינים רוחניים. במצב נפשי ורוחני זה, נשאר להם פחד ואי וודאות, כי הגוף ניצח את הנשמה.

אבל גם בחדר הכי חשוך, אור קטן יאיר למרחקים. כפי שאמר הרבי מליובאוויטש לבנימין נתניהו; "אתה הולך לבית החושך, (אל האו"ם שהיה מכונה בשם 'בית החושך'). אך עליך לזכור, שאפילו בחושך הגדול ביותר, אם תדליק נר קטן - הוא יאיר למרחקים. ולזכור את מי ומה אתה מייצג, את ישראל, את העם היהודי, ועליך לעמוד בתוקף ובגאווה".

האור הזה, הוא התקווה שקיימת אצל כל בני אנוש. בכדי למצוא את האור, אדם צריך להסתכל על עצמו בעיניים, ולומר לעצמו "אני אוהב אותך ומאמין בך". וביום שהאדם יאמין למילים שהוא אומר, זה היום שהוא יגיע לאהבה עצמית. ובכך הוא ירגיש, שהוא באמת נותן לשכינה והקדוש וברוך הוא ייחוד אמיתי.

זוגיות זה כמו חשבון בנק:

אישה אומרת; "פעם הייתי מאושרת בזוגיות, אבל עכשיו אני מרגישה בודדה ומרוקנת. אני בכלל כבר לא מכירה את בעלי. הוא לא זורם איתי, לא מבין אותי, וגם לא מנסה. נמאס לי מהקשר הזה. הוא כבר לא מתאים לי".

מתחת לכל התלונות הללו, מתחבאת מלה אחת - "**אני**". אחד מסממני קשר של "בדידות בזוגיות" הוא, שבמודע או שלא במודע, אנו מרוכזים בשאלה "מה יוצא לי מהקשר הזה"? אנו מספרים לעצמנו שאנו עובדים על הקשר ואכפת לנו מבן הזוג. אנו מלאים בציפיות, ועסוקים בתחשיב של השקעה מול רווחים. החשיבה היא - האם אני מקבל מהזוגיות הזו מה שציפיתי? או לא?

אם יש לך שאלות על הזוגיות שלך, אז אינך בזוגיות טובה. כי זוגיות זה כמו חשבון בנק. אם אתה רוצה לבדוק כמה עשיר אתה, אז אתה בודק את חשבון הבנק שלך. זאת אומרת, שאם אתה רק מושך כסף מהחשבון ואף פעם לא ממלא בו כסף, יום אחד החשבון יהיה ריק לגמרי, ולא יהיה אפשר למשוך מים מבאר יבש. אותו דבר בזוגיות. אם אתה לא שם רגשות בתוך חשבון הבנק של הזוגיות, וכל אחד מבני הזוג רק מושך ומנסה לקבל כמה שיותר עם אפס נתינה, יום אחד החשבונות יהפוך להיות בור בלי מים. חשבון בנק יהיה ריק ולגמרי יבש.

הרמב"ם פסק להלכה, שמותר ללמוד תורה שלא לשמה. כדברי הגמרא; "אמר רב יהודה אמר רב, לעולם יעסוק אדם בתורה ובמצווה, ואפילו שלא לִשְׁמָהּ, שמתוך שלא לִשְׁמָהּ בא לִשְׁמָהּ" (סנהדרין; ק"ה, ע"ב). כך גם בזוגיות, תמיד טוב לתת מילה חמה, אפילו אם זה סתם בלי כוונה. כי באופן אוטומטי, זה ממלא את חשבון בנק הרגשות, ובאופן אוטומטי זה גם ממלא את האני של בן/בת הזוג ושלך עצמך. כי ברגע שעשית טוב לבת/בן הזוג, באופן אוטומטי נהיה לך טוב גם כן.

אהבה עצמית עבור רבים, זה מסע חיים שלם, רק בכדי לגלות שהיא אכן קיימת, ושזה אפשרי לאהוב את עצמך. אבל לפני הכל יש להבין, שיש פה

מערכת יחסים עם הגוף והנפש. הרבה מהאנשים שפגשתי, יש להם בעיה לאהוב את עצמם. בדרך כלל, אנשים אלה מחפשים אהבה חיצונית, וזו אהבה שאינה קיימת.

ברגע שבן/בת זוג מגלה שאחד מבני הזוג מחפש אהבה חיצונית, זהו המצב שבו הזוגיות מתחילה להידרדר. כפי שטוני רובינס אמר; "אם הזוגיות שלך לא מצליחה, תחליפי את הבן זוג. ואם הזוגיות השנייה שלך לא מצליחה, תחליפי את עצמך". חשוב לזכור, שעליך להשקיע כעת במערכת יחסים עם עצמך, וזו המערכת היחסים החשובה ביותר שיש לך. כי רק אדם שאוהב את עצמו, יכול לאהוב את הבריות, ולתת להם אהבה וכל נתינה באשר היא.

לכן, צריך האדם 'לשפץ את עצמו' ולעבוד על המידות שלו בכל יום, באמצעות מעשים חיובים ולימוד תורה, ובכל דבר שעושה אותו בכל יום יותר חכם מאתמול. כי אדם שלא עולה בסולם, תמיד ירד מהסולם.

אבל לפני כל דבר שאתה עושה, דע שאתה קודם צריך לדעת ולהתקרב לאור. ואם פעם שאלת את עצמך, למה דברים מסוימים מרגישים כל כך טוב ולא מצאת תשובה, זו הדרך של הנשמה להודיע לך ולמוח שלך, ש-'האני והאור הגר בתוכך רוצה משהו ממך'.
אנו חיים בחברה שאוסרת עלינו כל מיני דברים טובים, וזה בדרך כלל קשור לדתות השונות. אנחנו חייבים לעשות מה שמרגיש אמיתי וטוב לנו, ללא רגשות אשמה. בגלל שאשמה וקינאה מביאים מוות על האדם. ואילו אהבה, הבנה, ונתינה, - מביאים חיים.

אז תעשה מה שמרגיש לך אמיתי וטוב, מבלי לפגוע באחרים ומבלי להתמכר. אבל תמיד בשיתוף בן/בת זוג ובשיתוף הבורא, ומבלי להיות כפוי טובה.
כדי לעשות טוב ולהטיב עם הבריות, אנו חייבים להרגיש טוב, ולדעת לעשות טוב קודם כל לעצמנו. כי אם לך לא טוב, לא תוכל לתת טוב לזולת.
זאת אומרת, שאדם נברא בעבור מצבו בעולם הבא. וכן אמרו חז"ל; "היום לעשותם, ומחר לקבל שכרם" (עירובין; כ"ב, א').

זאת המלחמה החזקה של כל ענייני העולם, בין לטוב לרע. אלה הם ניסיונות האדם. העוני מחד, והעושר מאידך. השלווה מצד אחד, והייסורים מצד שני. עד שנמצאת המלחמה אליו פנים ואחור (מקדימה ומאחוריו).
אבל רק אם יהיה האדם גיבור וינצח במלחמה מכל הצדדים, הוא יהיה האדם השלם אשר יזכה להידבק באור הקדוש, ויצא מן הפרוזדור הזה ויכנס בטרקלין להיות באור החיים.

לרבי יהושע בן חנניה, קרה גם קטע דומה. הוא היה עֵד לחורבן הנורא של בית המקדש. אולם הוא ראה את הדברים אחרת. הוא גם מבקש מאיתנו לראות אחרת את הקשיים שבעולם.

כך עולה מהוויכוח שניהל רבי יהושע ראש החכמים עם חכמי אתונה, כשהם הביאו לפניו שתי ביצים ושאלו אותו, תגיד לנו איזו ביצה הטילה התרנגולת הלבנה ואיזו התרנגולת השחורה?
הלך ר' יהושע למקרר, הוציא שתי חפיסות גבינה ואמר; "גבינה אחת נחלבה מעז לבנה, וגבינה אחת נחלבה מעז שחורה. אם אתם תדעו איזו גבינה נחלבה מאיזה עז, אני אומר לכם מאיזה תרנגולת הגיעה כל ביצה".

אמרו לו חכמי אתונה, הדגירה של ביצה היא 21 יום. ולפי הלוח שנה היהודי ישנם פעמיים בשנה, מקבצים של 21 יום. והם שלושת השבועות בין י"ז בתמוז לתשעה באב. כמו כן, 21 יום הם גם מספר הימים בין ראש השנה להושענא רבה, יום החיתום. הם ניסו להוכיח לו, שאין הבדל בין אור לחושך.
ההבנה של חכמי אתונה הייתה, שאם מי"ז בתמוז ועד ט' באב הם 21 ימים שחורים, גם הימים שמראש השנה ועד להושענא רבה, הם שחורים.
בתגובה, הביא רבי יהושע שתי חתיכות גבינה ושאל: איזו נעשתה מעֵז שחורה ואיזו מעֵז לבנה? וענה להם רבי יהושע, ישנו כלל ידוע; "זה לעומת זה עשה האלהים" (קהלת; ז', י"ד). ישנָן כוחות לאור וכוחות לחושך. למדנו את זה ביום שהסתלק אברהם אבינו מהעולם, הסתלק גם נמרוד הרשע. ובאותו יום שנקבר יעקב אבינו, נקבר גם עשיו אחיו. וגם אצל משה נתן הקב"ה כוח רוחני, וכנגדו נתן לבלעם את אותו הכוח.

מכאן אנו לומדים שאם יש כוח כלשהו, אז חייב להיות לו כוח נגדי. בדיוק כמו חוקי הפיזיקה שניסח אייזיק ניוטון הקובע, כי כאשר גוף מפעיל כוח כלשהו על גוף אחר, הגוף האחר יפעיל כוח השווה בעוצמתו אך מנוגד בכיוונו, על הגוף הראשון.
הפעולה והתגובה, הם שני כוחות שווים ומנוגדים הפועלים על שני גופים שונים, לכן אין הם יכולים לבטל זה את זה, אף על פי שסכומם הווקטורי הוא אפס.

אפילו בקושי של חורבן, תמיד יש מקור של נחמה ותקומה. אחרי החורבן תבוא התקומה. גם מהחושך, יוצא משהו חיובי. כי הנשמה תמיד חיה, מתפקדת, ופועלת, ומגשימה את תכליתה. וחורבן שזה תמיד משהו זמני, לא יכול לפגוע באמונה, שהיא הכוח המנוגד. בסופו של יום, אתה תקבל את אותה גבינה, בין אם היא נעשתה מעֵז שחורה או מעֵז לבנה.

אנשים אוהבים להשתמש בפסוק; "ואהבת לרעך כמוך" (ויקרא; י"ט, י"ח).
השאלה היא, האם יש להם מושג מה הם אומרים בכלל?
כולם מבקשים שתאהב את השכנים, את החברים, או את הסביבה, בדיוק כפי שאתה אוהב את עצמך. רוב האנשים באמת אוהבים את הסביבה בדיוק באותו מידה שהם אוהבים את עצמם.

יש מצוות אהבת ישראל, לאהוב כל אחד מישראל אהבת נפש. כלומר, שנחמול על ישראל ועל ממונו, כפי שאדם חומל על עצמו וממונו. שנאמר; "ואהבת לרעך כמוך" (ויקרא י"ט, י"ח). ואמרו חז"ל (שבת; ל"א, א'); "דעלך סני לחברך לא תעביד". (מארמית - מה ששנוא עליך, אל תעשה לחברך).

"ואמר רבי עקיבא, זה כלל גדול בתורה" (ירושלמי: נדרים; ט', ד'). כלומר, שהרבה מצוות שבתורה תלויות בכך. שהאוהב חברו כנפשו, לא יגנוב ממונו ולא ינאף את אשתו, ולא יוֹנֶהוּ (מלשון הונאה) בממון ולא בדברים, ולא יסיג גבולו, ולא יזיק לו בשום צד, וכן כמה מצות אחרות תלויות בזה.

הרב יוסף חיים מבגדד המכוּנֶה ה-׳בן איש חי׳ כתב בשער הכוונות, שיש לאדם לכוון קודם התפילה לקיים מצוות ״ואהבת לרעך כמוך״. ועל ידי זה תעלה תפילתו למעלה יחד עם תפילות כל ישראל. לכאורה צריך להבין, איך התורה מצווה את האדם לאהוב את כל אחד ואחד מישראל כגופו במידה שווה? הרי יש בישראל גאונים וצדיקים, ויש בינוניים, ויש אנשים פשוטים.

פגשתי בחור מאשקלון שאמר לי, שהוא לא אוהב את בני האדם הגרים בתל אביב, כי הם מאוד רעים אליו וחסרי סבלנות כלפיו ולסביבה, ואילו האנשים באשקלון הרבה יותר חמים ונחמדים.
אמרתי לו שהוא צודק ולא צודק!
הוא <u>צודק</u> שאנשים באשקלון כנראה קצת יותר נחמדים, כי יש להם קצת פחות לחצים מאשר יש בתל אביב. עם זאת הוא <u>לא צודק</u>, כי בתל אביב כולם בתחרות עם כולם, ובאשקלון אין תחרות כמו במרכז, ויותר קל להיות אמיתי ונחמד.

עם זאת, בכל מקום אותם אנשים נותנים לנו אהבה ומקיימים את הפסוק ״ואהבת לרעך כמוך״. ואילו אדם ששונא את עצמו, שונא גם את חברו ושונא גם את כל הסביבה. הוא מחזיר לסביבה, בדיוק את מה שהוא נותן לעצמו - שנאה. לעומתו, אדם שאוהב את עצמו, אוהב גם את הבריות, ויודע לחלוק את אהבתו עם הבריות.

אדם שקם בבוקר ואומר ״בוקר טוב״ לעצמו, הוא בעצם מאחל לעצמו בוקר טוב ויום טוב. אך אדם שקם בבוקר ואומר ״הבוקר הזה הוא על הפנים״, היקום יחזיר לו בדיוק מה שהוא אומר. זו הסיבה שאנו צריכים לשמור על הלשון והפה, ולהוציא רק דברים חיוביים, כדי לתת מקום לאנרגיות חיוביות.

נחזור לענייננו, איך אפשר לאהוב את כולם במידה שווה? התשובה לכך היא, שבאמת גם את גופו אין האדם אוהב במידה שווה, שהרי כשרוצים להכות את האדם כנגד ליבו, הוא יתגונן וישים את זרועותיו כנגד חזהו, כדי שהמכה תבוא על זרועותיו ולא על ליבו. וכן כשירצו להכותו בראשו, הוא יחפֶּה עליו בידיו. כי

אפילו שהוא אוהב את כל אבריו, בכל זאת ליבו וראשו יקרים לו מכל, כי הוא יודע שבהם תלוי כל חיותו.

כך הוא הדבר באהבת ישראל. התורה מצַוָה את האדם שאת הצדיקים וגדולי הדור האדם יאהב כבבת עינו, שהרי הם 'עיני העדה'. ואת תלמידי החכמים יאהב כליבו וכראשו. ואת הבינוניים יאהב כיָדָיו. ואת פשוטי העם יאהב כרגליו. ואחד המרבֶּה ואחד הממעיט, ובלבד שיחוש אהבה כלפי כל אחד ואחד מישראל (הרב עובדיה יוסף).

ואם יספר עליו דברים, יספרם לשבח ויחוס על כבודו ולא יתכבד בקלונו. וכמו שאמרו חכמינו זיכרונם לברכה (ירושלמי: חגיגה; פ"ב, ה"א); "המתכבד בקלון חברו אין לו חלק לעולם הבא, והמתנהג עם חברו דרך אהבה ושלום ורעות ומבקש תועלתם ושמח בטובם עליו הכתוב אומר ישראל אשר בך אתפאר". (ישעיהו; מ"ט ג')

מרן הגרש"ש (רבי שלום שרעבי) בהקדמה לשערי ישר, מדבר על מצוות "ואהבת לרעך כמוך", וזה לשונו; "והנה אם בהשקפה ראשונה רגשי אהבת עצמו ורגשי אהבת זולתו הם כצרות זו לזו, אבל עלינו להשתדל להעמיק בזה למצוא הסגולה המאחדת אותם, אחרי כי שניהם דורש ה' מאתנו. וסגולה זו היא, שיתברר ויתאמת אצל האדם איכותו של ה'אני' שלו, כי בזה יומדד מעלת כל אדם לפי מדרגתו. שהאיש הגס והשפל כל ה'אני' שלו מצומצם רק בחומרו וגופו. למעלה ממנו הוא מי שמרגיש שה-'אני' שלו הוא מורכב מגוף ונפש. ולמעלה ממנו מי שמכניס ב'אני' שלו בני ביתו ומשפחתו. והאיש ההולך על פי התורה, ה'אני' שלו כולל את כל עם ישראל. כי באמת כל איש ישראל הוא רק כאבר מגוף האומה הישראלית, ואז גם רגש אהבת עצמו עוזר לו לאהוב את כל עם ישראל".

ברגע שכולם יבינו שכולנו אחד, זה יהיה בלתי אפשרי להרגיש טוב, בזמן שרע לאחרים. זה מה שאנחנו צריכים ללמד את ילדינו. שהתנהגות בלתי אחראית, גורמת רע לאחרים. ורק אז התרבות הרעה תיעלם מן העולם.

אנו חייבים ללמוד להבחין בין דת ותורה, כי התורה זה לא דת. זוהי הסיבה, שכל הדתות נכשלים במסר שלהם, ורוב בני אדם לא מאמינים בדת. מאותה הסיבה, רוחניות כן מצליחה. כי הרוחניות מצפה ממך לחקור ולקבל את האמת מתוך עצמך, ללא השפעה חיצונית של אנשי דת למיניהם.

בתנ"ך כתוב; "סור מרע ועשה טוב" (תהלים; ל"ד, ט"ו), וכן כתוב; "ראה נתתי לפניך היום את החיים ואת הטוב ואת המות ואת הרע" (דברים; ל', ט"ו). וכתוב; "והיה כי-יבואו עליך כל-הדברים האלה, הברכה והקללה" (דברים; ל', א'). לא מספיק לא לעשות רע, צריך גם להוסיף ולעשות טוב. זוהי אהבת חינם אשר מביאה על האדם אהבה עוצמתית!

אהבה עצמית, מתחילה בתת המודע. ואיך אנו אמורים לפתח אהבה עצמית? אהבה עצמית היא; האושר שלך, והכוחות והמוטיבציה לממש ולהגשים מטרות, ההצלחה שלך, לסלוח לעצמך ולקרובים אליך על טעויות ורגעים קשים או בעת משבר, וכמובן לסלוח על העבר, וללמוד לפרגן לעצמך בלי ביקורתיות, בלי דחייה עצמית, ובלי דיבור שלילי על עצמך.

כי אם יש לך ביקורתיות, דחייה עצמית, או חוסר יכולת לפרגן לעצמך, באופן אוטומטי אתה הופך להיות האויב הכי מר של עצמך. כי ברגע שיש לך אשמה, בושה, פחד, וחוסר יכולת לתקשר כמו שצריך, זאת הדרך לכישלון ושנאת חינם.

<u>אז מהי בדיוק אהבת חינם?</u>

כולנו משדרים, וכולנו מקבלים גלי שידור. בתורה מוזכר מצוות הנחת תפילין; "וְהָיָה לְךָ לְאוֹת עַל-יָדְךָ, וּלְזִכָּרוֹן בֵּין עֵינֶיךָ" (שמות; י"ג, ט').
האדם מניח את התפילין על הראש - ששם מקום המחשבה והזיכרון, ומניח תפילין על היד - כנגד הלב שהוא מקור הכוחות. התפילין מכילים תכנים רוחניים, ופסוקים שבהם שמותיו של אלוהים. לכן ההלכה מייחסת להן קדושה, ומחייבת לשמור את הגוף בעת הנחָתם, כדי שהקליטה תהיה חלקה וברורה. הרמב"ם מייחס להנחת תפילין, השפעה רבה על התנהגות האדם. כך

הוא כותב; "קדושת תפילין קדושתן גדולה היא, שכל זמן שהתפילין בראשו של אדם ועל זרועו, הוא עניו וירא שמים ואינו נמשך בשחוק ובשיחה בטילה, ואינו מהרהר מחשבות רעות, אלא מפנה לבו בדברי האמת והצדק." (רמב"ם; הלכות תפילין, פרק ד')

התפילין הקשורות ליד ולראש, הם תזכורת שעוזרים לאדם לזכור שיש לו נשמה, שמקבלת "שידורים" מבחוץ.
הדור שלנו יותר מדורות קודמים, "משדרים החוצה". באתרים החברתיים כולם שָׂמִים תמונות שלהם, בכל מצב בו הם נמצאים. אם זה בּיָם, בחתונה, או כשהם תקועים בתנועה. כל היום יש שדרים, כמו תחנות רדיו וטלוויזיה. כל היום המשדר שלנו עובד. אבל כמעט אצל אף אחד, המקלֵט לא עובד כלל. רק כשאנחנו מול הטלוויזיה, אז אין לנו ברירה, אלא לקבל מידע. אבל כשזה בא לידי ביטוי בחברה, אנחנו רק משדרים בלהעלות סטטוסים, כי אנו רוצים למשוך תשומת לב, ולקבל מחמאות ותגובות נלהבות ולהרגיש שווה ומוערך, וכמובן ליהנות ממחמאות מכל מי שרואה אותנו.

אז אנו משדרים חיים, שמוציאים לאחרים את העיניים של כולם, וחושבים שכולם מקבלים את השידור שלנו. אבל בדיוק כפי שאתה מקבל את השידור של האדם ממולך אך ורק מהמקום שאתה מתייחס למה שקיבלת, הווי אומר, ממקום של רגש אישי, יוצא מכך, שבאמת לא קיבלת כלום מבחוץ. אלא רק תרגמת את מה שהרגשת מבחוץ, לשידור עצמי פנימי.

זה דומה לסיפור על הבחורה שקיבלה חטט קטן על פניה. היא עמדה מול המראה וניסתה בכל דרך אפשרית לכסות את זה עם איפור, כי היא מאוד התביישה בחטט זה. אז היא הפכה את החטט הקטן לדבר כל כך גדול, שהיא ראתה את פניה בתור הדבר הקטן, לעומת החטט שנהיה עתה כל כך גדול. אחרי שהיא הצליחה לכסות את החטט הזה, היא עדיין פחדה מתגובות האנשים ברחוב. אך כשהיא יצאה לרחוב, היא שמה לב שכולם עסוקים בחטט שעל הפנים של עצמם, ואף אחד בכלל לא התייחס אליה.

כולנו רק משדרים, ובכלל לא קולטים את הזולת. לכן התפילין באים ללמד אותנו, שאנחנו לא רק כלי שידור, אלא גם כלי קליטה. ועבודתנו הרוחנית היא, לקלוט את האדם שעומד מולנו ולהתייחס לרגשות שלו. האדם חייב להבין, שאין רק "אני", אלא יש את "כולנו".

כי אני ואתה לא חיים לבד בעולם, והביטול העצמי מביא לאהבת חינם. אז לעולם אל תרגיש רגשי אשמה אם אתה מחפש טוב לעצמך, בתנאי שאתה רוצה לקבל, על מנת לתת לבריות. ואם אתה עדיין רוצה להיות מומחה במה שבאמת טוב בשבילך, מומלץ שתתמחה בעיקר ב-"נתינה", שכלל הכל הוא, שיתנהג האדם עם חברו, כמו שיתנהג האדם עם עצמו, לשמר ממונו ולהרחיק ממנו כל נזק.

בעל החזון לעומת בעל המטרות:

השאלה היא, למי יש את ההצלחה האמיתית - לחכם בעל החזון, או לבעל המטרה? החזון יכול להיות מוגדר כ-"היכולת לחשוב על העתיד עם חוכמה או דמיון". והמטרה, זו "השאיפה הרצויה".

חוכמה או חזון אלה הם ציפיות, בגדר חלום. כמו מרטין לותר קינג עם נאומו המפורסם "יש לי חלום", שבו הוא קרא לשוויון בין-גזעי ולקץ האפליָה בארצות הברית. אנשים כמוהו, חוזים את העתיד הרחוק באמצעות דמיון וחוכמה, אבל אין הדבר בטוח שהוא יתגשם בפועַל.

חלום, זה כמו מתכנֵת מחשבים שאינו לוחץ על כפתור הביצוע. זהו אדם שממוקד בתהליך פיתוח תוכנה, ומשקיע את עיקר עבודתו בתהליך הפיתוח. הוא כותב תוכנה מדהימה, אבל לא לוחץ על כפתור הביצוע ENTER. אז כל התוכנה נשארת בגדר חלום.

בעל המטרה, זהו האדם השאפתן. כמו הקוסם ששולף חבילת קלפים ואז הקלף הרצוי עולה לראש החבילה, וזה הקלף השאפתן של הקוסמים.

'יש לי חלום' זה לא מספיק. ואילו "יש לי רצון", יותר נכון ויותר מדויק ואף רצוי. כי המטרה, היא הרבה יותר ברת השגה, מאשר החלום הערטילאי.

כשאדם רוצה להצליח בחיים, הוא יוצר לעצמו מטרות, על מנת להגשים את חלומו, וזה מתכנֵת המחשבים. מטרות אלה ניתנות להשגה וריאליסטיות, אם הם מוגדרות בצורה ספציפיות וברורה.

בשנת 1963 הנשיא ה-35 של ארצות הברית ג'ון קנדי הכריז, שכוונתה של ארצות הברית היא; "להנחית אדם על הירח לפני תום העשור, ולהחזירו לכדור הארץ בשלום". ואז הוא לחץ על כפתור הביצוע, ENTER.

ב-20 ביולי 1969, ארמסטרונג עשה את הצעדים הראשונים של האדם על גרם שמיים אחר (ירח) באומרו; "זהו צעד קטן לאדם, צעד גדול לאנושות". ג'ון קנדי ציטט ואמר; "גם אדם אחד יכול לשנות דבר מה, וכל אחד צריך לנסות".

פרק 6

שנאת חינם

העם היהודי סבל אלפי שנים משנאת חינם. לכן, עַם זה הוא המומחה הגדול בשנאת חינם. זהו העַם שלאורך כל הדורות היה עַם הנרדף, אך ורק בגלל אמונתו.

אך למעשה, עוד הרבה לפני שהוקמה היהדות, בני האדם חוו מצב זה. כבר בתחילת הבריאה היה את קַיִן והֶבֶל, שלימדו אותנו מה המשמעות של שנאה וקינאת חינם.
קַיִן היה עִם עַיִן צָרָה על אחיו הבל, שעשה את עבודתו לבורא בתמימות, ורצה להקריב קורבן לקב״ה מן החי הכי משובח, בזמן שקין הקריב את הקורבן הכי נחות - פשתן. לכן הוא הרג את אחיו. זה היה הרצח הראשון בתולדות האנושות. רצח הבל. אך ורק בגלל קנאה הרסנית. עונשו של קין היה; ״נָע וָנָד תִּהְיֶה בָאָרֶץ״ (בראשית; ד׳, י״ד), וזה מבטא את חוסר היציבות של המקנא. עיניו לטושות לצדדים, וכל הזמן הוא עסוק בהשוואה.

בית המקדש השני נחרב גם הוא, בגלל שנאת חינם. ידוע הסיפור אודות קמצא ובר קמצא. זהו סיפור המתאר את ימיה האחרונים של ירושלים לפני חורבן בית שני. את הסיפור הזה מספרת הגמרא במסכת גיטין ואומרת; ״על קמצא ובר-קמצא חרבה ירושלים״. והנה הסיפור -

אחד מעשירי העיר, אירגן בירושלים סעודה גדולה ומפוארת. הוא מאוד אהב אדם בשם קמצא, ושנא אדם אחר ששמו היה בר-קמצא. יש אומרים שהם היו אבא ובן. העשיר עשה סעודה, ושלח את משרתו להזמין את כל חבריו לסעודה. הוא אמר למשרתו, ״לך והזמֵן לסעודה את קמצא, שאותו אני אוהב״. הלך המשרת, ובטעות הזמין את בר-קמצא השנוא על אדונו העשיר.

בר-קמצא היה כל כך מופתע שהוא קיבל הזמנה לסעודה מאדם שהוא כל כך שונא. הוא התפלא תחילה, וספקות מילאו את לבו. לאחר מכן הוא חשב לעצמו, אולי שונאו מנסה להתפייס עימו ומזמינו להיות חלק בלתי נפרד מהחוגגים בסעודתו, והוא רוצה לעשות שלום עימו. אלא שהמציאות הייתה שונה בתכלית. בר-קמצא בא בשמחה אל הסעודה, אבל התחמק מבעל הבית מחמת אי נעימות, ונכנס לשולחנות של האוכל והתיישב להתחיל לאכול ולדבר עם הסובבים.

כשגילה בעל הבית את בר-קמצא בין בָּאֵי המסיבה, ומצא אותו יושב בשולחן ואוכל, הוא נתקף בזעם גדול וביקשו להסתלק מיד מהמקום. אמר לו העשיר לבר-קמצא, הרי אתה שונא אותי. מה אתה עושה כאן?!

בר-קמצא חשב, שבעל הבית רצה לבקש סליחה ובגלל זה הוא הזמין אותו לסעודה. אבל אז הוא הופתע מהשאלה, ובר-קמצא השתומם ונבהל וחש בושה גדולה. הוא ביקש מבעל הבית שלא ישפילוֹ ברבים, ויתיר לו להישאר בסעודה בתמורה לתשלום מלא עבור ארוחתו. אמר לו בר-קמצא: "הואיל ובאתי, הנח לי, ואתן לך דמי האכילה והשתייה שלי".

אמר לו בעל הבית: "לא! צא מכאן".

השיב בר-קמצא: "אתן לך דְּמֵי חצי סעודתך". התחנן וביקש להישאר בתמורה לחצי מדמי הסעודה.

אמר לו בעל הבית: "לא".

השיב בר-קמצא: "אתן לך דמי כל סעודתך".

הוא הציע לשלם את כל דמי הסעודה, ורק שלא יגורש ממנה בבושת פנים. לא הסכים העשיר. הלך בעל הבית, נטלו בידו של בר-קמצא, העמידו והוציאו החוצה למרות כל תחנוניו. כך סולק בר קמצא מהמקום. חכמי ישראל שהוזמנו לסעודה נותרו אדישים לנוכח המתרחש, ולא עשו דבר כדי להגן על כבודו של בר קמצא, ולצנן את זעמו של המארח.

אמר בר-קמצא: "הואיל וישבו שם חכמים ולא מיחו בידו, כנראה שנוח להם בדבר הזה. אלך ואלשין עליהם לפני המלך".

כל האנשים המכובדים האלה שישבו שם היו חכמים בתורה, ישבו וצפו באירוע, ולא עשו כלו. בגלל זה אמר בר-קמצא, אני אלך ואלשין עליהם לפני המלך.
בר קמצא, שלא התאושש מהעלבון הקשה, בחר בנקמה. הוא החליט ללכת לנירון קיסר, וסיפר לו כי היהודים החליטו למרוד בו. "מרדו בך היהודים" אמר לו בר-קמצא. משם היתה קצרה הדרך לחורבן הבית, שהומט על ישראל.

מיד לאחר קריאת הסיפור נשאלת השאלה, מדוע לא מוזכר שמו של בעל הבית, ואילו שמם של קמצא ובר-קמצא כן הוזכרו בסיפור זה? התשובה הפשוטה היא, חז"ל לא ציינו את שמו, כדי ללמד אותנו שהאדם הזה פשוט יכול להיות כל אחד מאיתנו.

בדברי חז"ל (יומא; ט' ע"ב) כתוב, ששנאת חינם היא הסימפטום המרכזי לריקבון והשחיתות של עם-ישראל. והגמרא (שבת; קי"ט, ע"ב), מביאה רשימה די ארוכה של ענייני שחיתות בזמן חורבן הבית השני. אבל שנאת חינם, כלל לא נזכרה ביניהם. שהרי יש איסור לשנוא את הזולת, ככתוב בתורה; "לֹא תִשְׂנָא אֶת אָחִיךָ בִּלְבָבֶךָ" (ויקרא; י"ט, י"). אז איך יכול להיות שהקב"ה יעניש את עם-ישראל בחורבן איום ונורא, מבלי להזהירו מראש?
יתרה מכך, לפי ההלכה, אין מצווה ואין שום חובה, לשנוא את מי שאינו הולך בדרכי ה', אז איפה יש את החובה לאהוב את הפושעים והחוטאים?

הנה לשון הגמרא המציינת את סיבת חורבן ירושלים; "לא חרבה ירושלים אלא בשביל שחיללו את השבת, ולא חרבה ירושלים אלא בשביל שביטלו בה קריאת-שמע, ולא חרבה ירושלים אלא בשביל שביטלו בה תינוקות של בית רבן, ולא חרבה ירושלים אלא מפני שלא היה להם בושת פנים זה מזה, ולא חרבה ירושלים אלא בשביל שהושוו קטן וגדול, ולא חרבה ירושלים אלא בשביל שלא הוכיחו זה את זה, ולא חרבה ירושלים אלא בשביל שביזו בה תלמידי חכמים ובשביל שפסקו ממנה אנשי אמנה". (שבת; כ"ב, ו', - ועמוד קי"ט, ב')

כל הסיבות הללו, כולל שנאת חינם, הינן סיבות שהן רק סימפטום לשחיתות הפנימית, למראות שנראה ששנאת חינם היא הסימפטום הקשה ביותר.

אבל יש פה בעיה קטנה. זה בכלל לא נראה ששנאת חינם היא הבעיה, ההיפך הוא הנכון. אהבת חינם היא הבעיה העיקרית שהתרחשה באירוע זה, וכמובן גם כפיות טובה. בסיפור של קמצא ובר קמצא אנו רואים, שבעל המסיבה רצה להזמין את קמצא למסיבה, כשמטרתו היתה אהבת חינם. בטעות השליח ביקש את בר-קמצא לבוא, שהיה כפוי טובה.

הסיפור מאחורי סיפור זה הוא - שקמצא היה חבר טוב של בעל המסיבה. ברגע שבעל המסיבה נזכר שהוא לא הזמין את קמצא, מתוך אהבה אליו הוא שלח להזמין אותו באופן אישי. זאת אומרת, שלבעל האירוע היתה אהבת חינם לקמצא, ובגלל זה הוא שלח את השליח. אך השליח העביר בטעות את ההזמנה, לבר-קמצא.

מתוך הסיפור שבו בר-קמצא היה מוכן לשלם עבור כל סעודתו של העשיר אנו למֵדים, שבר-קמצא היה איש עסקים מצליח. הוא היה למעשה נוכל גדול בעסקים, וגנב בעבר בכספים רבים את בעל הבית שערך את המסיבה. לכן בעל הבית כל כך שנא אותו, ורצה שהוא יעוף מהמסיבה. אז אין פה שנאת חינם. יש פה שנאה לנוכל. הסיבה היחידה שבר-קמצא הסכים לשלם לו על כל המסיבה, שבסכומים של היום מדובר על 50,000 עד 100,000 דולר, היה אך ורק מתוך מטרה אנוכית, שהמוזמנים שהיו גם אנשים מכובדים, יעשו איתו עסקים בעתיד.

מזה אנחנו גם לומדים, שאין כזה דבר אהבת חינם בין אדם לחברו. רק בין אב לבנו (ובין אֵם לבנה או בִּתָה) ורק בין הקב״ה לעם ישראל, יכול להיות אהבת חינם. הקב״ה נותן אהבת חינם לנשמות. אבל בכדי שהנשמות לא ירגישו שהם אוכלי חינם, הוא ברא את עולם העשייה, שנלמד שאין כזה דבר - **חינם**. אנו צריכים לשלם על כל דבר. על לימודים, וגם על טעויות. כל מה שנרצה, נצטרך

לשלם עליו. גם על האהבה צריך לשלם. במיוחד עִם עַם קשה עורף כמו עַם ישראל, שלא מעריך את הטוב שהוא מקבל.

באנגלית יש פתגם די נפוץ. כשמישהו עושה טובה לחברו. הוא תמיד אומר לו - I OWE YOU ONE (תרגום מילולי; אני חייב לך אחד. ובעברית; אני חייב לך, או אני מחויב לך, בגלל הטובה שעשית עימדי), או YOU OWE ME ONE (אתה חייב לי אחד). **שזה דבר** כל כך יפה שאומר, אין כזה דבר שאני אעשה משהו בשבילך, ואתה לא תכיר לי טובה. לא משנה אם אתה תחזיר לי טובה או לא, אבל חייב מאוד שאתה תבין את זה, שאם מישהו עשה לך טובה, חובה עליך שיהיה לך הערכה והערצה לאדם הזה. זה לא מובן מאליו שמישהו עושה דבר מה למענך.

אבל אצלנו, העם קשה העורף, כשמישהו עושה טובה לחברו, אנחנו ישר חושבים "מה הוא חושב שהוא יותר טוב ממני על זה שהוא עשה לי טובה פעם אחת, למה מי הוא"? במקום אהבת חינם זה, נהפך להיות כְּפִיוּת טובה ושנאת חינם.

אז מה זה בעצם שנאת חינם?

מצאתי הסבר נפלא של הרב שמואל אליהו.

כתוב; בְּשִׂנְאַת ה' אֹתָנוּ הוֹצִיאָנוּ מֵאֶרֶץ מִצְרָיִם" (דברים; מ"ג, כ"ז). וכן כתוב; "וּבַדָּבָר הַזֶּה אֵינְכֶם מַאֲמִינִם בה' אֱלֹהֵיכֶם: הַהֹלֵךְ לִפְנֵיכֶם בַּדֶּרֶךְ לָתוּר לָכֶם מָקוֹם לַחֲנֹתְכֶם בָּאֵשׁ לַיְלָה לַרְאֹתְכֶם בַּדֶּרֶךְ אֲשֶׁר תֵּלְכוּ בָהּ וּבֶעָנָן יוֹמָם". (דברים; א', ל"ב)

כל המהירות שבה ה' הוליך את בני ישראל במדבר היה, כדי שהם לא יתעכבו במדבר, ובכדי שהם יגיעו לארץ ישראל בלי מלחמות, כשאומות העולם עוד שרויים בפחד. כפי שכתוב; "שָׁמְעוּ עַמִּים יִרְגָּזוּן חִיל אָחַז יֹשְׁבֵי פְּלָשֶׁת: אָז נִבְהֲלוּ אַלּוּפֵי אֱדוֹם אֵילֵי מוֹאָב יֹאחֲזֵמוֹ רָעַד נָמֹגוּ כֹּל יֹשְׁבֵי כְנָעַן: תִּפֹּל עֲלֵיהֶם אֵימָתָה וָפַחַד. (שמות; ט"ו, י"ד)

כשבני ישראל יוצאים מהר סיני, הם היו אמורים להגיע לארץ ישראל תוך אחד עשר יום, לכל היותר. ואז משהו משתבש, **הבכיינות**. את כל זה הם הפסידו

בגלל הבכיינות של המתאוננים, שהיא התחלת חטא המרגלים. כפי שכתוב; "וַיִּשְׁמַע ה' אֶת קוֹל דִּבְרֵיכֶם וַיִּקְצֹף וַיִּשָּׁבַע לֵאמֹר: אִם יִרְאֶה אִישׁ בָּאֲנָשִׁים הָאֵלֶּה הַדּוֹר הָרָע הַזֶּה אֵת הָאָרֶץ הַטּוֹבָה אֲשֶׁר נִשְׁבַּעְתִּי לָתֵת לַאֲבֹתֵיכֶם" (דברים; א', ל"ד). הבכיינות של המרגלים לשפוט כל דבר לשלילה, הובילה אותם לאבדון.

מה הייתה העלילה שהם מצאו? איפה היתה הבעיה? הלשון הרע של המרגלים היתה מרומזת ברמז. את הרמז הזה הבינו בני ישראל, והם התחילו להתלונן ולשבור את רוחם בבכיינות לאומית. אמר להם הקב"ה: "אתם בכיתם בכייה של חינם לפני, ואני קובע לכם בכיה לדורות" (תענית; כ"ט, א'). זהו יום תשעה באב בו נחרבו שתי בתי המקדש, הראשון והשני.

היחס הנכון של אדם להקב"ה, נלמדת מהיחס לבשר ודם. כשהלל הזקן רוצה ללמד את הנכרי תורה הוא אומר לו; "דעלך סני לחברך לא תעביד", ופירושו; מה ששנוא עליך לא תעשה לחברך, וזוהי כל התורה כולה. הגמרא מביאה מעשה זה בכדי להבין, כמה חשוב לאדם שידון את חברו לכף זכות. ומי שדן את חבֵרו לכף זכות, דנים אותו לכף זכות. מידה כנגד מידה.
ומי שדן אחרים לכף חובה, כך ידונו אותו בשמים, וגם בעולם הזה. אם האדם צריך לשפוט את חברו לכף זכות, כל שכן וכל שכן, שאת מעשה הקב"ה צריך לדון לכף זכות.

כשהקב"ה מראה למרגלים את ארץ ישראל, הם יכלו לפרש את ראייתם בשני פנים. הם היו צריכים לשפוט אותו לכף זכות, ולא לכף חובה. אז למה המרגלים בחרו בכף חובה? התשובה הנכונה לזה היא, שחיתות. מכיוון שהמרגלים ראו שהכניסה לארץ ישראל הייתה עלולה לפגוע במעמדם, והם היו עלולים להפסיד את נשיאותם כשיכנסו לארץ (שפת-אמת בשם הזוהר). אם כן הם נגועים בדבר, וזו שחיתות. לכן הם שפטו את הדבר לשלילה.
המרגלים אמרו, שיש בארץ ישראל ענקים. הם סיפרו את האמת. הם לא אמרו שאי אפשר לכבוש את הארץ. כאן כבר מבין כָּלֵב בן יפונה את כוונתם ומניעיהם הנסתרים של המרגלים, ועוצר את דבריהם.

וכן כתוב; "זוּלָתִי כָּלֵב בֶּן יְפֻנֶּה הוּא יִרְאֶנָּה וְלוֹ אֶתֵּן אֶת הָאָרֶץ אֲשֶׁר דָּרַךְ בָּהּ וּלְבָנָיו יַעַן אֲשֶׁר מִלֵּא אַחֲרֵי יהוה". (דברים; א', ל"ו)

מסיפור הלשון הרע של המרגלים אפשר ללמוד את חומרת הדיבור הרע, אפילו על חפץ דומם. כשאדם מדבר על חפץ, הוא עלול לדבר ברמז על בני אדם. אם אומרים על הבית שהוא נבנה מחומרים לא טובים, אומרים בעצם גם על הקבלן שהוא לא עושה עבודתו נאמנה. וכן על זה הדרך.

בימינו אנו רואים ראשי ממשלות, שרים, שופטים, ובעלי הון, קורסים ונופלים, אך ורק בשל שנאת חינם. זה מזכיר את הסיפור על בחור שפתח עסק כמו של חברו מעבר הרחוב, וזה יצַר תחרות בין החנויות. הבחור היה כל היום עסוק בלספור כמה קונים באים לעסק של חברו. סוג הלקוחות, כמה באים, כל כמה זמן הם באים, ומה הם שעות הלחץ שלו. והוא כלל לא התייחס לקונים שבאו אליו. הוא הלך להתייעץ עם הרב ושאל, למה חברו מרוויח הרבה יותר ממנו, בזמן שלשניהם יש את אותו מגוון רחב של מוצרים?

אמר לו הרב: "חברך משקיע עשרים אחוז מזמנו ועסוק במה שקורה אצלך, והוא משקיע שמונים אחוז במה שקורה אצלו. ואילו אתה משקיע שמונים אחוז מהזמן שלך ועסוק במה שקורה אצל חבריך, ועשרים אחוז מהזמן במה שקורה אצלך". ככה זוכים בשנאת חינם.

פרק 7

לקבל את האור

אחרי המבול, כשירד שֵׁם בן נח מתיבת נח וראה את הנס הגדול שעשה להם הקדוש ברוך הוא, החליט שֵׁם להקדיש את כל עיסוקו בעולם, לבורא. אז הוא פתח את התלמוד תורה הראשון ביקום, והיה לראש הישיבה הראשון. שאל אותו אברהם אבינו, באיזה זכות יצאתם מן התיבה ונשארתם בחיים?

ענה לו שם בן נח: "בזכות שאנחנו לא יָשַׁנוּ יום ולילה, ודאגנו לחַיות בזמן המבול, ניצלנו מן המבול. כל העבודה שלנו בתיבה היה, לשמור על החיות שיישארו בחיים. ומכיוון שיש חיות שאוכלות <u>בבוקר</u>, ויש שאוכלות <u>בצהריים</u>, ויש שאוכלות <u>בערב</u>, ויש שאוכלות <u>בלילה</u>, יצא למעשה, ש-24 שעות ביממה היינו עסוקים אך ורק בלדאוג לבעלי החיים שבתיבה. אז בזכות זה, זכינו שהקדוש ברוך הוא ייתן לנו לצאת מהתיבה".

שמע זאת אברהם אבינו ואמר לעצמו, אם נח ומשפחתו קיבלו מתנה מהקדוש ברוך הוא על זה שהם טיפלו בבעלי חיים, מה יקבל אדם שנותן את כל כולו לדאוג לזולת?

מיד פתח אברהם מסעדות בכל מקום אשר יכול היה. נשאלת השאלה, מסעדות לעזור לזולת? איזו עזרה מקבל הזולת מבעל המסעדה? אולי אם הוא מכיר את בעל הבית, הוא יקבל בקבוק יין על חשבון הבית או עשרים אחוז הנחה, אבל איזו עזרה לזולת יש כאן?

עונה לנו המדרש, שאברהם אבינו לא פתח מסעדות כעסק, הוא פתח מסעדות כבית תמחוי ובחינם. אבל מטרתו הגדולה של אברהם היה, לקדש את שם הבורא בעולם. המסעדות היו רק "הכיסוי".

מכל היצורים בעולם, האדם הוא היצור היחיד שצריך עזרה מיום היוולדו ועד יום מותו. הוא לא יכול לשרוד כתינוק אפילו יום אחד, והוא לא יכול לשרוד כאדם זקן לבד. הוא אפילו לא שורד כאָב למשפחה, בלי העזרה של ההורים שלו.

כל בעלי החיים מרגע שהם נולדים, מייד הם קמים על רגליהם ועושים הכל לבדם. הם לא צרכים לא בקבוק, ולא פורמולה, ולא נדנדות להרגיע אותם. רק האדם צריך שיכינו לו בקבוק, ושילמדו אותו ללכת ולדבר, ושיעזרו לו בכל דבר בחיים. אז עד איזה גיל צריך האדם את האבא והאימא שלו?
מסתבר, שהאדם זקוק להוריו עד גיל 80/90, ואפילו לאחר שהוריו הסתלקו מהעולם הזה, הוא עדיין בוכה ונזקק להם או מתגעגע אליהם. כי האדם הוא יצור חברתי.

למרות שיש שנאה וקנאה ומלחמות, תפקיד האדם הוא תמיד לעזור לזולת. כל אדם שלא מממש את תפקידו בעולם מרגיש החמצה כלשהי. על זה נאמר בגמרא; "ארבעה חשובים כמתים אלו הן;

(1) עני.

(2) סוּמָא (עיוור).

(3) מצורע.

(4) ומי שאין לו בנים". (נדרים; ס"ד, ב', - עבודה-זרה; ה', א')

שואלת הגמרא, למה הן חשובים כמתים בעודם חיים?
עונה הגמרא, כי אין בידם את האפשרות לעזור לזולת. **העיוור** לא רואה את הסביבה, ולכן הוא לא יכול לעזור. **העני** אין לו את הכסף שיכול לעזור לזולת, לקנות עבורם אוכל או כל עזרה כלכלית. **המצורע** היה חייב להיות מחוץ למחנה בזמן שעם ישראל היה במדבר, כך שלא היה לו כל אפשרות לעזור. **ומי שאין לו בנים**, לא יכול לעזור לבני משפחתו, כי אין לו משפחה לתמוך בהם.

לרבי מליובביץ' האדמו"ר ר' מנחם מנדל שניאורסון, לא היו ילדים. גם לרב אברהם ישעיהו קרליץ "החזון איש", לא היו ילדים. הם השפיעו את השפעתם

בחייהם יותר מכל אדם אחר. ובנוסף, יש יותר מבקרים בקברם של צדיקים אלה, מאשר אנשים שהיו להם עשרה ילדים. אז מדוע אומרת הגמרא שמי שאין לו ילדים נחשב כמת?

התורה מלמדת אותנו ש**האדם נקרא עץ**. ככתוב; "כי האדם עץ השדה" (דברים; כ', י"ט). **התורה** גם היא **נקראת עץ**. ככתוב; "עץ חיים היא למחזיקים בה ותֹמְכֶיהָ מְאֻשָּׁר" (משלי; ג', י"ח). המצוות שבתורה דומות לפירות, היות שהתורה והאדם נקראים עץ. לכן כפי שהעץ שאינו עושה פירות דומה לאדם עקר, כך גם האדם נקרא עקר, אם אין לו צאצאים. גם התורה תיחשב כעקרה, אם אין מי שיקיים אותה, ואם אין תלמידי-חכמים שילמדו אותה.

האדם והעץ שאינם מולידים נקראים עקר, וזה הגיוני. אבל מדוע כשהאדם לומד תורה ואינו מקיים את מצוות התורה, היא נקראת עקרה? מה התורה אשמה, בזה שהאדם לא רוצה לקיים את מצוותיה? על כך אמרו חז"ל; "תלמוד גדול, שהתלמוד מביא לידי מעשה" (קידושין; מ', ב'). וכתוב; "כל שחכמתו מרובה ממעשיו, אין חכמתו מתקיימת. וכל שמעשיו מרובים מחכמתו, חכמתו מתקיימת" (פרקי אבות; ג', י"ב). משמע מזה, שהתורה צריכה להביא לידי מעשה. אם היא אינה מביאה למעשה, התורה כאילו אשמה בזה, שהיא לא הצליחה להביא את האדם לכדי מעשה.

משמע, שהחיסרון אינו נופל על האדם, אלא על התורה. מכאן אנו לְמֵדים שהרבנים הקדושים אפילו שלא היו להם ילדים, הם הפיצו את התורה בעולם. הם גרמו לתורה לא להיות עקרה, וכך גם הם הפכו להיות אבות התלמודי תורה. הרבי מלובביץ' תמיד אמר; "כל עַם ישראל הם יְלָדַיי".

כשהאדם מרגיש שהוא מאמין ודבֵק בבורא, והוא מרגיש שהדת עומדת בינו ובין הבורא, זו אמונה אמיתית. בורא עולם ברא את הנברא להיטיב איתו. אבל האדם מרגיש שלא מגיע לו עולם שכולו טוב, אז בתת-המודע הוא מבקש אתגרים שיהוו מכשולים בדרך עבורו.

הזוהר שואל, איך יכול להיות שהבורא יברא את האדם כמקבל האור והטוב היורד בכול יום, והאדם לא יזכה לקבלו? הרי זה לא מתקבל על הדעת, שהיוצר יבנה מכונה שלא ממש עובדת. זה כמו שנגלֶה שהשמש לפעמים לא ממש זורחת ולא ממש מאירה. אז למה האדם לא חי חיים של אושר ושל אור שכולו טוב? האדם הוא כלי בבריאה, ואם הכלי לא יכול לקבל את מה שמוגש לו, הוא יהפוך להיות כלי של בושה.

<u>מה זה כלי של בושה?</u>

זה דומה לאדם המזמין את חברו לארוחת ערב בביתו, ואשתו מגישה את המרק במחבת, ואת הסלט חצילים בסיר של המרק. האוכל ממש טעים, אבל בעל הבית יחווה בושה. כי הכלי לא מתאים לאוכל המוגש בו.

הבושה היא סוג של גיהינום, הן בעליונים והן בתחתונים. האדם מבקש מהקב״ה שלא ייתן לו את האור, בכדי שהכלי לא ייראֶה לזולת כמבייש את נותן האור והשפע, ואז האדם יהפוך לכלי מלא בושה. באתגרים שהאדם בוחר בכדי להתנקות מהקליפות של הבושה, זה עוזר לו להגיע למצב של כלי, שיוכל לקבל את האור.

אז איך הדת עומדת בדרך לאמונה? הדת היא המדריך שלנו להגיע לבורא. הדת היא המגן והמחבק שלנו, בשעה שאנו מרגישים חסרי עמוד שידרה. אך ברגע שאדם עוצר את עצמו בתוך הדת, ושוכח שהדת היא הדרך להתחבר לבורא, אבל היא לא הבורא עצמו, הוא מפספס את הנקודה ולא מצליח להשתמש בה לתועלתו, בחיבור ממשי לבורא.

זה לא משנה באיזה מקום נמצא האדם בחייו. ברגע שהאדם מבין שהכול נתון לשינוי והכל תלוי בו, והוא מבין שהדת היא המפה או GPS שלנו לבורא, ייִפָּתח לפניו עולם חדש, שהוא לא ידע אודותיו לפני כן. הוא יראה עולם שנותן לו הסברים, מדוע העולם מסתובב לכיוון אליו הוא מסתובב, ולמה החוק של התחתונים (החומר), מפריע לעליונים (לרוח). זה כבר לא יהיה מגוחך כשהוא יבין, מדוע האדם יכול לעזור לזרים, אבל לא יכול לעזור לעצמו ולקרובים

אליו. כי חוק היצירה הוא הסבב והסיבובים (חוק הגורל ומסובב הסיבות).

הווי אומר, הדרך לעזור לעצמך, היא רק בנתינה לזולת.

דור המבול:

דור המבול קיבלו את המבול עליהם, בגלל הגזל. המבול החל בי"ז לחודש השני, בפריצת המים ממעמקי האדמה ומירידת מי הגשמים. ככתוב; "נִבְקְעוּ כָּל מַעְיְנֹת תְּהוֹם רַבָּה וַאֲרֻבֹּת הַשָּׁמַיִם נִפְתָּחוּ. (בראשית; ז', י"א)

המבול התרחש בשנת ה-600 לחיי נח, שנת 1656 לבריאת העולם. לאחר 150 יום כתוב; "כֹּל אֲשֶׁר נִשְׁמַת-רוּחַ חַיִּים בְּאַפָּיו, מִכֹּל אֲשֶׁר בֶּחָרָבָה מֵתוּ" (בראשית; ז', כ"ב). בי"ז לחודש השביעי, תיבת נח נחה על הר אררט. הוא ובניו יוצאים מהתיבה רק בכ"ב לחודש השני. הוא היה בתיבה עם משפחתו ועם בעלי החיים יותר משנה, והם התחילו את האנושות מחדש.

אז מה קרה עם כל דור המבול?
חז"ל אמרו; "אמר רבי יוחנן: בא וראה כמה גדול כוחה של חמס, שהרי דור המבול עברו על הכל ולא נחתם עליהם גזר דינם עד שפשטו ידיהם בגזל, שנאמר: 'כי מלאה הארץ חמס מפניהם והנני משחיתם את הארץ' (סנהדרין; ק"ח, א'). ונאמר; 'ולפי שהיו שטופים בגזל נימוחו מן העולם'" (בראשית רבה; ל"א, ד')

בעולם שלנו היום, דור המבול לא נשמע כל כך גרוע, כי גזל זה ממש חלק בלתי נפרד מחיינו. אדם קם בבוקר, ומגלה שפרצו לו לרכב. הוא חוזר בערב הביתה, הוא מגלה שפרצו לו לבית. בעבודה הוא עומד לסגור עסקה, ומישהו גונב לו את הדיל.

בהרבה מובנים, דורנו די דומה לדור המבול. אבל למזלנו, הקדוש ברוך הוא עשה ברית עם נח, שהוא לא יביא מבול על הארץ שוב. נח הקריב קרבן, והקב"ה מגיב על מעש זה באומרו; "וַיָּרַח יהוה, אֶת-רֵיחַ הַנִּיחֹחַ, וַיֹּאמֶר יהוה אֶל-לִבּוֹ לֹא אֹסִף לְקַלֵּל עוֹד אֶת-הָאֲדָמָה בַּעֲבוּר הָאָדָם, כִּי יֵצֶר לֵב הָאָדָם רַע מִנְּעֻרָיו; וְלֹא אֹסִף עוֹד לְהַכּוֹת אֶת-כָּל-חַי, כַּאֲשֶׁר עָשִׂיתִי. (בראשית; ח', כ"א)

דור המבול היה מושחת ממש. כל מחשבתם ומעשיהם היו גילוי עריות, לא רק בין בני האדם, אלא גם עם כל בעלי החיים. החיות התנהגו כמו בני האדם, והם הזדווגו עם בעלי חיים מסוגים שונים, ואפילו האדמה הוציאה צמחים טמאים. זאת אומרת, שהטומאה שלטה בארץ. שנאמר; "כי מלאה הארץ חמס מפניהם", (בראשית; ו', י"ג)

באותה התקופה היתה שנאה ותועבה בעולם, אבל רק הגזל גרם לקדוש ברוך הוא להביא סוף לאנושות. למה?
על כך משיב רבי שלמה אפרים מלונטשיץ בספרו "כלי יקר" (בראשית ו', י"ז).
"שכל גוזל, נכנס לתוך תחום חברו. על כן דין הוא להביא עליהם שטף מים רבים. כי אז כל טיפה נוגעת בחברתה ונכנסת אל תוך גבולה, לפי שבגשמי ברכה נאמר; 'מי פלג לשטף תעלה' (איוב; ל"ח, כ"ה). מכאן למידין (בבא בתרא; ט"ז) שלכל טיפה יש דפוס בפני עצמה. וכמלא נימא יש בין כל טיפה וטיפה, כדי שלא תכנס אחת בגבול חברתה. וזה הגוזל ונכנס בתחום חברו דין הוא שיהפכו עליו גשמי ברכה למבול, כי אז כל הטיפות מתערבין".

לאחר אירוע המבול, באים ימי דור מגדל בבל.

מגדל בבל:

מעשה זה (בראשית; פרקים א׳-י״א), חותם את חטיבת סיפורי בראשית העוסקים בבריאת העולם ובהתהוות האנושות. הסיפור עוסק בגורלה של הקהילה האנושית, שמוצאה מניצולי המבול של נח ומשפחתו.

כמעט כולנו מכירים את סיפור מגדל בבל.

יום אחד בהיר, החליטו יושבי הארץ לצאת למלחמה בקב״ה. אז הם החליטו לבנות מגדל שמגיע עד לשמים. ככתוב; ״וַיֹּאמְרוּ אִישׁ אֶל רֵעֵהוּ הָבָה נִלְבְּנָה לְבֵנִים וְנִשְׂרְפָה לִשְׂרֵפָה וַתְּהִי לָהֶם הַלְּבֵנָה לְאָבֶן וְהַחֵמָר הָיָה לָהֶם לַחֹמֶר״ (בראשית; י״א, ג׳). לקראת סוף הבנייה כתוב; ״וַיֹּאמְרוּ הָבָה נִבְנֶה לָּנוּ עִיר וּמִגְדָּל וְרֹאשׁוֹ בַשָּׁמַיִם וְנַעֲשֶׂה לָּנוּ שֵׁם פֶּן נָפוּץ עַל פְּנֵי כָל הָאָרֶץ״ (בראשית; י״א, ד׳). שיבש הבורא את שפתם, ואף אחד לא הבין את השני. ככתוב; ״וַיֹּאמֶר יהוה הֵן עַם אֶחָד וְשָׂפָה אַחַת לְכֻלָּם וְזֶה הַחִלָּם לַעֲשׂוֹת וְעַתָּה לֹא יִבָּצֵר מֵהֶם כֹּל אֲשֶׁר יָזְמוּ לַעֲשׂוֹת״ (בראשית; י״א, ו׳).

אז פרצה מלחמה בין איש לחברו. כשאחד ביקש פטיש, חברו נתן לו נעל. וכשהוא ביקש אבן, חברו נתן לן סכין. כפי שכתוב; ״וְנָבְלָה שָׁם שְׂפָתָם אֲשֶׁר לֹא יִשְׁמְעוּ אִישׁ שְׂפַת רֵעֵהוּ״. (בראשית; י״א, ז׳)

הפשט מלמד אותנו, שמאותו מגדל בבל נולדו שפות העולם, וכי עד אז הייתה רק שפה אחת בעולם, שהיא הייתה שפת הקודש (העברית התנכית).

הסיפור הזה היה לפני כמעט ארבעת אלפים שנים, בשנת 1788 לבריאה, בדור אחד אחרי דור המבול. הם רצו לבנות מגדל שראשו בשמיים, והבורא לא יכול היה להרשות לעצמו סיטואציה כזו. לכן הוא בלבל להם את כל העסק, וטרף את שפתם. מרגע שהם לא יכלו להבין עוד איש את רעהו, הפרויֶקט כשָל, ועַם ועַם על לשונותיו נפוצו לדרכם. מאז יש לנו אומות, עמים, ותרבויות. זה היה דור הפלָגה. הוא הדור אשר בימיו התפלגו בני האדם לרחבי העולם, כאשר כל קבוצה מאמצת לה שפה משלה.

כל ילד שלומד את הסיפור הזה, חושב ומגיע למסקנה, שדור בבל היו אנשים שחיו במנהרות, ושכל וחוכמה לא ממש היה מנת חלקם. כי במחשבה פשוטה, איזה בן אדם יקום בוקר אחד ויחליט לצאת למלחמה עם השמיים ועם אלוהים? כיום, שכבר נחתנו על הירח וגם על כוכבי לכת אחרים, וכבר ישנה חללית שמגיע לסוף מערכת השמש, אנחנו מגיעים למסקנה די ברורה, שמדובר בקבוצת מפגרים שהיו דֵי משעוממים בחייהם.

אם כך, למה התורה מעניקה לסיפור הזה מקום? יתרה מכך, איך יכול להיות שבורא עולם התייחס אליהם בכלל? הרי היום אנחנו יודעים, שזה בלתי אפשרי לבנות מגדל שמגיע עד לשמיִם. סיפור זה, על פניו הוא סיפור לילדים בגיל הרך, או שהתורה מזלזלת באינטליגנציה של הקורא.

חז״ל מדברים רבות אודות דור הפְלָגָה זה. אך, אם זה סיפור ילדים גרידא, חז״ל לא היו מכניסים עצמם לעסק של סיפורי ילדים. ואם זה זלזול בקורא, חז״ל גם לא יעברו עבירה של ליצנות על התורה. שנאמר; ״ארבע כתות אין מקבלות פני שכינה. כת ליצים, וכת חנפים, וכת שקרים, וכת מספרי לשון הרע״ (סוטה; מ״ב, - סנהדרין; ק״ד). ארבעתם שייכים לאותו שורש שהוא השקר.
השקרן מביא את פרנסתו בשקר.
החנפן מתחבב על חברו בשביל מעמדו, ולא מאהבת חינם שזה שקר.
הליצן עושה צחוק מהתורה לבלבל את עם ישראל, בכדי שלא יאמינו בתורת משה. וזה גם שקר.

עם זאת, ליצן שמצחיק בשביל לשמח אנשים כמו חתן וכלה, חולים, או קהל, לא נכלל כשקרן.

אז מי הם בעצם דור בבל?

דור בבל ידועים כדור ההפלגה, הוא הדור אשר בימיו התפלגו בני האדם לרחבי העולם. הזוהר מרחיב על דור הפלגה ואומר, שזה היה דור הכי חכם שחי על פני האדמה. הם היו הדור היחיד, שידע את הקודים של הבריאה.

יש מסורת המייחסת את חיבור ספר **יצירה** לאדם הראשון, ולפיה אברהם אבינו רק העלה אותו על הכתב. בספר זה היו את כל סיסמאות והקודים של הבריאה, שעברו מדור לדור עד ליום הזה. הספר עדיין קיים כיום וניתן להשיגו, אבל הוא מאוד קשה להבנה.

דור ההפלגה ידע את כל הקודים שבספר זה, בדיוק כפי שמתכנֵת מחשבים יודע לכתוב תוכנה, והוא מתכנת את המחשב לעשות פעולה. כך גם ספר היצירה יכול לגרום למצבים בעולם להשתנות, כמו שליטה על מזג האוויר, ושליטה על הים והיבשה, ועל כל הטבע כולו.

דור ההפלגה היו בקיאים בספר יצירה, עד כדי כך שהם הרגישו שהם בעלי בית של היקום. הכול היה בהישג ידם. לכן הם קמו ומרדו בקדוש ברוך הוא. בניית מגדל בבל היתה, בכדי להניח בגג המגדל פסל עם פניו כלפי מעלה ולרמוז לבורא עולם, שהיקום כבר לא צריך את עזרתו, כי יש מנהל חדש בעולם.

זה היה ממשלת אחדות, לשם בגידה בבורא. גם בימינו רבים מאיתנו מייחלים לממשלת אחדות כזאת, וחולמים על עידן של שלום ושלוות עולמים. הם מחכים לזמן שכולנו נחיה בו באהבה כמשפחה אחת. אבל צריך לזכור, שאהבה אמיתית לא יכולה לצמוח, במקום של אחידות וקונפורמיות. אהבה ואחווה אמיתית נוצרת, רק מתוך נכונות לפגוש ולהכיר ולקבל את האחֵר.

הגמרא במסכת סנהדרין אומרת, שעונשם היה גם בעולם הבא. המדרש רבה מדגיש, ש״היה להם שפה אחת ואהבה ורעות ביניהם״. ורבי יוחנן הסנדלר אומר (מסכת אבות; ד׳, י״א) לפי פירוש קהתי, ״התכנסות שהיא לשם שמים, היא התכנסות הכנסת הגדולה. והתכנסות שאינה לשם שמים, זוהי התכנסות דור הפלגה״. לכך שינה השם יתברך את שפתם לשבעים שפות שונות, לא כדי שלא יוכלו להילחם בקדוש ברוך הוא, אלא שלא ירגישו שהם בעלי הבית ויהיו כפויי טובה להשם״.

האדם היחיד שקיבל את הזכות לשמור על שפת הקודש ועל ספר 'יצירה' היה שם בן נח, ממנו יצאו עם ישראל.
היום אנו רואים את עצמנו כדור ההפלגה עם כל הטכנולוגיה המתקדמת, ובחוכמה שאנו בטוחים שאנחנו שולטים כמעט על כל העולם כולו. יש לנו שאיפה לשלוט על הכוכבים, עם החלליות והלוויינים. כל המעצמות מתחרות ביניהן, מי יהיה הראשון להגיע לשמש, ומי יהיה הראשון לבנות עיר על הירח. כמו דור בבל אנחנו שוכחים מאין באנו, מה אנחנו? ולאן אנו הולכים. הקב"ה מזכיר לנו, שיש בעל הבית דרך הטבע. לא משנה כמה חוכמה יש לנו, מזג האוויר, רעידות האדמה, וגאות הים, תמיד יהיו מעל שליטתנו.

שמעתי מהרב אראליה שיינברגר, סיפור אודות סנדלר וגוש של זהב.
איש אמיד נתן את נעליו לתיקון אצל הסנדלר. אחרי שבוע הוא חזר לאסוף את הנעלים, וראה שהסנדלר עשה עבודה גרועה ביותר. שאל אותו האיש, איך זה שעבודתו על הנעל יצאה כל כך גרועה?
התנצל הסנדלר ואמר לו, שהוא הוא אב לשמונה ילדים, ובִּתו עומדת להתחתן, והמצב הכלכלי לא טוב. אז הראש לא מתפקד טוב והעבודה משתבשת.
אמר האיש לסנדלר אני מבין אותך, ואני רוצה לתת לך מתנה שתעמיד אותך בחזרה על הרגלים. נתן האיש לסנדלר גוש של זהב ואמר לו, בכל פעם שאתה מרגיש שאתה בלחץ כלכלי, תחתוך חתיכה קטנה מהגוש ותמכור אותה, וכך תמיד יהיה לך מספיק כסף לחיות בשלווה. לקח הסנדלר את גוש הזהב לביתו, ועכשיו הוא היה רגוע לעשות את עבודתו בשמחה, עד שהוא גדל להיות עשיר מאוד, ופתח בתי מפעל לנעליים.

יום אחד, פגש הסנדלר בעל עסק במצוקה כלכלית, וגם הוא היה אב לשמונה ילדים. אמר לו הסנדלר, יש לי מתנה שקיבלתי מאיש צדיק שהציל את פרנסתי, ועכשיו אני רוצה לתת אותה לך. בכל פעם שאתה מרגיש שאתה בלחץ כלכלי, תחתוך חתיכה קטנה מהגוש ותמכור אותה, וכך תמיד יהיה לך מספיק כסף לחיות בשלווה. שמח האיש, ולקח את הגוש לביתו. לאחר כמה ימים כשהיה לו לחץ כלכלי, לקח האיש סכין וחתך את הגוש, והוא גילה שהזהב לא אמיתי, וכל הגוש הוא בעצם ברזל בצבע זהב.

<u>מה למדנו מסיפור זה?</u>

שהחיים הם מה שאנחנו מאמינים שהם. הכוח שלנו לא מגיע מחשבון הבנק, מהבית המפואר, או מהרכב היקר, אלא רק מהאמונה. זה מה שנותן לנו את המוטיבציה להצליח ולהיות שמחים. כי האדם נמצא, היכן שמחשבותיו נמצאים, ולא היכן שגופו נמצא.

אדם יכול להיות בחופשה שכולם שם שמחים וחוגגים כל היום, אבל הוא מוטרד, עצוב, ובדיכאון. כי המחשבות שלו נמצאים בבעיות שלו. וכן להיפך, אדם יכול להיות חסר בית, אך הוא האיש הכי מאושר שבעולם. כי במחשבותיו הוא בחופשה ובעונג.

זה כוחה של המחשבה, שהיא כולה רוחנית ובשליטת הנשמה. ככול שניתן לנשמה להיות שמחה, כך החיים יתנו לגוף לחיות בשלווה. כאשר נדע לשלוט בפנימיות שלנו ולא לאפשר לסביבה החיצונית לשלוט בנו, אז נזכה לחיות בשלווה פנימית ובאושר אמיתי.

רבנו חיים ויטאל תלמידו של האר"י הקדוש זצ"ל, סיפר על אדם שביקש להתקבל לחבורת יחידי סגולה שהיו דבקים בה' יתברך. בכדי להתקבל לחבורה זו, נדרש אותו אדם להודיע אם הגיע למידת ההִשתוות. כשביקש האיש הסבר על מידה זו, שאלו אותו - אם שני בני אדם, האחד מכבד אותו והשני מבזה אותו, שווים בעיניו או לא? השיב האיש שלא. כאשר מכבדים אותו הוא נהנה מכך ויש לו נחת, וכאשר מבזים אותו, הוא אמנם אינו נוקם ונוטר אך יש לו צער מכך. על כך השיבו ; 'בני לך לשלום'. כל זמן שלא נשתווית - הווי אומר, עליך לחיות בשְוִיוֹן נפש מוחלט, כך שלא תרגיש בכבוד המכבדך ובביזיון המבזך, וכל עוד אינך במצב זה, אינך מתאים לחבורתנו הקדושה.

האדם צריך להגיע למצב של שלמות כמו נח ומשה. מהו הקשר בין נח למשה? ומהו הקשר בין המבול? (בזמן נח) להר סיני? (בזמן משה)

נח קיבל מסר מהקב"ה, שהוא עומד להביא מבול על הארץ ולמחוק את כל יושבי תבל. מיד הוא התחיל את תהליך בניית התיבה, וזה היה תהליך של 80 שנה. שמונים שנה לוקח לבנות תיבה? התשובה היא, כן. ולמה?

מכיוון שלנח היה אסור להשתמש בעצים הקיימים. הוא היה חייב לשתול עצים בעודם רכים וקטנים, וחיכה 40 שנה שהם יגדלו, ורק אז הוא כרת את אותם העצים, והתחיל את בניית התיבה. ולמה?

בזמן חיי נח, הארץ הייתה כה מושחתת. כך שהמבול היה כמקווה טהרה, שהיה אמור לטהר את הארץ. ואם נח היה משתמש בעצים שהיו כבר קיימים, התיבה לא הייתה יכולה לשרוד. בגלל שכל הארץ הייתה חייבת בטבילה, כולל העצים בהם הוא משתמש לבניית התיבה. לכן, נח היה חייב לשתול שתילים חדשים שיהיו לעצים חדשים. כי שתילים אלה, לא צריכים עדיין "טבילה" של המבול.

בדומה להלכה האומרת, שאסור לאכול בכלים שלא עברו הטבלה במים טהורים. אם גוי יטהר את הכלי, הוא עדיין לא טהור. אסור לבעל הבית להשתמש בכלי, כל זמן שלא הטבילם יהודי כשר במקווה כשרה. במקרה שמדובר בכלים שאדם קנה לצורך סעודתו, הואיל ולא הטבילם, אסור גם לאורח להשתמש בהם. הפתרון הוא, שימוש בכלים מתוצרת ישראל, שאינם צריכים כלל טבילה. עם זאת חשוב לדעת, שיש פוסקים שמקילים ומתירים לאורֵח להשתמש בכלים של בעל הבית, למרות שלא הטבילם. וטעמם הוא, שרק לבעל הבית אסור להשתמש בכליו לצרכי סעודתו כל זמן שלא הטבילם, אבל על האורח אין חובה להטביל את כליו של המארח, ולכן מותר לו לאכול בהם גם כאשר הם לא הוטבלו.

אם כן, נח היה הבעל הבית של התיבה, והכול היה חייב להיות כשר ברמה של טבילה. נח היה מרוחק ומנותק מסביבתו החוטאת. נח התבודד והסתגר, והקדיש את כולו לעבודתו האור הקדוש. אז לא היה לו שפה משותפת עם בני דורו, ולכן הוא לא הצליח להציל את בני דורו מהמבול.

במדרש רבה מתארים דו שיח בין נח למשה; "נח אמר למשה: אני גדול ממך, שניצלתי מדור המבול. אמר לו משה: אני נתעליתי יותר ממך, אתה הצלת את

עצמך ולא היה בך כח להציל את דורך. אבל אני הצלתי את עצמי והצלתי את דורי, כשנתחייבו כְּלָיָה בעגל".

כל תיאור המבול בתורה, מבדיל בין נח לבני דורו, ומבליט את הצלתו של נח על רקע חורבן היקום כולו. אך משה פתח את פיו להתפלל נגד דבר ה'. כי הזדהותו של משה רבנו עִם ישראל לאחר חטא העגל הייתה כל כך עמוקה, עד שהוא חש כאילו הוא עצמו נפגם בחטא עבודה זרה.

לפי זה אנו מזהים שני דרכים בעבודת ה'. דרך אחת - מי שמייחד עצמו ומתבודד. ודרך שנייה - מי שעוסק בצרכי ציבור ומבטל עצמו בשביל הכלל. "אמר ריב"ל שמונים הלכות למדתי... ועל ידי שהייתי עסוק בצרכי רבים, שכחתים". (מדרש קהלת רבה; ז', ז')

יש מחיר משמעותי ומובן מאליו, להסטת הריכוז והאינטנסיביות של עבודת ה', אל התמודדות מתמדת עם הוויות העולם הזה. 'מחיר זה' יכול האדם להימנע מלשלם, אם ילך בדרכו של נח. אבל התורה מדגישה דווקא, את עדיפותה של הדרך של משה. וכך דרשו רבותינו במדרש; "אמר רב ברכיה, חביב משה מנח. נח בהתחלה היה 'איש צדיק', וסיים כ'איש האדמה'. ומשה בהתחלה היה 'איש מצרי' וסיים 'איש האלהים'" (בראשית רבה; ל"ו, ג').

נח שהתבודד לעצמו ובתחילת דרכו נקרא "איש צדיק", ירד בסוף ימיו ממדרגתו, ונקרא "איש האדמה". לעומת זאת, משה שבתחילת דרכו נקרא בפי בנות יתרו "איש מצרי", סיים כ-"איש האלהים" שהגיע לתכלית השלמות שיוכל האדם להשיג. המקור של זה היה, הקרְבָה ואהבת חינם!

● ● ●

פרק 8

בין חיים למוות

יש ויכוח בגמרא בין בית-שמאי לבין בית-הלל, מה עדיף לו לאדם, להיוולד או שלא להיוולד?

נחלקו בית שמאי ובית הלל. הללו אומרים; "נוח לו לאדם שלא נברא, משנברא. והללו אומרים; נוח לו לאדם שנברא, יותר משלא נברא. נִמנו וגמרו; נוח לו לאדם שלא נברא, יותר משנברא. עכשיו שנברא, יפשפש במעשיו".

(עירובין; י"ג, ב')

הן בית-שמאי והן בית-הלל אומרים, שעדיף שלא יבָרֵא האדם. אבל עכשיו שהוא נברא, יפשפש במעשיו. במילים אחרות, עדיף להיות מת, מאשר חי. אך עכשיו שהאדם נמצא פה בחיים החומריים, עליו לעבוד על המידות שלו. ועוד אמרו חכמים; "יפה שעה אחת של קורת רוח בעולם הבא מכל חיי העולם הזה". (פרקי אבות; ד', י"ז)

כל מעשי הבריאה מלבד האדם, קיבלו את הברכה של "כי טוב". עם זאת, יכולת הבחירה, ניתנה רק לאדם. כל שאר יצורי העולם ממלאים את ייעודם כבר בבריאתם, ורק לאדם ניתנה היכולת לבחור בין טוב לרע. ביכולתו לקלקל וביכולתו לבנות. לכן אי-אפשר לומר עליו "כי טוב" מייד בתחילת הדרך, כי אולי הוא יבחר ברע.

אנחנו עִם החפץ בחיים. התנָאים שלנו מסכמים, שעדיף לאדם שלא יִיוָלֵד. עם זאת, העולם עצמו הרי היה קיים עוד לפני שהאדם נברא. התכלית בבריאת האדם היא, שהאדם עצמו יבחר בדרכו הנכונה. אך איך הוא ידע מה היא הדרך הנכונה?

נאמר במדרש; "ומהיכן למד אברהם את התורה? (איך הוא ידע לבחור את הדרך הנכונה?) רבן שמעון אומר נעשו שתי כליותיו כשני כדים של מים והיו נובעות תורה". (בראשית רבה; צ"ה, ג')

כליותיו של אברהם היו מייעצות לו כיצד לנהוג, בכל פעם שהוא התלבט. הכליות מרמזות על מוּסָר. מוסר הכליות של אברהם היה כל כך חזק, שאפילו ללא ציווי, הוא הבין מה האור הקדוש רוצה שהוא יעשה.

האדם צריך קודם לחוות את ההרגשה, שנוח לו לעצמו שלא נברא משנברא, ורק אחר כך לעבור לשלב האחריות והבחירה בטוב, שזה שלב האהבה. רק אז יוכל האדם לומר לעצמו, שנוח לו שנברא. ושהעולם שבו הוא חי, הוא "עולם טוב מאוד".

מבחינת עולמות עליונים, הדבר הכי חשוב לאדם, זה - עבודת המידות -. מכיוון, שאת המידות הטובות הנשמה לוקחת איתה, כל פעם שהיא נפרדת מהגוף. בדומה לסיפור בגמרא (יומא; פ"ג, ב'; "רבי מאיר ורבי יהודה ורבי יוסי היו הולכים בדרך". ר' מאיר ידע הכול על האדם לפי שמו הפרטי. ולכן הוא היה מדייק בשמו של בעל האכסניה, לדעת אם שם נאה או מכוער הוא. ואילו ר' יהודה ור' יוסי לא היו מדייקים בשם.

כשהגיעו למקום אחד, בקשו מקום ללון, ונתנו להם. אמרו לו התנאים לבעל האכסניה; מה שמך? אמר להם, שמי הוא **כידור**. אמר ר' מאיר לעצמו, וואו, לפי שמו אני מבין שאדם רשע הוא. שנאמר; "כי דור תהפוכות המה בנים לא אמון בם" (דברים; ל"ב, כ). והרי שמו "כידור" הוא, כלשון הפסוק הזה. בערב שבת, ר' יהודה ור' יוסי שלא ממש הקפידו בעניין השמות, אמרו לכידור בעל-הבית, שיש עליהם כספים והם פוחדים שיגנבו להם את כספם, אז האם הוא מסכים בבקשה לשמור להם את זה בכספת שלו? הוא אמר כן! בשמחה.

רבי מאיר שידע לזהות את מידות האדם לפי שמו, אמר לר' יהודה ור' יוסי שבעל הבית גנב. לכן רבי מאיר לא נתן לו לשמור על ממונו. החליט רבי מאיר

ללכת לבית הקברות הסמוך לאכסניה, וטמן את כספו ליד אחד הקברים. כי גנבים הרי לא באים לחפש כסף בבית קברות.

בשבת לפנות בוקר, חלם כידור שאביו קורא לו לבוא לקברו בבית הקברות ולחפור למראשותָיו, כי יש שם כסף. כשהוא התעורר בבוקר ופגש את שלושת הרבנים, הוא סיפר להם את חלומו ואמר, שהוא מחכה למוצאי שבת לרוץ לקבר אביו לבדוק אם היה חלומו אמת. שמע רבי מאיר שטמן את כספו שם ונבהל. מיד בצאת השבת הוא מיהר לקבר להוציא את כספו, לפני שיבוא כידור ויוציא משם את כסף.

למחרת בבוקר, באו ר' יהודה ור' יוסי וביקשו את כספם בחזרה מכידור. אמר להם כידור, על מה אתם מדברים לא נתתם לי דבר ולא כסף. ר' יהודה ור' יוסי הבינו שיש להם עסק עם נוכל, אז הם החליטו להשקות אותו בשֵׁיכָר עד שהוא יהיה שיכור, וכן עשו. אז הם שאלו אותו, היכן הכסף? הוא ענה להם שהכסף נמצא אצל אשתו.

הרבנים רצו מהר לאשתו. כידור אכל עדשים עם אשתו, לפני שהוא נפגש עם הרבנים. היו כמה עדשים דבוקים לזקנו של כידור, ומכך הסיקו החכמים שהוא אכל עדשים בבוקר. לפיכך אמרו הרבנים לאשתו, שכידור אמר להם שהיא תחזיר להם את כספם, ולראיה שהיא אכלה יחד עם בעלה עדשים, אותם היא בישלה הבוקר. אשתו האמינה לרבנים שביקשו את כספם בחזרה ושאמרו לה שבעלה אמר שתיתן להם את הכסף, ונתנה להם את כספם. שאלו ר' יהודה ור' יוסי את רבי מאיר אשר לא שם את כספו אצל בעל-הבית, מדוע הנוכל חלם שאביו קורה לו לבוא לקברו לקחת גם את כספך? הרי אביו נמצא כבר בעולם האמת?

אמר להם רבי מאיר, בעל הבית הוא נוכל בן נוכל, והרי מידותיו של האדם הרעות או הטובות, עולות עמו עם הנשמה.

כל המידות או תכונות האופי שאנו רוכשים או מקבלים פה בעולם, נדבקים לנשמה. ברגע שהנשמה נפרדת מהגוף, זה דומה לשליחת חללית לחלל. אם החללית יצאה לחלל במהירות של אלף מייל לשעה, אז לנֶצח היא תמשיך לטוס

בחלל באותה המהירות. כך גם הנשמה. אם האדם היה שקרן בחייו ולא עבד על מידותיו, כך תמשיך הנשמה להיות, עד לגלגול הבא שלה.

ישנו סיפור בספר "מעיין המועד" של הגאון הצדיק רבי חיים פרידלנדר זצ"ל. הוא מספר על המשגיח בישיבת פוניבז' שחש בשיניו ופנה לרופא שערך צילום, והבהילו לבית החולים. שם הם גילו גידול ממאיר בלסת. הוא עבר ניתוח בארה"ב ושב לארץ ישראל לסִדרת הקרנות. בו בזמן הוא המשיך בשגרת שיחותיו בישיבת פוניבז', ובישיבת הנגב, ובישיבת לב-אליהו, ובקרית ישמח משה, ובחוגי המחשבה שהעביר בביתו לקבוצת אברכים.

תחת השפעתן המדכדכת והמחלישה של ההקרנות, המחלה הלכה והתפשטה, וההקרנות הלכו והתישו אותו. (כאן מגיעים אנו לסיפורנו). תלמיד מסוים בישיבה, ביקש להיוועץ ברבו מרן הגרא"מ שך זצ"ל. הוא ידע שהדלת תמיד פתוחה. הוא נכנס לדירה, אבל הדלת היתה סגורה. בחדר התקיימה ישיבת הנהלה, בראשות ראש הישיבה. אז הוא המתין לסיומה.

בעודו ממתין, הדלת החיצונית נפתחה. המשגיח רבי חיים פרידלנדר נכנס ושאל אותו, "מה אתה עושה כאן"? עכשיו אמצע הסדר'! ענה הבחור:
"אני מבקש להיוועץ בראש הישיבה".
"ומדוע אינך נכנס"?
"כי מתקיימת ישיבת הנהלה".
"אם זו ישיבת הנהלה, יכול המשגיח להיכנס".

פתח המשגיח את הדלת, והבחור ראה כיצד כולם כאיש אחד, קמים לכבודו. פסע המשגיח פנימה, ולא היה בו כח לסגור הדלת אחריו. ראה הבחור כיצד הוא פונה לראש הישיבה ושואל אותו דבר מה. הוא לא שמע את השאלה, אבל ראה שהכל דומעים. ראש הישיבה ענה, ורבי חיים פנה לצאת, וראש הישיבה ליווהו. בפתח הוא ראה את הבחור, שאל לרצונו, וענהו.

הבחור עלה לבית המדרש, אכול סקרנות... מה שאל המשגיח? מדוע כולם בכו? בצהריים הבחור פגש באחד הר"מים ושאלו בחכמה: "ראיתי שהמשגיח נכנס ושאל משהו את ראש הישיבה. ראיתי שכולם בוכים, וראש הישיבה ענהו. אם זה דבר שאיני ראוי לדעתו, כאילו לא שאלתי. אבל אם רשאי אני לדעת, מבקש אני לדעת". ענה הר"מ: "אספר לך, בתנאי שלא תגלה זאת בחודש הקרוב".

הוא סיפר שהמשגיח גילה להם שם שהוא מגיע היישר מהרופא, והרופא הודיעו שהוא נכשל בעצירת המחלה ואין עוד טעם בהקרנות, והן יופסקו. יינתנו רק תרופות לשיכוך הכאבים.
"וכמה זמן נותר לי לחיות, להערכתכם"? שאל המשגיח.
"שבועיים שלושה". ענה הרופא.
שמע המשגיח את ההודעה הזו, ובא וסיפר זאת, ואין פלא שכולם בכו. אך לא לשם כך הוא הגיע. הוא בא לשאול: אדם שנותרו לו שבועיים לחיות, מה עליו לעשות?
לערוך חשבון נפש? לשוב בתשובה יותר עמוקה? לחזור על תלמודו? כנאמר "אשרי מי שבא לכאן ותלמודו בידו" (פסחים; נ', א'), להכין ספריו לדפוס? להעניק זמן איכות לילדיו?
וראש הישיבה ענה: "אדם שנותר לו פרק זמן קצר לחיות, ינצלו כדי לעבוד ולעמול על שיפור המידות".

מי שהכיר את המשגיח ומידותיו האצילות ואת שליטתו העצמית המוחלטת, ידע ששבועיים הספיקו לו לליטוש אחרון, ולברק הסופי. אנחנו, זקוקים להרבה יותר זמן. אבל התשובה כה תמוהה. רגילים אנו להתייחס למידות כאל פעולות של מעשים, אבל המשגיח עמד בפני תקופת התנתקות ממעשים. לשם מה עליו לשפר מידותיו?

והתשובה היא, שכאשר מגיע האדם למרום: נשקלים מעשיו, נקבע שכרו, אבל בראש ובראשונה שואלים מי בא? מי הגיע? מי אתה?
אז איך עובדים על המידות? איך למשל הופך אדם שמתעצבן מכל דבר קטן, להיות אדם רגוע ושליו?

כתוב; "מה שהיה הוא שיהיה, ומה שנעשה הוא שיעשה ואין כל חדש תחת השמש" (קהלת; א', ט'). לפני בריאת העולם, עלה לבורא העולם במחשבה איך לברוא את עולמו. ידע הבורא שהעולם לא ישרוד אפילו יום אחד, אם העולם יבֲרא במידות של העולמות העליונים. מדוע?

כי העולמות עליונים מתקיימים במידת הדין. מידת הדין זה מצב שאם מישהו עבר עבירה, הוא משלם מיד את מלוא המחיר על כך. זאת אומרת, שאם למשל נהג עבר על החוק ועבר את הצומת באור אדום - בין בזדון ובין בשוגג - מיד עוצר אותו שוטר ומביא אותו לבית משפט, והוא נדרש מיד לשלם. שום תרוץ לא יתקבל. כי אין לעשות טעויות, כשמידת הדין פועלת.

בכדי שהעולם שלנו ישרוד, בורא עולם היה חייב להוסיף מימד מיוחד שנקרא **חסד**. חסד לא קיים בעולמות העליונים. אבל בעולמנו הוא נוצָר, בכדי לתת לאדם בחירה חופשית. שזה אומר, שאם אדם עשה טעות, הוא יכול לבקש סליחה, וזה בדרך כלל יתקבל. מכיוון שידע הבורא את מוגבלות האדם, אז ביהדות יש לנו את החוק, שאם פגע אדם באחֵר, אם הוא הביע חרטה כנָה לנפגע ותיקן את העוול שנגרם, קיימת חובה דתית על הנפגע לסלוח ולהתפייס, כל עוד הפוגע ביקש את סליחתו כהלכה. הווי אומר, שלוש פעמים צריך הפוגע לבקש סליחה, וכל פעם צריך להראות נכונות גדולה יותר וחרטה.

הגמרא מספרת: כשמשה רבנו שעלה על הר סיני לקבל את התורה, הוא ראה את הקדוש ברוך הוא מצייר כתרים ותגים על כל 22 האותיות. שאל משה את הקדוש ברוך הוא, מדוע הוא עושה זאת?

ענה הקדוש ברוך הוא למשה: בעוד עשרה דורות ייוולד עקיבא בן יוסף, והוא ידע וידרוש שעות על כל תג ותג המצוירים על כל אות ואות. שאל משה מי הוא האיש הזה?

ענה הקב"ה למשה: לך שמונה צעדים אחורה, ושב בבית מדרשו של רבי עקיבא. כשהתיישב משה, הוא ראה את רבי עקיבא מלמד את תלמידיו ודורש על התגים והכתרים שעל האותיות. משה לא הבין אף מילה. עד ששאל אחד התלמידים את רבי עקיבא, מהיכן הרבי דורש את רעיונותיו ודרשותיו על

האותיות? מהיכן המקור לתורה זו? ענה רבי עקיבא לתלמיד זה תורה למשה מסיני.

אמר משה לבורא: הבנתי רק דבר אחד. שכל מה שמלמד רבי עקיבא, זה מהתורה שקיבלתי בסיני. אז למה אני מקבל את התורה ולא רבי עקיבא? הרי הוא הוא גדול ממני בתורה. כמו כן, ברצוני לדעת מה יהיה שכרו?

הראהו הקדוש ברוך הוא למשה את יומו האחרון של רבי עקיבא בגיל 120, איך סורקים את בשרו בברזל מלובן. נבהל משה ושאל: למה אדם שהוא כל כך ענק בתורה מקבל מוות כל כך מר? ענה הקב״ה למשה: כשעלה העולם במחשבתי, רבי עקיבא כבר היה שם, וכך תכננתי את מותו.

פירוש הדבר, שהעולם כבר היה קיים בפוטנציאל או במחשבה, לפני שהוא נברא בפועַל. במחשבתו של הבורא, העולם תוכנן להיברא במידת הדין. אבל בפועַל, נברא היקום במידת החסד.

לצערנו, סוד התגים והכתרים שעל האותיות אבדו עם הזמן, בעיקר עם מותם של רבי עקיבא ו-24 אלף תלמידיו. ומאז אין לנו כמעט מושג אודותם.

הפסוק אומר; ״מה שהיה הוא שיהיה, ומה שנעשה הוא שיעשה ואין כל חדש תחת השמש״ (קהלת; א׳, ט׳). לנו זה מוכר בתור תחושה של דז׳ה וו - (בתרגום מצרפתית - כבר נראָה). ראית בעבר דבר מסוים, ופתאום אתה מתחיל להיזכר בכך בסיטואציה אחרת. זוהי תופעה, שבה אדם מרגיש כאילו התנסה כבר בעבר, במצב המתקיים בהווה.

דז׳ה וו, היא חוויה רגעית ובלתי צפויה. ועל אף שזוהי חוויה נפוצה, הידע עליה מועט יחסית. המונח דז׳ה וו נטבע על ידי החוקר הצרפתי אמיל בוליק, בספרו L'Avenir des. כשאדם מגיע למקום חדש, ומרגיש שהוא כבר היה באותו מקום. כאילו שבגלגול הקודם שלו, הוא חי באותו מקום. כאשר האדם נתקל באותו אירוע בחיי היום-יום, הוא מרגיש שהוא מכיר את הסיטואציה והיה

בה. דברים אלו הם כמובן רחוקים מהבנתנו, ויש בהם הרבה מן הנסתר. תופעה זו מוזכרת בספר הזוהר, בה מתוארת התופעה, כתהליך שעובר הבורא בקבלה של האדם את המציאות.

העולם נברא כתסריט, ואנחנו השחקנים בסרט. אז למעשה אנו חווים את מה שכבר היה אמור להיות. כאשר הקב"ה ייצר את האדם, הוא ביקש ממנו בקשה אחת: 'ראֵה איזה עולם יפה יצרתי, אז בבקשה שמור עליו'.

בני אנוש מפחדים מהעתיד, אבל מתלוננים על ההווה. טבע האדם לצפות לטוב, וזוהי התקווה שההצלחה תבוא בעתיד. הנשמה יודעת שהיא ירדה לעולם לעשות את עבודתה פה ועכשיו, והיא איננה מצפה לעתיד הקרוב. כי מלכתחילה עוד לפני שהיא ירדה לעולם, היא כבר ידעה את היעוד שלה בעולם הזה. וכן אמרו חז"ל; "על כורחך אתה נוצר ועל כורחך אתה נולד". (אבות; ב', כ"ב)

הנשמה לא בהכרח אוהבת העולם הזה כלל וכלל, אלא אדרבה מואסת בו. אם כן, וודאי לא היה בורא יתברך שמו בריאה, לתכלית שהוא נגד חוקה ונמאס ממנה. אלא בריאתו של האדם למצבו בעולם הבא היא, ועל כן נתנה בו נשמה זאת כי לה ראוי לעבוד, ובה יוכל האדם לקבל השכר במקומו וזמנו, שלא יהיה דבר נמאס אל נשמתו כעולם הזה, אלא אדרבה נאהב ונחמד ממנה.

אבל הגוף חושב שהוא פה בעולם החומרי, בכדי ליהנות מחופש. לכן טבע האדם הוא לא לרצות להתעורר ולצאת מהמיטה בבוקר, ולא לרצות לעבוד, ולא לרצות לתת מעצמו עזרה לזולת, שזה למעשה עיקר עניין מציאות האדם בעולם הזה. האדם נמצא פה, כדי לקיים מצוות ולעמוד בניסיון. והנאות העולם אין הם ראויים, אלא שיהיה לו לעזר ולסיוע בלבד, שיהיה לו נחת רוח ויישוב דעת, למען יוכל לפנות לבו אל עבודת הנשמה, להיות במקום של נתינה. העיקר הוא, "ואהבת לרעך כמוך" (ויקרא; י"ט, י"ז), כפי שמלמדת אותנו התורה.

לכן כשאדם נותן ליִצרו לנצח אותו, הוא מתחיל לחיות חיי שקר. והשקר הופך עם הזמן, לאמת. אך שקר תמיד מביא לעצבות ודיכאון. בשביל זה האדם תמיד מחפש דבר נוסף, שעובר את סף הריגוש שלו. כי השקר לא מסוגל לרגש אותם לטווח ארוך, ואז הוא מתחיל לחפש סף גירוי חדש. ואז הוא נופל להיות עצלן ומובטל, עם התפתחות גופנית ירודה, ופחות אמון בסובבים אותו, ופחות התעניינות בסביבה, שָרוּע הוא בדיכאון וגם התפתחותו הקוגניטיבית לוקה בחסר, רמת האינטליגנציה שלו יורדת לרמה נמוכה מהרמה הממוצעת באוכלוסייה, בלי שום ציפיות לעתיד, והוא חי רק את היום.

עתידו הקרוב של אדם כזה הוא, ליפול לדיכאון עמוק מאוד. מדוע? כי אבטלה סוגרת את הנשמה בגוף ללא תכלית וללא מטרה, ומתחילה המלחמה בין הנשמה לגוף. מכיוון שכוח המשיכה מושך את כל הגשמי למרכז כדור הארץ, וגם גוף האדם הוא חלק בלתי נפרד מהמשיכה המגנטית הזו, אז חייב להיות כוח מקביל שרוצה לרומם את גוף הנברא ולעמוד על רגליו.

מכיוון שלאדם יש חופש בחירה, בדרך כלל הוא ייתן לשלילי לנצחו, כי זו הבחירה הקלה יותר, מאשר להילחם על הטוב יותר. בעיניי בני אדם, הטוב זה משהו רחוק, והוא מצריך סבלנות רבה ועבודה קשה, ואין משהו שמבטיח שזה ישא פרי בסוף המסע. אז עדיף לו לאדם לא לטרוח ולא לעבוד, בזמן שהוא יכול לנוח עכשיו. מה שגורם לרוב בני אנוש לקבל את ההחלטה הגורלית הזו, מגיע ממקום פסיכולוגי מורכב ביותר.

היו מחקרים בפסיכולוגיה משנות ה-60, ה-80 וה-2000, שהעמידו ילדים בני גיל הרך ב"מבחן המרשמלו". זהו מבחן שפיתח וולטר מישל מאוניברסיטת סטנפורד. החוקר נותן לילד מרשמלו אחד, או עוגייה, או שוקולד ואמר לו: שאם הוא יתאפק ולא יאכל את המרשמלו עד שהחוקר יחזור, הוא יקבל שתי מרשמלו. לאחר מכן החוקר יצא מהחדר, וחזר לאחר כעשר דקות. רוב הילדים אכלו את מרשמלו, או השוקולד. רק כ-15 אחוזים מהילדים, לא אכלו את הממתק.

במבחנים שנערכו בשנות ה-2000, הילדים חיכו בממוצע שתי דקות יותר מילדי שנות ה-60, ודקה יותר מאלו שנבחנו בשנות ה-80.

ולטר מישל חזר אל אותם הילדים אחרי 12 שנה וגילה, שהילדים שהצליחו לחכות הרבה יותר זמן למרשמלו השני, היה להם יכולת שכלית וציונים יותר טובים בבית הספר. הם ידעו להתמודד מול לחצים, הרבה יותר טוב. הם גם היו יותר סתגלניים ואחראיים, ובעלי יכולת להשתלב בסביבה חדשה הרבה יותר בקלות.

מוח האדם עובד בסימולציה של עכשיו ומיד. הוא לא אוהב דחיית סיפוקים, כשזה מגיע לרצון של כייף או מנוחה. למרות שהמוח יותר מהיר ממכונית מרוצים, הבסיס של המוח הוא נוירונים. אלה הם תאי עצב שאחראים על העברה, על עיבוד, ועל שליחה של מידע. הם המפתח לזיכרונות, למחשבות, ולרגשות שלנו. הרקמות המקיפות את המוח מסוגלות לקלוט כאב. אך, אפילו גרם של אִי סבלנות או אִי נוחות, גורם למערכת העצבים להתחיל לפעול בחוסר מנוחה. הכאב, גורם למוח לראות את המטרה ואת העתיד, רחוק ובלתי נתפס. זה נכון לגבי כל התחומים בחיים - בעבודה, בספורט, בדיאטה, ובזוגיות.

<u>לדוגמא</u>; ספורטאים שרצים במרתון, יש להם את קו הסיום כמטרה בתמונה. הם לא מסתכלים על קו הסיום, אלא רק על הקילומטר הראשון, ואז על הקילומטר השני, וכן הלאה. הם רצים קילומטר, ועוד קילומטר, ועוד קילומטר. נניח שהם רוצים לעשות קילומטר ב-5 דקות. אז הם מתכננים את הקצב לפי ה-5 דקות לקילומטר. הדבר החשוב עבורם הוא, לא להיות עסוקים בהגעה למטרה הסופית. אלא, כל פעם יש להם יעד קטן אותו הם מדמים לעצמם, בכדי שלא לאבד את האנרגיה לאורך כל הריצה, וכך להגיע עד סוף המרוץ.

כך גם אנשי עסקים שבונים פרויקטים גדולים. בוויזין הגדול שלהם, יש את קו הסיום בזמן מסוים. אבל בתמונה הקטנה (במטרות הקטנות לאורך הדרך הארוכה), כל יום המטרה שלהם היא, לבנות לבֵנָה ועוד לבֵנָה.

בגמרא כתוב: שהחכם חייב להיות צייר. שאלו חכמים, רק הציירים הם חכמים? ענו להם: שהכוונה היא, לצייר (לדַמיֵין) במובן השכלי. מי שלא יכול לצייר לעצמו תמונה במוחו, לא יכול להבין את המדובר.

● ● ●

פרק 9

התורה היא הסיפור הכי רחוק מלהיות סיפור

בתורה כתוב; "כִּי תֵצֵא לַמִּלְחָמָה עַל אֹיְבֶךָ וְרָאִיתָ סוּס וָרֶכֶב עַם רַב מִמְּךָ לֹא תִירָא מֵהֶם כִּי יְהוָה אֱלֹהֶיךָ עִמָּךְ הַמַּעַלְךָ מֵאֶרֶץ מִצְרָיִם". (דברים; כ', א')

שאל פעם גוי את המפיק הסרטים היהודי, למה הוליווד שייכת ליהודים? ענה לו המפיק היהודי, בוא נחזור בזמן של תחילת הבריאה וספר התורה. שם כתוב את הסיפור הכי מדהים בעולם. לעומת זאת, הספרים של הגויים שהועתק ברובו מספר התורה של היהודים, הועתקו עִם שיבושים אשר משרתים את המעתיק, ובכל זאת, הספר המקורי עדיין הרבה יותר מרתק. אפילו הנוצרים שכבר קראו את תורתם, עדיין חוזרים וקוראים את המקור. אז למה היהודים שולטים בהוליווד? פשוט מאוד, כי הם יודעים לספר את הסיפור טוב יותר.

נאמר; "כִּי תֵצֵא לַמִּלְחָמָה עַל אֹיְבֶךָ". כי <u>תצא</u>, כתוב בלשון יחיד. לא כתוב כי <u>נצא</u> ברבים. מי יוצא למלחמה לבדו נגד כל אויביו?
ונאמר; "וְרָאִיתָ סוּס וָרֶכֶב עַם רַב מִמְּךָ לֹא תִירָא מֵהֶם". הם באים בהמוניהם. והתורה אומרת לך, אל תפחד מהם. "כִּי יְהוָה אֱלֹהֶיךָ עִמָּךְ הַמַּעַלְךָ מֵאֶרֶץ מִצְרָיִם".

אז אם אתה יוצא למלחמה, למה לבד? למה התורה מדברת פה בלשון יחיד? הרי כתוב; "כי תצא למלחמה", ולא כי תצאו למלחמה? מסתבר, שאמנם התורה נכתבה כסיפור מאוד מעניין, והיא מאוד רחוקה מלהיות סיפור כשלעצמו. הגמרא מספרת, שרבי מאיר אומר; "וכשבאתי אצל רבי ישמעאל אמר לי: בני, מה מלאכתך? אמרתי לו: לבלר אני. אמר לי: בני, הֱוֵי זהיר

במלאכתך, שמלאכתך מלאכת שמים היא, שמא אתה מחסר אות אחת או מְיַיתֵּר אות אחת, נמצאת מחריב את כל העולם כולו". (עירובין ; י"ג, א')

זה נראה, שחומרת החרבת העולם אינה רק בגלל שהספר פסול, אלא משום שהיא קלקול הענפים ביחס לשורש. וכיון שהתורה היא תכנית העולם, לכן מי שמקלקל את ספר התורה, פוגע בכל הקשר בין נשמת המציאות, לעולם.

בישיבה בבני ברק, קנו התלמידים מכשיר חשמלי לחמם את האוכל של שבת. כשניסו לחבר את כל חלקֵי המכשיר יחדיו, הסתכל ראש הישיבה שלהם מהצד וראה, שהתלמידים התקשו מאוד. אחד התלמידים מצא ופתח את ספר ההוראות, והסביר לתלמידים האחרים שלב אחר שלב, איך לחבר את המכשיר. אחרי שהם סיימו לחבֵּר, ניגש אליהם ראש הישיבה ואמר, אם למכשיר חשמלי קטן כזה יש ספר ההוראות, אז לבריאה נפלאה כמו עולמנו, לא יהיה ספר הוראות?

ספר התורה נקרא **תורה**, מלשון הוראה. הוא מהווה את הביטוי הגשמי של הברית שבין עם ישראל לאלוקים, ואת חוכמתו והנהגתו של הקב"ה. המילה תורה נגזרת מהשורש העיצורי יָרָה. שמשמעותה, הוראה או לימוד.

מהו הרמז שנותנת לנו התורה כאשר היא פותחת את הפרשה במילים ; "כי תצא למלחמה על אויבך"? התורה מרמזת לנו פה, על האויֵב האישי של כל בן אנוש. זהו היצר הרע, שכל אדם ואדם צריך להילחם בו.

אבל מה זה יצר הרע? המושג יצר בא מלשון "יצירה". לאדם ניתנה היכולת ליצור דברים חדשים. היכולת ליצור ניתנה רק לאדם, ולא לבעלי חיים. במילון, המונח "רע" מתפרש כדבר מזיק, מפריע, ושלילי. כך שאדם המשתמש בכוח יצירתו ליצור דברים לא טובים, זה מה שגורם לו ליפול מבחינה רוחנית. האדם יכול ללכת לטוב, או לרע. זאת הבחירה החופשית שלנו, ליצור משהו טוב, או ליצור משהו רע.

הגמרא במסכת סוכה מלמדת אותנו, שליצר הרע יש שבע שמות (רע, ערֵל, טמא, שונא, מכשול, אבן, צפוני). והם שבע צורות שונות שהוא משתמש בהם, בכדי לבלבל את מחשבותינו.

בתחילת הפרשה, אנו קוראים את פרשת **אישה יפת תואר**. שם מסופר על חייל יהודי שיוצא למלחמה והורג את האויב, ואז הוא לוקח את הבת היפה והבתולה של האויב ומגייר אותה בכפייה, והופך אותה לאשתו. זה המונח ההִלכתי לאישה מאויבי ישראל שנלקחה בשבי בעת מלחמה, וחייל מישראל חושק בה. באותה פרשה מופיע גם כן פרשת בן סורר ומורה. מה פירוש המילים **"סורר ומורה"**?

חז"ל הסבירו את זה כך; "כסורר על דברי אביו, ומורה על דברי אמו. סורר על דברי תורה, ומורה על דברי הנביאים. סורר על דברי עדים, ומורה על דברי דיינים". במילים אחרות, הבן סורר ומורה איננו נשלט בידי סמכות כלשהי, לא של הוריו, לא של מערכת המשפט, ולא של סמכויות תורניות. זהו אדם חסר שליטה ומסוכן לציבור. היום אנחנו מכירים את אותם בני אדם כחולי נפש, כגון אלה עִם: סכיזופרניה, חרדות, פחדים, והפרעות אישיות.

עוד מוסיפים חז"ל על הפסוק; "אַל תְּהִי בְסֹבְאֵי יָיִן, בְּזֹלְלֵי בָשָׂר לָמוֹ" (משלי; כ"ג, ב'), סובֵא הכוונה היא, שחטאו מתבטא בהפרזה בשתיית יין לשכרה. כיום זה מוכָּר לנו, כנרקומן אגרסיבי. ניתן לאשפז אדם בניגוד לרצונו עקב מחלתו הנפשית, או אם הוא נרקומן מתמכר והוא מסוכן לעצמו או לציבור. בעלי התוספות בתחילת פרשת כי תצא מביאים לדוגמא את אבשלום בנו של דוד המלך.

אַבְשָׁלוֹם היה בנו השלישי של דוד המלך. סיפורו מסופר בספר שמואל ב' על אמו ששמה מעכה, שנולדה בממלכה קטנה בגולן. אבשלום נולד בחברון בתחילת מלכות דוד ביהודה, והוא מתואר כגבר יפה תואר, חכם, וערמומי. כשדוד המלך נשא את מעכה בת תלמי מלך גְשוּר, בזאת המלחמה היא הייתה האישה יפת תואר שדוד לקח עבורו, וממנה נולד אבשלום, שביקש להרוג את אביו דוד.

סיפור חייו ומותו של אבשלום, עורר עניין ומחלוקת בקרב חוקרי המקרא. מערכת היחסים המורכבת והאינטנסיבית של אבשלום עם אביו דוד, הפכה את אבשלום לסמל לבן סורר שבא על עונשו, ששכב עם אשת אביו, ועל ידו נהרגו רבבות מישראל.

בספר פרשנות המקרא "מצודת דוד" של רבי דוד אלטשולר הוא כותב; "מעכה בת מלך גשור הייתה יפת תואר, ולקחה דוד במלחמה, ובא עליה קודם שהתגיירה, והתעברה וילדה את תמר, ואת אבשלום ילדה לאחר שהתגיירה".

מדרש תנחומא נוקט גישה מרחיבה ואומר: "שכן מצינו בדוד, על שחמד את מעכה בת תלמי מלך גשור בצאתו למלחמה, יצא ממנו אבשלום שביקש להרוג אותו, ושכב עם נשיו לעיני כל ישראל ולעיני השמש, ועל ידו נהרגו כמה רבבות מישראל, ועשה מחלוקת בישראל, ונהרג שמעי בן גרא ושבע בן בכרי, ואחיתופל, ומפיבושת, ואיש בושת, והשליט ציבא על כל בית שאול".

זה מלמד אותנו, שבן שנולד מאשה אשר לקח מאויביו, יביא רק צרות על בני הבית. אבל זה גם מלמד אותנו, שהיצר הרע, השטן, עובד בתחבולות ובצורה מתוחכמת ביותר, שלאדם הפשוט יהיה מאוד קל ליפול למלכודת שלו. מכיוון, שהיצר הרע לא יבוא אל האדם בצורה שהוא ידחה אותו. הוא לא יבוא לפניו כאדם עני ומלוכלך. ההיפך הוא הנכון. הוא יבוא אל האדם כדמות אישה יפת תואר ויפַת מראה, או כגבר יפה תואר לבת ישראל.

אנו חיים בעולם של זמן, והמומחה הכי גדול בלוח זמני ישראל הוא השטן בכבודו ובעצמו. למדנו זאת ממגילת אסתר. כתוב במגילה על המן הרשע, שידע בדיוק את זמנֵי היהודים, ולפיכך בחר את חודש אדר להשמיד את היהודים. מכיוון שהמן ידע שמשה רבינו מת בחודש אדר, אז הוא היה בטוח שזה חודש רע לעם ישראל. הטעות שלו הייתה, שמשה גם נולד בחודש אדר.

בגמרא אנו לומדים, שהנחש מזיק בלשונו ובדיבורו. גם כאשר ניטל ממנו כושר הדיבור בחט אדם וחוה, הוא עדיין ממשיך להרע בלשונו ובארסו, והורג את

קורבנותיו. וכך כתוב; "אם ישך הנחש בלוא לחש ואין יתרון לבעל הלשון".
(קהלת; י', י"א)

כשם שאין הנחש נושך מבלי ללחוש, וזו פעולה שהוא עושה בלשונו ובעזרתה הוא מכשף ומשתק את קרבנו, כך גם ברור לכל בעל לשון (אדם) שכוחו בפיו, שיש עוצמה רבה ביכולת שלו להרע, והיא שווה בהשפעתה לנשיכת הנחש.
השטן עובד מבריאת העולם ועד המן צורר היהודים (שהוא השטן בעצמו), וכמובן שהוא עדיין עובד עד היום הזה. השטן בעצמו הוא המומחה הגדול בנומרולוגיה. ואיך הוא עושה את עבודתו בהצלחה רבה?

השטן הוא השותף האישי של כל אדם ואדם, והוא חי עם האדם יוֹמָם ולילה. אפילו כשהאדם ישן, השותף האישי הזה עֵר, וּמתכנן את הצעד הבא לפי תאריך הלידה של האדם. הוא מחשב את כל המצבים החיובים.

כתוב, שבראש השנה באים כל מלאכי עולם לפני הקב"ה, וגם השטן. למה גם השטן? כי הוא בא עם כל סיפורי ההצלחה שלו על איך שהוא הצליח להכשיל את הבן אנוש, ועכשיו הוא יכול לבוא ולקטרג על האדם. כך הוא עובד בתחבולות.

כשמגיע זמן זיווגה של בת ישראל, בא אליה השטן בתור בחור גוי יפה תואר ומבלבל את יצריה, וגורם לה לשאול את עצמה מה ההבדל בין בחור יהודי לבחור גוי? הרי כולנו באנו מאותו מקום? וכולנו הולכים לאותו מקום, אז מה זה כל השטויות האלה?

או שהיא חושבת לעצמה, אולי הבחור הזה יתגייר בשבילי? או שהיא חושבת לעצמה, שבמקרה הכי גרוע, הרי אני יהודייה, אז הילדים שלי בכל מקרה יהיו יהודים. אז מהי הבעיה?

ישנם ארגונים בישראל כמו האתר 'הידָבְרוּת', שעושים עבודת קודש להחזיר את הבנות ממקומות כאלה, בהן עוברות התעללות פיזית ונפשית קשה ביותר.

אבל גם במקרים פחות גרועים, כשהן חוזרות להתעורר, השטן כבר סיים את עבודתו בהצלחה רבה, כאשר הוא עקר את נשמתה מישראל, ושיבש את עתידה הטוב לעתיד להתגלגל שוב באותו אתגר.
כמו כן, אם השטן הצליח לגרום לבת ישראל להתאהב בבחור יפה תואר אפילו רק לתקופה קצרה של חודשים בודדים, הוא עדיין הצליח לשבש לה את תאריך החתונה בכמה שנים, מכיוון שאם היא אמורה להתחתן בשנה זו והשטן שיבש לה את התאריך, אז הזמן הבא שלה לחתונתה יהיה רק עוד שנתיים עד תשע שנים, לפי חוקי הנומרולוגיה.

וכך גם לבן ישראל שאמור להתחתן, יבוא השטן בסימני תחבולות שקשה להבחין בהם בעין הפשוטה. לשם כך בא הפסוק ללמד אותנו; "כי תצא למלחמה" האישית שלך נגד השטן עם שבע השמות והפרצופים של היופי הבלתי רגיל, והחלומות של העולם הוורוד וכל היופי הזה, עליך לדעת, שזה רק כאן ועכשיו. זאת מלכודת. והתורה מזהירה אותנו תמיד, להישמע לנשמה דרך תחושת הבטן.

בתאריכים לפי הנומרולוגיה, רואים את הזמנים שיש לכל אדם ואדם. תאריך של זיווגים, של לידות, של מעברי דירה, של נסיעות למרחקים, ושל כל מצב בחיי האדם. זה ממש מפליא, כמה שהשטן יודע איך להפיל את הקורבן בקלות. אבל בואו לא נשכח, שתמיד קיים המושג כוח נגד כוח. זהו כוח פרופורציונלי בין הטוב והרע. זאת אומרת, שאם יש לשטן את הכלים להחריב, אז לנו יש את הכלים לבנות. והם תמיד אותם הכלים.

יש סיפור בתלמוד בבלי: (קידושין; כ"ט, ב')
על רב אחא ששלח את בנו ללמוד בבית המדרש, שבראשו עמד החכם אבַּיֵי. בבית המדרש של אביי היה שד מזיק, שהפריע לתלמידי החכמים ללמוד. אחרי זמן מה, הבחין רב אחא שבנו אינו עילוי בתורה, והבין שכישוריו שלו האבא גדולים יותר משל בנו. החליט רב אחא, שבנו יישאר בבית לפרנס את המשפחה, והוא עצמו יילך ללמוד בבית המדרש. ראש הישיבה אביי שמח מאוד כשנודע לו על בואו של רב אחא, והוא החליט לנצל את צדיקותו וחסידותו של רב אחא,

כדי להשמיד את השד הנורא המזיק לתלמידי חכמים הנכנסים בזוגות לבית המדרש. כי אסור להיכנס לבד למקום שידוע שיש בו שדים, ששימשו מאז ומעולם ביטוי לפחד האנושי מפני העל טבעי, ובצווארם נתלתה אשמת כל רע. גם כאשר היו נכנסים לבית המדרש בזוגות, אפילו ביום, היו ניזקים. מה עשה אביי? אמר לכל אנשי העיר, שלא יספקו אירוח לינה לרב אחא. בכדי שהוא ייאלץ לישון בבית המדרש, וכך הוא יפגוש בשד ויהרוג אותו, כיוון שרב אחא בר יעקב היה צדיק גדול, אפשר שיתרחש נס על ידו ויהרוג את המזיק. כיוון שלא מצא רב אחא בר יעקב מקום ללון, ישן רב אחא בבית המדרש. השד הופיע בדמות תנין עם שבעה ראשים. פתח רב אחא בר יעקב בתפילה, ועם כל כריעה שכרע בתפילה, נפל ראש אחד של המזיק. רב אחא התפלל: "עלינו לשבח לאדון הכל לתת גדולה ליוצר בראשית... ואנחנו קוראים ומשתחווים". רב אחא כרע והשתחווה, למות השד. כל כריעה שרב אחא כרע, נכרת ראש אחד מראשו של השד בעל שבעה ראשים, עד שהרגו לגמרי. למחרת כשפגש רב אחא את ראש הישיבה אביי, שאל אותו אביי, איך התרחש הנס שבו מת השד? אמר לו רב אחא, התפללתי תפילת "עלינו לשבח".

ולמה תפילת עלינו לשבח?

זה מחזיר אותנו בחזרה לנחש שאמר לחוה, שהיא ואדם יהיו כמו אלוהים כשהם יאכלו מעץ הדעת. הנחש אף פעם לא השתחווה לפני הבורא. מכאן למדנו את מידת הכניעה, שעלינו להיות כנועים לבורא, ולא לעמוד זקוף ככפויי טובה כמו הנחש. אז בזה שאנחנו משתחווים, אנו שוברים את מידת הנחש שהיא מידת השטן, ובכך אנחנו מנצחים את השטן.

את התפילה "עלינו לשבח לאדון הכל לתת גדולה ליוצר בראשית... ואנחנו קוראים ומשתחווים ומודים לפני מלך מלאכי המלכים הקדוש ברוך הוא", כתב יהושע בן-נון אחרי שהוא כבש את יריחו, שהייתה העיר הראשונה שנכבשה על ידו. יהושע גילה, שאין כוח בעולם שיכול לעשות כל שהיא פעולה בלי כוח עליון. הוא נוכח לדעת, שהצורה היחידה לכבוש את יריחו שהייתה מוקפת חומה (ואין שום כוח אדם בזמנו שיכל למוטט את החומה), תהיה באמצעות הקפת החומה כל יום, פעם אחת עם תקיעה אחת בשופר, במשך

שבעה ימים. ביום השביעי (שבת), הקיף יהושע שבעה פעמים את החומה ותקע בשופרות שבעה פעמים, ואז נפלה החומה.

את יריחו נתן יהושע לקדוש ברוך הוא כפדיון, כעיר שאף פעם לא תהיה שייכת לבני אדם, אלא רק לבורא. כמו כל דבר ראשון ששייך קודם כל לבורא, ורק אז לבני אדם. אז כתב יהושע את תפילת "עלינו לשבח לאדון הכול".

הנומרולוגיה הקבלית היא כלי למציאת התאמה זוגית, בנומרולוגיה הקבלית אנו עורכים את מפת הֶרכֵּבים, בכדי לראות מה קורה בהווה או מה יקרה בעתיד, כששני מספרים מסויימים, ירצו לקיים קשר זוגי ומשפחתי ביחד.

בודקים, אלו אנרגיות מביאים שני מספרים אלה לזוגיות, בכדי לחיות ביחד. אנו בודקים בצורה מעמיקה את התאמה הזוגית לפי שתי המפות זו על גבי זו, בכדי לבדוק מהי מידת ההתאמה ביניהן, בקשר הזוגי והמשפחתי.

אם האנרגיות שמביאים שני מספרים אינם מתאימים, יהיו לבני הזוג מערכות יחסים שיהיה להם קשה להגשים שם את חלומותיהם ושאיפותיהם. קשר זה יביא שיעורים בחיים, שהם יעדיפו שלא לעבור אותם. זה למעשה, תיקון לא קל.

שני התחומים המרכזיים אותם נרצה לבדוק בהתאמות מסוג זה, הוא **הכישרונות**, ומספר **הגורל**.
בשלב ראשון, אנחנו הופכים את אותיות שמו של האדם למספרים (גימטרייה).
אנו יודעים, שבורא העולם ברא את כל העולם כולו ב-22 האותיות העבריות.
לכל אות מאותיות א', ב', יש ערך מספרי (נומרולוגי).

כשם שעצם עניינם של האותיות הוא להצטרף לאותיות נוספות וליצור מילים שהם כלי להביע מושגים, רעיונות, מֶסר, ומשמעויות הבריאה, כך גם הערך המספרי הנקרא בעברית ובארמית **גימטרייה** וביוונית **נומרולוגיה**, הוא דרך לקבל רעיונות ומושגים פשוטים או מיסטיים, שעוזרים לאדם בתחומים רבים.

מהי בעצם גימטרייה?

גימטרייה היא שיטת מִספּור, המבוססת על חשבון האותיות לפי ערכיהן. לכל אות יש ערך מספרי שונה, ובצירוף אותיות, מילים, ומשפטים, מתקבלת תוצאה מספרית מסוימת. חז״ל מצאו בגימטרייה מקור לדרשות ופירושים בפסוקי התורה, על פי הערך המספרי של המילים או של האותיות. אנו משתמשים בטבלת האותיות לפי סדר האותיות א׳ ב׳, כך ;

א = 1	י = 10	ק = 100
ב = 2	כ = 20	ר = 200
ג = 3	ל = 30	ש = 300
ד = 4	מ = 40	ת = 400
ה = 5	נ = 50	ך = 500
ו = 6	ס = 60	ם = 600
ז = 7	ע = 70	ן = 700
ח = 8	פ = 80	ף = 800
ט = 9	צ = 90	ץ = 900

שיטת מספור על פי אותיות שמו הפרטי של האדם נעשית בדרך של גימטרייה קטנה, לפי הטבלה הנ״ל. גימטרייה קטנה פירושו - שאנו מצמצמים את המספר הסופי של השם, למספר חד ספרתי. כך גם לגבֵּיי תאריך הלידה.
לוקחים את שמו הפרטי של הגבר, ואת שמה הפרטי של האישה, או את תאריך הלידה של הגבר ואת תאריך הלידה של האישה, ואז בודקים את מידת ההתאמה.

יש 5 רמות של התאמה בין המספרים :

(1) **גרוע מאוד**. (2) **גרוע**. (3) **סביר**. (4) **טוב**. (5) **מצויין**.

להלן רשימת התאמות המספרים להתאמה זוגית.

המספרים 1-1 ; זוגיות טובה.

המספרים 1-2 ; זוגיות מצויין.

המספרים 1-3 ; זוגיות טובה.

המספרים 1-4 ; זוגיות גרועה מאוד.

המספרים 1-5 ; זוגיות גרועה.

המספרים 1-6 ; זוגיות טובה.

המספרים 1-7 ; זוגיות גרועה.

המספרים 1-8 ; זוגיות בעייתית. (צריך נתונים נוספים של השמות ושם האימא בכדי לאמת סופית את המצב ביניהם).

המספרים 1-9 ; זוגיות מצויינת.

המספרים 2-2 ; זוגיות מצויינת.

המספרים 2-3 ; זוגיות טובה.

המספרים 2-4 ; זוגיות טובה.

המספרים 2-5 ; זוגיות גרועה מאד.

המספרים 2-6 ; זוגיות טובה.

המספרים 2-7 ; זוגיות טובה.

המספרים 2-8 ; זוגיות טובה.

המספרים 2-9 ; זוגיות מצויינת.

המספרים 3-3 ; זוגיות גרועה.

המספרים 3-4 ; זוגיות סבירה.

המספרים 3-5 ; זוגיות סבירה.

המספרים 3-6 ; זוגיות טובה.

המספרים 3-7 ; זוגיות טובה.

המספרים 3-8 ; זוגיות סבירה.

המספרים 3-9 ; זוגיות מצויינת.

המספרים 4-4 ; זוגיות סבירה.

המספרים 4-5 ; זוגיות סבירה.

המספרים 4-6 ; זוגיות טובה.

המספרים 4-7 ; זוגיות מצויינת.

המספרים 4-8 ; זוגיות טובה.

המספרים 4-9 ; זוגיות טובה.

המספרים 5-5 ; זוגיות גרועה.

המספרים 5-6 ; זוגיות טובה.

המספרים 5-7 ; זוגיות גרועה.

המספרים 5-8 ; זוגיות מצוינת.

המספרים 5-9 ; זוגיות טובה.

המספרים 6-6 : זוגיות מצויינת.

המספרים 6-7 ; זוגיות גרועה.

המספרים 6-8 ; זוגיות טובה.

המספרים 6-9 ; זוגיות מצויינת.

המספרים 7-7 ; זוגיות מצויינת.

המספרים 7-8 ; זוגיות טובה.

המספרים 7-9 ; זוגיות מצויינת.

המספרים 8-8 ; זוגיות בעייתית. (צריך לבדוק את כל הנתונים)

המספרים 8-9 ; זוגיות טובה.

המספרים 9-9 ; זוגיות מצויינת.

פרק 10

העין הראשונה

האם יש בורא לעולם?
זו השאלה האהובה, על כל מי שאין לו אמונה.
הדבר המצחיק הוא, שלהאמין שאין בורא לעולם, זה גם סוג של אמונה.
ואם יש בורא, אז מדוע הוא כל כך אכזר?

כולנו עוברים אתגרים לא נעימים, מפני שהעולם הוא לא גן עדן ורק אהבה. כל מה שאנו מבקשים או רוצים לעצמנו, יבוא בהכרח בקלות? ממש לא!!
מחד, טבע האדם הוא שהוא חושב שהוא החכם מכל, מרגיש חסין, וחושב שהוא פה לנצח, עד שהוא נפגש עם הבעיה שהוא לא מוצא לה פתרון. הבעיות שהאדם נתקל בהם הם; במשפטים, בזוגיות, בעבודה, ובמיוחד בתחום הבריאות, ואז הוא מרים ידיים.

מאידך, תמיד לימדו אותנו לפחד מאלוהים, וזה שיבש את יחסֵינו לבורא. כשאדם לומד למגיע למצב שהוא לא מפחד, אלא מכיר באלוהים ומכבד אותו ומבין את כוחו, רק אז הוא מגיע למצב שהוא חייב להסתכל מעבר למה שהעין הגשמית רואה, ונותן מקום למה שמכונה "העין השלישית" שהיא למעשה העין הראשונה, ממנה צפינו עוד כשהיינו עוברים בבטן אִמֵנוּ.

בגמרא מיוחס לעין השלישית - השם **נֵר**. הוא מונח (באופן אלגורי כמובן) על ראש העובָּר, ומשם הוא צופה מסוף העולם ועד סופו. היום בזמן שיש לנו את הטכנולוגיה של האולטרה-סאונד, אנו יכולים לראות בבירור שאין שום נר על ראש העובָּר. אז לְמה בדיוק מתכוונת הגמרא כשהיא אומרת, שיש נר על ראשו של התינוק במעי אימו?

שמעתי פעם בטלוויזיה את השחקן ג'ון פורסיד מספֵּר, שהיו לו חיים די טובים. הוא הצליח להשיג את רוב היעדים והשאיפות שלו בחייו. שאל אותו המנחֶה, "האם אתה אומר שלא היו לך שום בעיות בחיים"? ענה ג'ון למנחֶה, שיש רק אדם אחד שהוא מכיר שאין לו בעיות בחיים. וזה אותו אדם שהוא לא מכיר!

אם יבוא אדם בפניכם שרוצה להציג רכב מיוחד ביותר ומה שהכי מהמם ברכב הזה הוא, שהרכב הזה בנה ויצר את עצמו, והרכיב בעצמו את כל הברגים באופן אוטומטי לבד. יתרה מכך, הברגים באו משום מקום, וכל שאר החלקים גם יצרו את עצמם ובאו לרכב המיוחד הזה, כדי להיות חלק בלתי נפרד ממנו.

עכשיו אני רוצה לשאול אותך שאלה, עם כל הנתונים הללו שהבעתי בפניך, כמה זה ייקח לך הקורא לאשפז את האדם ההזוי הזה במחלקה לחולי נפש? כמובן ששום רכב לא יכול ליצור את עצמו, ולחבר לעצמו את כל הברגים והחלקים יחדיו. זאת אומרת, שלא יכול להיות נוצָר ללא יוצֵר, או נברא בלי בורא!

אם היקום ברא את עצמו לבד במפץ הגדול, אז מי מוסיף עצים למדורה הבלתי פוסקת של השמש? לפי מחקרים מדעיים, בשמש מתפוצצת כל יום כמות של 70 פצצות אטום. ואם העולם קיים מיליוני שנים, זאת אומרת שעד היום התפוצצו 2.5 טריליון פצצות אטום על השמש. לכאורה, השמש הייתה אמורה להתפוצץ לגמרי ולהיעלם או להיכבות. איך היא עדיין קיימת ונמצאת? והאם שמעתם על פצצה שלא מפסיקה להתפוצץ? כי זה בדיוק מה שהשמש עושה! זאת אומרת, שהשמש חייבת להמציא את עצמה כל פעם מחדש.

כל בוקר, מיליוני ילדים הולכים לבית הספר. כולנו היינו ילדים, וכולנו אמרנו שאנו שונאים ללכת לבית הספר. אז למה אימא ואבא שכבר היו בבית הספר כילדים, הם כל כך אכזריים לילדיהם ומקימים את הילד בשעה כל כך מוקדמת ודוחפים אותו למהֵר לכיתה, שהילד לא ממש בהכרח אוהב להיות בה?

הסיבה היא, שאנו כמבוגרים מבינים, שאם הילד לא יסיים את הלמודים, הוא לא יעלה כיתה. ואם הוא לא יעלה כיתה, הוא לא יסיים תיכון ולא אוניברסיטה. ואם הוא לא יוכל לקבל תואר מהאוניברסיטה, הוא לא יוכל להיות רופא, עורך דין, טייס, וכו'.

העולם שאנו חיים בו, זהו האוניברסיטה של הנשמה. לכן החיים מלאים באתגרים, שמתחלפים באתגרים שונים כל הזמן (כל הזמן יש בעיות חדשות שעלינו לפתור). בשפתנו זה נקרא "לעלות כיתה". גוף האדם משול לכיסא בכיתה. אנו חייבים לשמור על הכיסא הזה, כי בבית ספר הזה לא מחליפים כיסאות, עד לסיום הלמודים.

ישנו פתגם האומר; "היצירה מעידה על יוצרה". התבוננו סביבכם, ועל פי טיב היצירה, הָסיקו על היוצר. הגאווה, היא מקור לאי אמון. אמרו חז"ל: "קול הנחש הולך עד סוף העולם, וזה סוד הלידה של השכִינה להוליד נשמות, והוא נעשה על ידי הנחש. והאור הקדוש עושה שליחותו, אפילו על ידי הנחש".

והביאור בזה הוא, שהנחש הוא הקליפה הגדולה ביותר. זוהי קליפת הגאווה, שבגללו חטאו אדם וחוה בחטא עץ הדעת. חטא זה גרם, שהתערבבה באדם הגאווה, שמרחיקה ממנו את האור העליון. והאדם צריך בגלל זה לרדת לגלות (לעולם החומרי) ולצעוק צעקה אמיתית, שהוא אינו מסוגל לעשות מאומה. זה סוד העניין, שהנחש קולו הולך עד סוף העולם. לרמוז, שהתיקון של הגאווה (הנחש) הוא, הצעקה העמוקה עד סוף העולם, השוברת גופו של אדם.

כשהנחש (הגאווה, התאוות, היצר-הרע) מוליך את עצמו לקדושה, הוא נהיה משיח. כי משיח בגימטרייה נחש. בתיקון הקליפה הגדולה, זוכים לגאולה ולסוד משיח. ואז נעשה הנחש, השמָש הכי חשוב של האדם. כי כפי שהוא גרם לו את החטא הכי גדול, כך הוא יגרום לו את המצווה הכי גדולה. והכלל ידוע, שהיכן שיש קליפה וטומאה גדולה, שם יש את האור הגדול.

לכל אחד מאיתנו יש קושי מסוים ברוחניות או בנפש, ושם גנוזה ההצלחה גדולה. ועל ידי הצעקה הפנימית מעומק הלב, מבינים שאנו נבראים של האור הקדוש ככתוב; "הוא עשנו ולו אנחנו", וכן שאנו כחומר ביד היוצר. ובזה אנו נושאים חן בעיניו של האור הקדוש. כי האדם הגאוותן אינו מודה בדבר, והוא מלא מאוד בעצמו. וכתוצאה מכך, הוא טועה לחשוב שהוא חזק.

וורן באפט הוא אֵיל הון אמריקאי המתמחה בהשקעות, ונחשב למשקיע הפרטי הגדול ביותר בעולם, והוא האיש העשיר בעולם בתחילת שנות האלפיים. הונו האישי נאמד במעל 100 מיליארד דולר.

אחד הדברים שהוא אוהב לעשות, זה ללמֵד. אז כדרכו בקודש, הוא הִרצה בבית ספר יסודי בפני ילדים ושאל אותם: "אם אני נותן לכם במתנה רכב, ויש לכם את הבחירה לבחור איזה רכב שאתם רוצים, ובאיזה צבע שאתם רוצים, ובאיזה מחיר שאתם רוצים, זה יכול להיות פרארי, או למבורגיני ששווה מיליון דולר, מה שאתם רוצים אני קונה לכם, אבל בתנאי אחד! זה יהיה הרכב היחיד שלכם לכל החיים. זאת אומרת, שמהיום ועד יומכם האחרון, לא יהיה לכם רכב אחר. אז השאלה שלי אליכם היא, איך תשמרו על הרכב הזה? בזלזול? בדייקנות? בקנאות? כמובן שאתם תשמרו עליו בדייקנות וקנאות גדולה ביותר"!

אם כן, עליך להבין שהרכב הזה משול לגוף שלכם. הגוף הוא הרכב של הנשמה שלך. אז בבקשה תשמור על עצמך. כמו שאומר הפסוק; "וְנִשְׁמַרְתֶּם מְאֹד לנפשותיכם". (דברים; ד', ט"ו)

ביום בהיר אחד, ילדה יפהפייה בת 11 נכנסה לחיי בסערת רגשות, ושינתה את מחשבתי לנצח. אנו כבני אדם, שוכחים כל יום מאיפה באנו ולאן אנו הולכים. בכל שנה ביום הכיפורים, רוב העם ישראל מתכנס בבתי הכנסת, ומבקש מבורא עולם לחדש את החוזה שלנו, לעוד שנה לחיים.

התפילה במחזורים כתובה בצורה מעניינת ביותר. בתחילת התפילה, במיוחד בתפילת העמידה, אנחנו מבקשים חיים. אנו אומרים לאלוהים, בבקשה בורא

עולם, תן לנו רק עוד שנה של חיים. אחרי שסיימנו לבקש חיים, אנו מבקשים חיים טובים. ואחרי שסיימנו לבקש חיים טובים, אנו מבקשים חיים של פרנסה בשפע. ואז אנחנו מבקשים חיים של אושר, ואנו מבקשים חיים של שמחה, ואנו מבקשים חיים שכל משאלות ליבנו יתגשמו.

הרב רוזנבלום תיאר זאת בצורה מדהימה. הוא סיפר זאת בתור סיפור על איש שדפק בדלת של אדם עשיר, וביקש ממנו מלח. העשיר היה מופתע מהבקשה המשונה, וענה בחיוב לבקשה. הוא ניגש למטבח והביא לו מלח. לקח האיש את המלח ואמר לעשיר, מה אני אמור לעשות עם המלח? ענה לו בעל הבית, זה מה שביקשת וזה מה שקיבלת. אמר האיש לבעל הבית, כן! אבל רציתי לשים את זה על איזה עגבנייה או מלפפון, אז אם יש ברשותך עגבנייה או מלפפון, בבקשה אני אשמח לקבל. ענה לו העשיר, בוודאי! ונתן לו עגבנייה.
לקח האיש את העגבנייה ושאל את בעל הבית, אתה מצפה שאני יאכל עגבנייה עם מלח? אולי יש ברשותך גם לחמנייה או לחם, שאני אוכל לשים את העגבנייה עליו?
ענה לו בעל הבית, כמובן! הוא ניגש למטבח, והוציא לו לחמנייה. אמר לו האיש, אם כבר הבאת עבורי לחמנייה, למה שלא תשים בזה גם נקניק, או ביצה, או ממרח? כי לאכול את הלחם רק עם עגבנייה ומלח זה ממש לא טעים, אז בבקשה תכין לי סנדוויץ' שלם.

בני אדם לרוב, אף פעם לא מרוצים בחייהם. הם תמיד שואפים ונלחמים עבור עוד ועוד. אבל רק אחדים בודדים מצליחים לממש את הפסוק; "איזה הוא העשיר, השמח בחלקו". (פרקי אבות; ד', א')
ולמה זה כך?
מכיוון שכולם נמצאים בסוג של תחרות עם השכנים, וכולם מנסים להיות הכי טובים. לרוב זה קורה לאנשים, שאיבדו את מצפונם. אז הם מחפשים לגור במקום היוקרתי ביותר, בבית היוקרתי ביותר, ולרכוש את הרכב היוקרתי ביותר. ואם זה קשור לילדיהם: אז שילדיהם ילמדו בבתי ספר היוקרתי ביותר, ושהילד יהיה הילד החכם ביותר, ושיקבל את הקורסים היוקרתיים ביותר.

מצב זה מתרחש, כשהנפש ריקה וכואבת. כשהחיים של האדם כל כך מרים, האדם בורח מעצמו. כותב רבי הלל צייטלין שהיה אחד מבחירי האומה בפולין, בפתיחת המאמרים שלו על ספר הזוהר בספרו 'בפרדס החסידות והקבלה'. "בני החבריא הם אלה אשר 'ידי חשוכא מהפכין לנהורא ומרירו למתיקו', הופכים את החושך לאור ואת המר למתוק. הם לוקחים את היסודות הגשמיים של המציאות, ובאמצעות תהליך תודעתי פנימי הופכים אותם לתופעה עמוקה של אור מתוק וגדול".

דרך אגב, רבי הלל צייטלין לא כתב את זה בזמן שהוא ישב בבית מדרש עם כוס קפה ביד. הוא כתב זאת, בזמן שהוא יצא לקראת המרצחים הנאצים. בזה הוא קידש את השם בפולין, בערב ראש השנה תש"ג כשהוא עטוף בטליתו ומוכתר בתפילין, וכשבידו ספר הזוהר בו הגה כל ימיו.

זה טוב ויפה, ומאוד בריא, להיות עשיר ושמח בחלקך. זה בא באהבה כשאנו זוכרים להעריך את המתנות שקיבלנו מאלוהים ומהיקום. אבל לרוב אנחנו שוכחים מהיכן באנו, ושוכחים את הדברים הקטנים ביותר. אנו שוכחים להודות לאלוהים או ליקום על הילדים שקיבלנו, על הפרנסה שיש לנו, ולא מעריכים את המתנה שיושבת ממולם וגם בתוכם, שזו הבריאות הפיזית והנפשית.

יש פתגם שאומר: אם אתה בריא, כבר אתה עשיר!

למה נשמה שיורדת לעולם בוחרת להיות אדם חולה? כי נשמה חולה או נשמה ענייה, מעניקה הזדמנות לנשמה אחרת, לעזור לה באין סוף דרכים וחוויות עם מעשים טובים, כדי לעשות טוב ולהטיב עם הבריות. כפי שאמר רופא אחד, "רוב בני האדם הורסים את הבריאות שלהם, כדי להרוויח מיליון דולר. ואז הם מבזבזים את המיליון דולר, כדי לקנות את הבריאות שלהם בחזרה".

כל זה קורה, בגלל שהאדם חושב שהוא עומד לחיות לנצח, ושוכח לרגע שהוא פה לזמן מוגבל. האדם חייב לנצל את זמן חיותו לעבודה רוחנית של הנשמה, שהיא לרוב הגשמת חלומות - בצורה של אהבה ונתינה לזולת. מאותה הסיבה יבחר אדם להיות עני, כי מתוך העניות הציבה לה הנשמה אתגר חדש, ללמוד איך להיות עשיר (חלום חדש עבורה).

בזמן זה שאני כותב את הספר, הילדה היפהפייה בת 11 עדיין מאושפזת בבית החולים. היא מחוברת עם צינורות למכונה, שמחזיקה אותה בחיים. זו מכונה שמחליפה את הלב של הילדה. ברגע שפגשתי את הנסיכה הקטנה הזו ששמה מיכל הקטנה, הבנתי שאין לי שום בעיות בחיים.

כמובן שאין דבר כזה להיות בלי בעיות, ואין כזה דבר לחיות ללא אתגרים בחיים. אבל היום אני מבין, שכל האתגרים הם ממש לא בעייתיים. החיים הם העתק הדבק. ברגע שהאדם לומד להעריך את מה שיש לו, הוא לומד איך להכפיל את הטוב שיש לו, או להיפך.

איך עושים זאת?

בספר ההיכלות כתוב; "אמר רבי ישמעאל.... אמר לי מטטרון מלאך שר הפנים... באותה שעה הוסיף לי הקב"ה חכמה על חכמה, בינה על בינה, עָרמה על עָרמה, דעת על דעת, רחמים על רחמים, תורה על תורה, אהבה על אהבה, חסד על חסד, חמדה על חמדה, ענוָה על ענוָה, גבורה על גבורה, כח על כח, חַיִל על חַיִל, זוהר על זוהר, יופי תואר על יופי תואר, ונתכבדתי ונתפארתי בכל מדות טובות ומשובחות הללו יותר מכל בני מרוֹמים".

זאת אומרת, שהקדוש ברוך הוא הכפיל את הטוב (למטטרון), בכך, שהוא הוסיף לו חכמה על חכמה, ובינה על בינה. ממש "העתק הדבק".

יש פער בין התת מודע, למודע. לא קיים אדם שמבקש רע לעצמו במודעות. אבל לעיתים, האדם בתת-המודע שלו מאמין, שהוא לא שווה להיות הכי מוצלח, הכי עשיר, והכי חכם, אז הוא אפילו לא מבקש (במודע) מהתת מודע שלו, לבצע פעולות חיוביות שיעלו אותו מדרגה.

דבר ראשון שאדם צריך לעשות כדי להכפיל את הטוב - בין אם יש לו טוב ובין אם לא - זה כשהתת-מודע פתוח לקבל את הטוב הזה. עושים זאת, חמש דקות לפני שאתה נרדם, וחמש דקות לאחר שאתה מתעורר. ברגעים אלה, אתה חייב להודות על מה שיש לך, ועל כל הטוב שיש לך, ולהיות שמח במה שיש לך.

כמו כן, אתה חייב ברגעים אלה להגדיר כל פרט ופרט בחייך שמהם אתה נהנה, וחווה נחת רוח מהם. אז, כמו נס גלוי ופלא פלאים, לאחר כשלושה חודשים של 'עבודה זו' שתבוא כמובן עם אהבה עצמית, אתה תכפיל את הטוב שיש לך, בהעתק; "שמח במה שיש לי", והדבק; "אכפיל את הטוב שיש לי".

יש אמיתי, ויש מציאותי. אתה במציאות בן אדם, אבל באמת אתה רוח שגרה בתוך הגוף. הן החומר והן הרוח, צודקים ברצונותיהם לממש את הרצונות והמאוויים שלהם. את המציאות קל מאוד להסביר, כי מה שאנו רואים, זו האמת שעומדת מול עינֵינוּ. כך שהמציאות נראית כמו האמת המוחלטת, לכאורה.

מכיוון שאנחנו לא חיים בעולם האמת, קשה מאוד להסביר את האמת. כי האמת מסתתרת תמיד בתוך המציאות, למרות ששניהם נראים ונשמעים כאילו שהם אותו הדבר. אבל המציאות (החומרית) היא זמנית, והאמת (הרוחנית) היא נצחית. זהו ההבדל הקטן, אך מרחק שנות אור, יש ביניהם.

כששני בני אדם נפגשים לראשונה, כל אחד אומר לזולתו: "נעים להכיר אותך". מה הפירוש נעים להכיר אותך? את מי אתה בעצם מכיר? הרי אתה רואה רק את האדם בפיזיות שלו, אינך רואה את האדם כפי שהוא בתוכו. כי הרי אינך פוגש את הנשמה שלו! אנחנו לא מכירים באמת זה את זה לעומק. זו דרך אגב הסיבה לביישנות ההדדית של אנשים, כשהם שמכירים אחד את השני בפעם הראשונה. הפנימיות שלך שואלת, מי הוא זה העומד ממולי? בעוד האדם הפיזי מתרשם מהאדם שעומד ממולו בצורה פיזית גרידא - בדרך חיובית או שלילית.

רופא (פרופסור) מסוים במדעי המוח, עשה ניסיון עם אחד ממטופליו. הוא הגיע למקום במוח ששולט על יד ימין, ובסימולציה של מעגל חשמלי, הוא גרם לאדם להרים את ידו ולהוריד אותה. ואז שאל הפרופסור את המטופל, למה הוא הרים את היד? ענה לו המטופל, אני לא הרמתי את היד!

יישנו פתגם באנגלית שאומר ; I think there for I Am (אני חושב, משמע אני קיים). זה משפט של הפילוסוף הצרפתי רנה דקארט, בן המאה ה-17.

לפי הניסיון של רופא המוח, הפתגם שגוי לגמרי. כי לפי הניסיון של הרופא הזה, הוא חשב שהוא יצליח להגיע אל הנשמה שבגוף האדם. אבל ברגע שאמר לו המטופל שהוא לא הזיז את ידו, הבין הרופא, כי מוח האדם הוא לא חלק מהנשמה.

מכך יכול היה ללמוד הרופא, שהדבר היחיד שמפריע למטופל להתחבר לאור הקדוש, הוא דווקא המוח שלו. כשאנו חושבים עם המוח, במצב זה אנחנו מגבילים את עצמנו במחשבה. המחשבה לא באה מהמוח. מחשבה זה משהו רוחני. ומשהו רוחני, לא יכול לנבוע ממשהו גשמי. זאת אומרת, המחשבה עולה, והמוח מְחַשֵׁב. אבל אם המוח מנסה לעלות מחשבה לבדו, הוא סוגר את האופציה של הנשמה, ובכך אנחנו הופכים להיות מוגבלים ביותר.

מי הוא ה-״אני״? זו השאלה הנשאלת בכל דור ודור. עד עצם היום הזה, אין תשובה לשאלה זו. אך למעשה, ה-״אני״, זהו האדם הפנימי אשר נמצא בתוך גוף האדם.
כשכואב לאדם הרגל, הוא יגיד : ״כואבת לי הרגל שלי״. כשיכאב לאדם היד הוא יגיד : ״כואבת לי היד שלי״. כשיכאב לאדם הראש הוא יגיד : ״כואב לי הראש שלי״. האדם תמיד מתייחס לגופו, בגוף שלישי (הוא). אז מה זה ״שלי״? מי הוא הנהג של הרכב, אשר נקרא גוף האדם?

בבריאת העולם, הקב״ה ברא את כל חיות הארץ, בצורה של גוף ונשמה בתוכם. בגוף יֵשנה רוח אשר נקרא **הנפש הבהמית**, שהיא החלק הנמוך של שבאדם. וכאשר נברא האדם כתוב ; ״ויפח באפיו נשמת חיים ויהי האדם לנפש חיה״ (בראשית ; ב׳, ז׳). אלוהים נפח באדם נשמה. זאת אומרת, שבאדם יש משהו נוסף. הנשמה לא שייכת לגוף האדם, אך היא שולטת על גוף האדם.

אך יתכן גם מצב הפוך, בו הגוף שולט על הנשמה ומשעבד אותה אליו. כפי שכתוב בזוהר, הקב"ה קרא לאדם אדם, משורש המילה הדמִיָה. ככתוב; "נעשה אדם בצלמנו כדמותנו" (בראשית; א', כ"ו). כשהכוונה היא, בתור הדמיה. הדמִיָה פירושו - דומה. הנשמה הופכת "להיות דומה" לגוף ולנפש הבהמית, במקום להישאר ולהיות היא עצמה.

אדם פירושו, גם אדמה. יוצא אם כן מהפסוק, שהאדם נברא מן האדמה, אך אלהים נפח בו נשמה אלוהית מהשמיים. זוהי הבחירה החופשית של האדם. האדם יכול להיות שפל כאדמה, או גבוה כאלוהים. האדם הוא היצור היחיד שיכול לבחור במעשיו בכזו קיצוניות, של שפלות או עליונות.

פרק 11

איפה הבחירה החופשית?

בנומרולוגיה הקבלית אנו לומדים, שלכאורה אין לאדם בחירה חופשית. כשאדם קם בבוקר, הוא לא יודע באיזה סוג אתגרים הוא יתמודד היום. אך הנשמה הקיימת עוד לפני שהיא יורדת לעולם החומרי, בוחרת את האתגרים שהיא עומדת לעבור בחייה.

הנשמה היא זו שבוחרת את יום הלידה. לעיתים ההורים בוחרים יום לידה כמו בניתוח קיסרי, עם תאריך לידה שלא ממש מתאים לנשמה ולאתגרים שהיא רוצה לעבור. כמו כן, אנו עושים לעיתים טעויות עם הילדים, כשאנחנו מעניקים להם את שמות שלא מתאימים לרצון הנשמה ולאתגריה. מצבים אלה גורמים לאותו ילד/ה, לעבור בחיים אתגרים בצורה קשה יותר.

מה זה אתגר? מה הם האתגרים שהאדם אמור לעבור בחיים? ישנם מספר מצבים שאדם חייב לעבור בחיים. הנשמה שירדה לעולם, נועדה לעבור אתגר "בתשלום". אם האתגר קל יותר, שְׂכָרָה נמוך יותר בעולם נשמות. אם האתגר קשה יותר, שְׂכָרָה גבוה יותר בעולם נשמות.

ומהו שכר הנשמה?

התלמוד מצטט את הפסוק; "ושמרת את המצוָה ואת החֻקים ואת המשפטים אשר אנֹכי מצוְּךָ היום לעשותם" (דברים; ז', י"א).

מבאֵר התלמוד, "היום לעשותם, ולא מחר לעשותם. היום לעשותם, ומחר לקבל שכרם" (תלמוד בבלי: עירובין; כ"ב).

וכתוב; "יפה שעה אחת בתשובה ומעשים טובים בעולם הזה, מכל חיי העולם הבא. ויפה שעה אחת של קורת רוח בעולם הבא, מכל חיי העולם הזה". (פרקי אבות; ד', י"ז)

אחרי שהנשמה נפרדת מן הגוף, היא יכולה לדעת ולחוש את המידה האמיתית של מה שהיא הצליחה להשיג במהלך חייה הפיזיים בעולם הגשמי. כשהיא משוחררת ממגבלות המצב הפיזי, היא יכולה כעת לראות את ההוויה האלוהית. היא יכולה להסתכל לאחור על חייה, ולחוות אותם כפי שהיא עצמה הייתה באמת (ללא ההפרעות של הגוף ותשוקותיו). זוהי חוויית הנשמה בהנאה האלוהית של גן-עדן.

יש שכר על מעשי האדם. וזה ברור שככל שהתוצאה גבוהה ומעולה יותר, כך גם השכר גבוה יותר. יש שכר על עצם העמל. כלומר, אדם פשוט שיקיים מצווה באופן חלקי לפי מיטב הבנתו אבל הוא יתאמץ עליה ביותר, הוא יקבל שכר מועט יחסית על עצם המצווה שנעשתה באופן צולע, אך הוא יקבל שכר גדול מאוד על עצם העמל שלו, וכן להיפך.

איך אדם יכול לעזור לנשמתו להגיע לדרגה זאת?
כמובן, שבעבודת איזון בין הגוף לנשמה, אנו חיים בעולם פיזי שאמור לסייע לנשמה להגיע ליעודה, אך גם עליו לתת מקום לגוף הפיזי. כי בלי הגוף, אין לנשמה יכולת לבצע את עבודתה פה בעולם החומרי. כי כשהנשמה מסיימת את תפקידה פה, היא חוזרת לעולם הנשמות. ואם היא נתנה לגוף האדם לשלוט בה, אז היא קיבלה את הדמות והצורה של הגוף (היא מזדהה עם הגוף, וכמעט בטוחה שהיא ממש גוף), יותר מהדמות המקורית של הנשמה (רוחניות חסרת צורה). לכן זה לוקח 12 חודשים לרוב הנשמות לחזור למקומם הנכון והטבעי, בעולם הנשמות.

תתאר לעצמך שאתה לא מתקלח במשך שבוע או יותר, או אף שלושה ימים, או אפילו יום אחד ללא מקלחת - את זה כולנו עושים לפחות ביום הכיפורים שאסור לנו להתקלח בו, ובמוצאי יום הכיפורים אנחנו רצים למקלחת לנקות את גופנו -. איך תרגיש עם השערות השומניות של הגוף שלך?
עכשיו תחשוב לעצמך, שלא התקלחת שבוע. הגוף ירגיש יבש, ויתכן שיהיו בו אף פצעים קטנים. ומה יקרה אם לא תתקלח חודש ימים? רוב בני האדם לא

יהיו מסוגלים לחיות במצב כזה עם עצמם. אבל בוא נגיד ששרדנו את ה-30 הימים הללו. אני רק אבקש ממך לעצום את העיניים ולהרגיש את התחושה שאתה לא מתקלח למשך 30 יום. אתה כמובן מקבל ההרגשה קשה של לכלוך הגוף. ועכשיו תדמיין לעצמך שאתה מקבל הזמנה דחופה מחבר לבוא ברגע זה לחתונה שלו, ולתת נאום לחתן ולכלה לפני כל האורחים. כמובן, שאין מצב שבן אדם שפוי יסכים להצעה כזו.

בכדי שהאדם יהיה חלק בלתי נפרד מהחברה, הוא חייב להתקלח ולנקות את גופו, בכדי שהוא יהיה מקובל בחברה. כך גם הנשמה. בכדי להתקבל בחזרה לעולם הנשמות - כשהיא עוזבת את הגוף - היא רוצה לחזור למקור הנשמות. נשמה שעבדה בעולם הפיזי בהצלחה, חוזרת למקומה ללא שום בעיה, ומתחברת לעולם הנשמות כפי שהיא ראויה לו באופן טבעי.

בתורת ישראל, מייחסים משמעות רוחנית וגבוהה לבית היהודי, המיוצג כמעֵין מקדש לשכינה. כפי שנאמר; " ועשו לי מקדש ושכנתי בתוכם" (שמות; כ"ה, ח'). האבן עזרא מפרש על פסוק זה, שבכל מקום שבו הבית היהודי ישכיל לקיים ולשמור את הכללים הברורים העולים בקנה אחד עם עולמה של ההלכה, החל מקביעת המזוזות, דרך חנוכת הבית, וכלֵה באורחות החיים ובטהרת המשפחה, לבטח תשכון בו השכינה. אולם לעיתים קרובות מבחן המציאות מוכיח, כי לא דַי בכל אלה כדי למשוך שפע רוחני וגשמי על יושבי הבית. לכן נשאלת השאלה, האם מבין כלל הפרמטרים המרכיבים את שאלת כוח המזל, למספר הבית יש חשיבות כלשהיא, בשביל שתשרה בבית זה הרמוניה ומזל?

בספר יצירה שהוא הספר הקבלה העתיק ביותר המיוחס לאדם הראשון ולאברהם אבינו, נאמר במשנה א': שיש לבחון את משמעות האותיות העבריות בין השאר, גם על ידי המרָתָן למספרים או ספָּרוֹת (גימטרייה או נומרולוגיה). מתוך כך אנו למֵדים, כי לכל מספר תדר אנרגטי שונה וייחודי, המקפל בתוכו משמעויות רבות. במשנה כתוב; "בעשרה מאמרות נברא העולם" (פרקי אבות; ה', א'). באמירה זו, הונח לפתחנו הרעיון הסמוי המייצג את כוחם וסודם של המספרים, והן הבסיס הראשון לשיטה העשרונית.

לשיטתם של המקובלים, מספר הבית בו אתה גר, אוגר בתוכו כוח רוחני אנרגטי, העשוי להשפיע באופנים רבים על המתרחש בתוך הבית. למספר הבית קיימת חשיבות רבה, אבל לא צריך לראות את הדברים הללו, כמוחלטים. אין מספרי בית טובים או רעים. כי לכל מספר בית, יש יתרונות וחסרונות משלו. אז איך עושים את חישוב מספר הבית?

אם מספר הבית הוא דו-ספרתי או רב-ספרתי, יש לחבר את הספרות, עד שנקבל ספרה אחת בודדת.

<u>לדוגמה</u>: אם מספר הבית הוא 851, אנו מחשבים אותו כך, 1+5+8=14. גם את התוצאה 14 עלינו לצמצם לספרה אחת בודדת, ולכן 4+1=5. מספר הבית הוא 5. הרעיון הוא, לצמצם את המספרים, לספרה בודדת אחת. כעת אנו יכולים לבדוק מה כל מספר/ספרה אומר או מציין.

בית מספר 1:

מורה על מנהיגות, ניהול, יוזמה, ופרסום. בית זה, טוב לעצמאים ואנשי עסקים. מבחינה אנרגטית, הוא מחזק את הרעיונות, ומהווה הצלחה לפריצת דרך ולהתחלות חדשות. האנשים המתגוררים בבית זה, יהיו לרוב כריזמטיים ובעלי סטאטוס חברתי הנקשר עם כבוד וגאווה. הבית שופע חום ואהבה, חיוניות, ואורחים רבים פוקדים אותו. עם זאת, יש להישמר ממחלוקות פנימיות, המבוססות על מאבקי כוחות בתוך המשפחה. להורים - הפעילו יותר רגישות ביחסיכם עם ילדיכם.

בית מספר 2:

מצביע על דואליות מובהקת. מחד - הבית עשוי להעניק תחושת חמימות ורוך, זוגיות בריאה, וחיי משפחה נינוחים. ומאידך - הבית עלול להיות קיצוני, עד כדי הרס התא המשפחתי, מחלוקות, מריבות, וכעסים. לעיתים ייתכנו בבית זה, גירושין צורמים. אצל הנשים, בית זה מחזק את הרגישות ואת הצד האימהי. ייתכן והמתגוררים בו יפתחו קנאה לפרטיותם, תוך שמירת סודיות לגבי עיסוקם. מוטיב בולט בבית זה הינו סכנת נזקים למבנה או למערכות אחרות, לרבות גניבות.

בית מספר 3:

מייצג את התוצאה שבאה מחיבור שני המספרים הקודמים (1 ו-2). האחד (1) מציין את הפן הזכרי, והשתיים (2) מציין את הפן נקבי. החיבור ביניהם (3) מוליד פרי יצירה משותף. ככזה, הוא מבטא את הצד הרענן והיצירתי. האנשים המתגוררים בבית זה, יהיו קרוב לוודאי פתוחים ומסבירי פנים. האנרגיה הזורמת בלב הבית מעידה על תחושת חופש ונדודים, ולכן תדירות הנסיעות תהיה גבוהה באופן יחסי. בית זה מתאים לאנשים שעיסוקם בשירות הציבור, הוראה, ועסקים. לצד פוטנציאל השפע הגלום בבית זה, יש להישמר מתחושת שעמום עד כדי שיגרה חונקת.

בית מספר 4:

מבטא ארציות, פיזיות, מסגרות ברורות, קיבעון, וחוסר שקט המתאפיין בניתוקים ופרידות. דיירי הבית מביטים בעיקר אל המחר, מתוך תחושת עצמאות מלאה. בית זה מקרין באופן שלילי בעיקר על הפרנסה ועל הזוגיות, ולכן לעיתים קרובות הוא טומן בחובו גירושים ובעיות כספיות. טיפ לחיים טובים בתוך בית זה: הימנעו משיפוטיות ומביקורות הדדיות. השתדלו לא להיות פדנטיים יתר על המידה, ותעלו את האנרגיה לאפיקים מועילים. מומלץ לבדוק מזוזות, בפרקי זמן קצרים מהרגיל.

בית מספר 5:

מבטא שינויים תמידיים ותנועה. זהו בית לא רגוע, ומתאפיין בחוסר מנוחה ואי שקט. בית זה מסמל פרסום על כל היבטיו, ולכן הוא טוב למי שעיסוקו דורש זאת. התקשורת על כל גווניה מהווה מוטיב מרכזי, ובעלי הבית יהיו לרוב אנשי הדרכה, טיפול, היי טק, ועסקים. לצד היותו בית זה מלא אנרגיה חיובית, יש להתמקד בשליטה על היצרים, להישמר מבעיות בריאות, וממחלוקות משפחתיות, לרבות פגיעת עין רעה קשה מהסביבה הקרובה, ולהקפיד על תזונה נכונה.

בית מספר 6:

זהו בית חם ומשפחתי עד מאוד. הוא מסמל קשר הדוק בין בני הבית, הרמוניה, וקירוב לבבות. קיים דגש עיקרי על ארוחות גדולות, והכנסת אורחים מכובדת. הזוגיות מהווה נושא מרכזי ולרוב קוטבי - זוגיות בריאה וחמה, או הרסנית עד חורבן הזוגיות. דיירי הבית משדרים כלפי חוץ "עסקים כרגיל", אולם הפנימיות שונה לחלוטין. הנשים יהיו הצד החזק והדומיננטי בבית, והן ישמיעו את דעתן בצורה עניינית. לכן מומלץ לגברים, להתחשב בדעתן. יש לעשות פעולות רוחניות, כנגד לשונות רעות הנובעות מקנאה.

בית מספר 7 :

במהותו אינו דומה לאף בית אחר. הוא מייצג פשטות, צניעות, ונעימות. בבית זה יש אווירה רוחנית מיסטית, ולכן הוא אינו נקשר להצלחה חומרית. לעיתים קרובות, מבטא מספר זה תקשורת לקויה וחוסר סבלנות בין בני הבית. כמו כן, מספר זה מצביע על קיצוניות תהומית. מחד, הוא עשוי להיות בעל שפע רב. מאידך, הוא עלול להיות שלילי עד כדי נטייה לבעיות בריאות, אובדן, סבל, ופרנסה בדוחק. לכן מומלץ להניח בבית כתב סתרים מהקבלה (קמיע), המסוגל למשוך שפע גשמי רב. המספר 7 מבטא קדושה ונצחיות. ולכן בית זה מתאים, למי שמהותו רוחנית ועיסוקו בעזרה לזולת.

בית מספר 8 :

מתאפיין בסגירות ובתחושת כובד. הוא מייצג את האינסוף, כוח, עוצמה, וסמכות. בשונה מהמספר 7 הרוחני, המספר 8 מבטא את העולם החומרי והפרקטי. הוא מתאפיין במחזוריות, מעגליות, ובכרוניקה של מצבים עצורים. לרוב, האווירה בבית זה פסימית וחסרת שמחת חיים, ומתאפיין בשגרה חונקת ובנוקשות רבה. ייתכנו בעיות פרנסה וזוגיות, לכן מומלץ למתגוררים בו קמיע שם בן מ"ב (קמיע, עם השם בן 42 האותיות של אלהים), לשמירה ולהגנה.

בית מספר 9 :

בית זה, אקטיבי ואנרגטי מאוד. האווירה בו דינאמית, ודייריו חיים בתחושת נעורים נצחיים. בית זה מתאפיין בדיבורים רבים, ובפטפטנות הגובלת ברכילות. בני הבית יהיו אינדיבידואליים, ויתעקשו להשיג ולבטא את רצונם.

160

בעלי הבית יהיו עם לב פתוח, תוך דגש על הכנסת אורחים. חוסר סבלנות, מאבקי כוחות, ומרדנות, הינם מוטיבים מרכזיים בבית זה, ומבטאים חלק עיקרי בהתנהלות התא המשפחתי. בית זה חופשי ממגבלות, ולעיתים אף חסר גבולות.

מי הוא אני, ומי הוא אתה?

לָמה אני הוא אני? ולמה אתה הוא אתה? ומה זה אומר, להכיר מישהו? האם זה אומר, להכיר את האישיות של האחר? אני לכאורה, זה האישיות שלי. אך מהו המהות או האישיות שלי?

הנשמה מורכבת מחמישה חלקים:

(1) **נפש**. (2) **רוח**. (3) **נשמה**. (4) **חיה**. (5) **יחידה**.

את חמשת השמות הללו, אנו מוצאים במדרש; "חמישה שמות נקראו לה, נפש רוח נשמה יחידה חיה (מדרש-רבה; י"ד, ט'). ואלה הם חמישה רבדים הקיימים בנשמה; חמש דרגות, זו למעלה מזו".

<u>החיה והיחידה</u>: תמיד יהיו מעל (או מחוץ) לגוף הגשמי.

<u>הנפש הרוח והנשמה</u>: תמיד יהיו בתוך הגוף.

כשתינוק נולד לעולם, הוא נולד רק עם החלק של הנפש. אין לו את שאר המרכיבים (רוח, נשמה, חיה, יחידה). בגיל ההתבגרות נכנסת הרוח, ויותר מאוחר נכנסת גם הנשמה. אבל לא בהכרח זה מתרחש כך.

הדרגה התחתונה ביותר היא **הנפש**. זהו החלק המחַיֶּה את הגוף. היא מפעילה את הגוף ואיבריו, ואת כוחות העשייה. בגלל שהנפש היא הנמוכה ביותר, לכן היא רק יודעת לקבל ולקחת, מבלי רצון לתת. תינוקות קטנים מבקשים כל הזמן: "תן לי", "זה שלי", "הוא לקח לי", וכו'.

הנפש חושבת רק על עצמה, והיא אנוכית במהותה. הנפש נמצאת בדם, ככתוב; "כי נפש הבשר בדם הוא ואני נתתיו לכם על המזבח לכפר על נפשתיכם כי הדם הוא בנפש יכפר". (ויקרא י"ז; י"א)

פרויד התייחס אל הנפש, כמבנה מורכב המחולק לשלוש רשויות, והן:

<u>סתמי</u> - **אִיד**: החלק המאגֵד את היצרים הטבעיים. (האינסטינקטים)

<u>אני</u> – **אֶגוֹ**: החלק המהווה את עיקר המודע של האדם, זהו האני העליון שלו.

הסוּפֶּר אגו: החלק המאגד את המוסר וצורכי החברה.

הרמב"ם, מתייחס לנפש האדם וכוחותיה ומדגיש, שבשביל לתקן את מידות האדם, יש ללמוד את תכונות הנפש. בדיוק כמו רופא שבא לרפא את הגוף. הווי אומר, על האדם (ה-**נשמה**), להכיר את ה-**נפש** השוכנת בקרבו.

כשילד מתבגר, נכנסת בו הדרגה שנקראת **רוח**, והיא קשורה לעולם של אהבה ורחמים, דרכם האדם מבטא את עולם הרגשות שלו. אדם שחש בגילויֵי רגשות של אהבה, הוא אדם שה-**רוח** מאירה בו. הרוח אוהבת להיות בנתינה, ויש לה יכולת הבנה של הצד השני.

למעלה ממנה (מהרוח), נמצאת ה-**נשמה**. היא מתלבשת בכוחות השכל של האדם, והם נקראים : חכמה - בינה - ודעת.

<u>חכמה</u> ; זהו הכישרון לשמוע, ללמוד, וללמד.
<u>בינה</u> ; זה הכישרון לחשוב, ולהסיק מסקנות.
<u>דעת</u> ; זהו ההיכרות מקרוב והחוויה.

חב"ד (ראשי תיבות של ; חכמה בינה ודעת), כשהם באים יחד ובהרמוניה, מעניקים את הכישרון לקלוט עובדות, ללמוד מאחרים, ולהסיק מסקנות חדשות, מתוך עובדות קיימות.

התודעה שלנו אינה מסוגלת לקלוט מה זה חיה ויחידה, משום שהשכל והרגש קטנים ודלים, מכדי לתפוס את כוחות ומהות החיה ויחידה. הם באים לידי ביטוי בעוצמה רבה, מבלי שהתודעה תוכל לקלוט אותם או לתרגמם.

ה-**חיה**, היא הרצון שאנו לא מבינים ולא מרגישים עדיין. זה בא לידי ביטוי בצורה של משיכה פנימית. כשהאדם חש משהו בצורה לא מובנת למרות שהוא לא בדיוק חושב על זה במודע, זאת דרגת ה-<u>חיה</u> שעושה זאת עבורו.

ה-**יחידה**, היא עצם הנשמה. היא ה'אני'. האדם עצמו. ה-יחידה נקראת כך, משום שהיא קשורה ומאוחדת לעצם שורש הנשמה, המחוברת לאור הקב"ה.

163

כשם שהקב"ה, האור הקדוש, אינו נתפס ואינו ניתן להרגשה בצורה כלשהי, כך גם היחידה אינה מושפעת משום דבר חיצוני. היא עומדת בקשר שלה עם האור הקדוש ונשארת במלוא תוקפה, יהֶא אשר יהיה. בגוף ראשון היא מרגישה עצמה כ; "אהיה אשר אהיה". (שמות; ג', י"ד)

אדם שחי את חיי הנפש בלי ללמוד ולגדול, יחיה את כל חייו בלי רוח ונשמה. כשאדם חי בדרגת הנפש, הוא יהיה אגואיסט ואנוכי, אוהב את גופו, אוהב אוכל, ומכור לתאוות הגוף, ורוצה לנהל את כל הסביבה שיעשו כרצונו בלבד. התנהגות זו, לא בהכרח הופכת אותו לבן אדם רע. הוא יכול להיות האדם הכי טוב שבעולם. אבל במושגֵי הרוח, הוא נקרא ילדותי. כי הוא לא נותן מקום לרוח, וחי את ההווה ללא שאיפות לעתיד.

<u>הרוח</u>:

מודעת לסביבתה, והיא מעניקה לאדם בינה, להבין את הצד השני ולבחון ולהסתכל על העולם, באהבה.

<u>הנשמה</u>:

יודעת לקבל את האחֵר. היא יודעת שכולם אחד והכל אחד. היא מבינה את הבריאה. היא יודעת שכל הנבראים נבראו לברוא את הבריאה מחדש, בכדי להמשיך את הבריאה לאין סוף. היא פשוט יודעת מה נכון, ומה לא נכון לעשות.

<u>החיה</u>:

נמצאת מעל הראש הפיזי. היא נותנת לאדם את כוח המחשבה המחברת בין צד ימין (חכמה), לצד שמאל (בינה) של המוח. הצד הימני מקבל את המחשבה או את הרעיונות, וזה נותן לאדם את הפוטנציאל לגדול בחוכמה. והצד השמאלי מקבל את המחשבה שבצד ימין, ומוציא אותה לפועַל.

<u>היחידה</u>:

מקיפה את הגוף כהילה, שמאירה ושומרת על הגוף ממזיקים. הנשמה, היא ישות מושלמת. הגוף, הוא הכי לא מושלם. אז למה הנשמה פה בעולם החומר?

התשובה היא; שמטרתה היא, לזכות את הסובבים אותה, ולעזור לכל מי שהיא יכולה.

<u>**מהי הילה?**</u>

ההילה, היא תופעה אופטית של היווצרות מעגל סביב מקור אור, כמו ההילה סביב השמש והירח. ההילה אנושית ידועה בשם **אאורה**. זהו שדה אנרגיה המקיף את הגוף הפיזי, והיא למעשה אנרגיית החום שאנו פולטים מגופנו החוצה, והיא בנויה בשכבות. כל שכבה מייצגת מרכז אנרגטי שונה בגוף, המשקף את המצב הפיזי, הבריאותי, המנטאלי, הנפשי, והרוחני שלנו. בהתאם לצבע של ההילה או בהתאם לצורת ההילה, אנחנו יכולים לקבל הרבה מידע על האדם הנמצא מולנו.

משמעות הצבעים השונים בהילה שלנו, משקפים לנו גם תכונות אופי, וכן חוסר איזון פיזי או אנרגטי.

הצבע האדום שבהילה מציין;
כוח יצירה, תשוקה וחום. <u>מבחינה בריאותית</u>: צבע זה קשור למערכות הדם. <u>מבחינה נפשית ומנטאלית</u>: הצבע האדום קשור לתשוקה, יצרים, מיניות, חיוּת, ואמביציה. אך צבע זה יכול להצביע גם על: חוסר איזון, עצבנות, וכעס. צבע זה קשור לחיבור לעולם החומרי.

הצבע הכתום שבהילה מציין;
חמימות, יצירתיות, אומץ, ושמחה. <u>מבחינה בריאותית</u>: צבע זה קשור למערכת הרבייה. <u>מבחינה נפשית ומנטאלית</u>: הצבע הכתום הינו צבע של שמחה, הרפתקנות, בטחון עצמי, יצירתיות, ומשקף גם את ההערכה העצמית.

הצבע הצהוב שבהילה מציין;

יצירתיות, חוכמה, אופטימיות, למידה, והתחדשות. מבחינה בריאותית: צבע זה קשור למערכת העיכול. מבחינה נפשית ומנטאלית: צבע הצהוב מציין ביטחון עצמי, אגו, התפתחות אישית, אך גם ביקורתיות יתר.

הצבע הירוק שבהילה מציין;

רגישות, חמלה, לבביות, כנות, מבחינה בריאותית: צבע זה קשור ללב. הצבע הירוק בהילה מציין מצב בריאותי תקין וטוב. מבחינה נפשית ומטאלית: צבע זה מציין צמיחה, אהדה, רוגע, מצב רוח טוב, ורגשות חיובים.

הצבע הכחול שבהילה מציין;

שלווה, רגישות, טלפתיה, ודמיון פעיל. מבחינה בריאותית: צבע זה קשור לגרון ולבלוטת התריס. מבחינה נפשית ומנטאלית: זהו צבעה של התקשורת, הדיבור, נתינה, אינטואיציה, מחילה, שלווה, הרמוניה, ורוגע.

הצבע הסגול שבהילה מציין;

ראיית העתיד, וכריזמה. מבחינה בריאותית: צבע זה אחראי על חמשת החושים. מבחינה נפשית ומנטאלית: הוא מציין יכולות רוחניות, ופתיחות של הלב והנפש, תודעה גבוהה, מודעות, וענווה.

הצבע הוורוד שבהילה מציין;

חמלה, אהבה, שמחה, נוחות, פינוק, חברותיות, שקט, צניעות.

הצבע הלבן שבהילה מציין;

טוהַר, אמת, ויצירתיות. מבחינה בריאותית: הוא אחראי על התפקוד המוחי ומערכת העצבים. מבחינה נפשית ומנטאלית: הוא מציין פתיחות גדולה לעולם, ניקיון, טוהר, ושלווה.

הצבע הלבן מציין את התכונות הללו בכל התחומים, משום שצבע זה מכיל בתוכו את כל הצבעים. מיזוג כל הצבעים לכדי יחידה אחת, מציינת שלמות ואחדות, ומכאן כל המוטיבים החיוביים שבצבע זה.

● ● ●

פרק 12

שקר לבן

כשיעקב ביקש להתחתן עם רחל, הוא ביקש מלבן את בִּתוֹ, אבל לא היה לו כסף או מתנות לתת לה. כי את כל אשר היה לו הוא נתן לבנו של עֵשָׂיו, בעד שהוא לא יהרוג אותו. אז הוא עשה עסקה עם לבן, שהוא יעבוד אצלו שבע שנים בעד רחל. אבל אחרי שבע שנים, הוא קיבל את לאה בִּתוֹ הבכורה של לבן. בלֵיל החתונה יעקב לא שם לב לדבר זה, ורק למחרת בבוקר הוא גילה את השקר הזה. יעקב ניגש ללבן ושאל אותו, מדוע רימית אותי? לבסוף הם סיכמו, שיעקב יעבוד עוד שבע שנים, בעד רחל.

<u>יש פה כמה שאלות:</u>

(1) למה לבן משחֵק עם יעקב?

(2) למה לבן מתעלל ככה בבנותיו?

(3) ולמה יעקב נתן ללבן לשבש את חייו?

בכדי להבהיר את הנושא עלינו להבהיר משהו חשוב לפני כן. אנו הרי יודעים, שכולנו אנרגיות רוחניות השוכנות בגוף פיזי, וכך גם היו אבותינו מבריאת העולם.

יֶשנו מושג באנגלית הנקרא 'רגליים טובות, ורגליים לא טובות'. אנו שומעים או רואים מדי פעם, שאדם מסוים נכנס למסעדה ומתיישב לאכול, ובתוך זמן קצר ובעודו שם, כל המסעדה מתמלאת בלקוחות חדשים. זה נקרא "אנרגיה חיובית". אנרגיה זו נכנסה למסעדה יחד עם אדם זה, והביאה עִמָּה עושר ושפע.

כך היה עם יעקב אבינו. יעקב הביא עמו ללבן: שפע, מזל, וברכה. לבן היה איש ערמומי, שקרן, ועשיר. הוא גם היה דודו של יעקב, והכיר אותו היטב.

החל מהיום שיעקב התחיל לעבוד אצל לבן, לבן התעשר עוד יותר, מאשר לפני שיעקב הגיע לחָרָן. לא רק לבן התעשר, אלא גם כל בעלי העסקים ויושבי העיר שגרו שם. כי יעקב עם האנרגיה הרוחנית שלו, הביא שפע לכל העיר. כשלבן הבין שיעקב עומד להתחתן עם רחל ויעבור אחר-כך בחזרה לארץ-ישראל, הוא הבין טוב מאוד, שזהו סוף העושר הכלכלי שלו ושל תושבי עירו.

אז לבן מייד כינס את כל שותפיו והסוחרים בעיר ואמר להם, שהוא זומם לתת ליעקב את לאה, בכדי שיעקב ימשיך לעבוד עוד שבע שנים בשביל רחל. כך יהיה להם עוד זמן להמשיך להרוויח כספים רבים, בזכות יעקב שישהה עמם בעירם. בכדי שכולם ישמרו את הסוד הזה, לבן ביקש מכולם פיקדון כספי, וכך היה. יעקב בא לחתונה בערב, ובאולם לא היה הרבה אור, בכדי שהוא לא יוכל לזהות את הכלה. כך שרק למחרת בבוקר, הוא גילה שהוא התחתן עם לאה. השאלה היא, למה רחל שכל כך אהבה את יעקב והוא אותה, לא עצרה את החתונה? למה היא נתנה לאחותה לאה, להתחתן עם אהוב ליבה?

התשובה היא, סיבה אחת ויחידה. והיא, אותה הסיבה שאנו היום עוברים כל כך הרבה סבל בחיינו. קשה לנו לעמוד במידה הטובה, שרחל אימנו עמדה בהצלחה רבה בה, והיא; מדת "ואהבת לרעך כמוך".
רחל ידעה, שבמידה ויתגלה שקריו של אביה, לאה תתבייש ותושפל יחד עם יעקב בליל החתונה, וגם האורחים עלולים לגלות את השקר של לבן מתחת לחופה. לכן רחל העדיפה לחיות בצער את חייה האישיים, ולא לבייש את אחותה.

אדם שמבין שהוא בא לעולם לזמן מוגבל, יודע להעריך את חייו כמו ילד שמבקר בגן שעשועים. הוא מנצל כל דקה ליהנות מהחוויה, ומעדיף לא להיכנס לחיכוכים עם ילדים אחרים, בכדי שלא לקלקל את החוויה. לעומת זאת, ילד שלא מבין שגן שעשועים זו חוויה ליום אחד, והוא חושב שהוא בעל הבית של המתקנים, תמיד מוצא את עצמו במריבה עם ילדים אחרים, ולא באמת נהנה מגן המשחקים כיאות.

גם אדם בוגר שחושב שהוא פה לנצח, תמיד ימצא את עצמו ממורמר ועצבני על החיים, והוא מביא על עצמו אנרגיות שליליות, שעושות רק בלגן בחייו ובחיי סביבתו.

הזמן עף ממש במהירות. הזמן מרמז לומר לנו, שאנו אורחים פה בכדור הארץ. ירדנו "להשכיר דירה ל-80 או 90 שנה" בממוצע, (מגורי הנשמה בגוף, הם כדירה להשכרה). נפשות אגואיסטיות מעדיפות לא להבין זאת, והן חושבות שהם פה לנצח. זה כמו ששני חברים רבים על הכיסא באוטובוס, בזמן שהם אמורים לרדת בתחנה הבאה.

האם זה בעיה להיות עצבני?

רוב בני אדם מנסים שלא לכעוס, ומנסים להימנע מהתחושות השליליות שמלוות אותם. לעיתים יש לנו תחושות כעס, חוסר סבלנות, או עייפות כשהילד שלנו מתחיל לבכות ללא סיבה הנראית לעין - זה כמובן מחוסר שינה - וזה משפיע גם על המבוגרים.

כל עוד ברור לנו מה הסיבה לכעס שלנו, אז הכל בסדר.
אך לפעמים ישנו כעס שלכאורה אין לו סיבה. זה קורה, כשאדם חי חיים של כעס ועצבים. החיים שלו, הם לא כפי שהוא חלם שהם יהיו. על כל דבר קטן, הוא עצבני בלי סיבה. כל פעם שהוא חושב שמשהו אינו כשורה, הוא חושב שהכעס יסייע לו להתפתח לעבר מציאות, שבה הוא ירגיש טוב יותר.

מחקרים גילו, שעצבים וקוצר רוח, הם סימפטומים של דיכאון וחרדה. לאדם כזה אין שקט פנימי, ובדרך כלל יביא על עצמו מחלות קשות בסביבות גיל הארבעים פלוס. זה לא אומר שהוא ימות בגיל זה, אך הוא עלול להפוך להיות מטופל בידיי אותם בני משפחה, שהוא היה כל כך אכזרי כלפיהם בכעסיו.
ולמה? כי זו ההשפעה של מרה אדומה! זה ממש כמו כיפה אדומה. כי היא מחכה לכעסן מעבר לפינה, וגורמת לו לאגרסיביות. הכעס הוא תוצר של אגרסיביות והן פוגעת לו בכבד, ויוצר גם חוסר איזון של המרה, וזה מקורן של מחלותיו.

איך זה בדיוק קורה?
אדם הנמצא תחת השפעת סמים כבדה, רפואית או לא רפואית, משתנה אופיו. ברוב הניתוחים, מנתקים את האדם מריאותיו. בניתוח לב, מתנתק הלב כולו, שהוא החיבור בין המוח והנשמה.
נשמות שמגיעות ממקומות תחתונים, אינן מסוגלות לעמוד בהפרעה המשולבת של ריאות, לב, מוח, סמים, ודברים שמטשטשים את הגוף. זה מביא לשינוי באופיו, וגורם לו להיות אדם עצבני וכועס. אך למעשה, הכול נובע מהפחד שנכנס בו ולא עוזב אותו.

שאר האנשים החולים שהופכים להיות כעסנים ולא נחמדים, הדבר בדרך כלל נובע משילוב של שימוש בסמים וכדורים שמערפלים את מוחו של האדם, עם הטומאה ששוכנת בתוך חלקי הגוף - בכבד ובכליות. נוסף לזה תמיד, הוא הפחד שגם גורם לכעס.

אך אם רוב בני אנוש ינקו את גופם פיזית, לפני טיפולם הרפואי מכל הטומאה השוכנת בתוכם, רוב הבעיות ייעלמו והם לא יהיו כעסניים. ובמידה שהם ישתדלו לשמור על ניקיון מוחלט, הם בכלל לא יגיעו למצב של בעיות רפואיות.

בגוף האדם יש ארבעה מרות, המיוסדים כנגד ארבעת היסודות שבאדם. מרה לבנה, מרה שחורה, מרה ירוקה, ומרה אדומה. ארבע מרות אלו, מכוונים כנגד ארבעת היסודות שבאדם. שהם; **אש**, **אוויר** (רוח), **מים**, **אדמה** (עפר).

מרה אדומה:

משפיעה על גאווה וכעס, והיא מיסוד האש. יסוד האש הוא גאווה. הגאוותן חושב עצמו מרומָם מעל הסובבים אותו, בדיוק כפי שהאש עולה למעלה וקלה מכולן. הכעס הוא תולדת הגאווה. שהרי אילו הוא היה שפל רוח, הוא לא היה גאוותן.

מרה לבנה:

ההשפעה שלה היא; פיזור הנפש, התרוממות הרוח, אהבה, חיות, נטייה לתענוגים, תאוות טובות, וליצנות. לפעמים כאשר האדם מעורר את כח המרה הלבנה על ידי אחד מכוחותיה, כגון אהבה - אפילו אהבת ה', יכול להימשך מהמרה לבנה ופתיחת הלב גם נטייה להוללות וליצנות, שהם בעצמם מושגים הנמשכים מפתיחת הלב וכוח האהבה.

מרה שחורה:

משפיעה על; התרכזות, צמצום המחשבה, נטייה להתבודדות, עצלות, עצבות, שנאה, כעס, מידות אכזריות, ומחשבות לא טובות.

הרבי מנחם מענדל שניאורסון - האדמו״ר מחב״ד מסביר: שאם אדם הוא בעל מרה שחורה מטבעו, עליו לנצל טבע זה להוסיף התמדה ושקידה בלימוד התורה. מכיוון שכתוב; ״מפי עליון לא תצא הרעות והטוב״ (איכה; ג׳, ל״ח), הרי בוודאי שטבע זה אינו נוצר כדי לגרום עניין של בלבול והרס, כי אם למטרה ותכלית טובה. להוסיף התמדה ושקידה בלימוד התורה, עד כדי כך, שלא יהיה לו רגע פנוי לדאוג ולחשוש וכו׳. ובמילא, כל זמן שמקננת דאגה בלבו, הרי זו הוכחה שלא ניצל לגמרי את טבע המרה השחורה, להתמדה ושקידה בלימוד התורה, שאז, לא היה נשאר אצלו ״מרה שחורה״ עבור דאגות.

174

● ● ●

פרק 13

פחד דיבור

כשתינוק נולד, הוא יודע לבקש את רצונותיו וצרכיו. וכשהוא בן 3 או 4, אנו מלמדים אותו לא לעשות רעש ולא לדבר ליד אנשים. וזה מה שגורם לו ללמוד לפחד לדבֵּר בציבור, ומכאן נולד הפחד לדבר בפני קהל. זוהי הסיבה שרוב האנשים מעדיפים למות, ולא לתת דרשה לפני קהל. זה נובע ממקום של בושה, וחשיבה של; "מה יגידו עליי"? ו"איך אני אראה לפני כולם"?

הסטטיסטיקה מלמדת, שאדם באמת מעדיף להיות מת, מאשר לדרוש ולדבר לפני קהל. רוב בני האדם מעדיפים לא לקום מהכיסא ולהגיב, ושאר האנשים מעדיפים לסבול בכיסא העיקר שלא לדבר בפני קהל רב.

בפרשת מִקֵץ מסופר, שיוסף מבקש משר המשקים שלא לשכוח אותו. כשֶׂשַׂר המשקים יוצא מהכלא (זה היה אחרי שיוסף פתר לו את החלום ואמר לו שכל הטענות נגדו יתבטלו, והוא יחזור למקום עבודתו כמו שהיה בעבר), כמובן ששר המשקים שכח את יוסף בכלא. כי מי שמגיע לגדולה, לא זוכר את העבר השחור שלו, ומעדיף לשכוח את האנשים השפלים שהיו לידו בזמן שהוא היה בשפל. זהו למעשה טבע האדם. רק אדם שהגיע לגדוּלוֹת ומרגיש נוח עם עצמו במקומו הפנימי, כמו שהוא ירגיש נוח עם עצמו במקום הכי שפל, כך הוא בהחלט יזכור להכיר טובה לחברו באותו זמן. בסופו של דבר שר המשקים כן זכר את יוסף, אבל רק בגלל שהוא ידע שזה יציל את מקום עבודתו, בזה שהוא יביא את יוסף אל המלך.

הסיפור מתחיל שלוש שנים לפני היום בו שר המשקים אמר למלך אודות יוסף פותר החלומות. יוסף היה בכלא, בגלל גזר דין שהוא קיבל בגלל אשתו של פוטיפר. לאחר שיוסף נמכר לעבד לפוטיפר, הוא עשה שם חיִל. באותה התקופה, ניסתה אשת פוטיפר לפתות אותו למשכב. היא תפסה את יוסף בבגדו

כדי לשדל אותו, ואז יוסף הסיר את בגדו שאחזה בו. הבגד נשאר בידה, ויוסף נמלט החוצה. מיד קראה אשת פוטיפר לבני ביתה, שלא היו בבית באותה שעה. כשהם הגיעו, היא שִׁיקרה להם שיוסף ניסה לפתותה. בגלל שיוסף לא רצה אותה, היא העלילה עליו כי הוא זה שניסה לפתות אותה. בעקבות זאת הושלך יוסף אל בית הסוהר, ועל זה הוא קיבל עשר שנים בכלא.

לְאחר שפוטיפר הכניס את יוסף לבית הסוהר מסופר; "חָטְאוּ מַשְׁקֵה מֶלֶךְ מִצְרַיִם וְהָאֹפֶה לַאֲדֹנֵיהֶם לְמֶלֶךְ מִצְרָיִם" (בראשית; מ', א'). האדם שהיה ממונה על המשקים של מלך מצרים (שר המשקים) וכן מי שהיה ממונה על האפִיָּה למלך מצרים (שר האופים), חטאו שניהם למלך מצרים. בכוס שהגיש שר המשקים לפרעה היה זבוב, ואילו בלחם שאפה שר האופים היה צרור עפר. וכתוב; "וַיִּקְצֹף פַּרְעֹה עַל שְׁנֵי סָרִיסָיו" (בראשית; מ', ב'). פרעה כעס על שני עבדיו, שהיו אנשים חשובים.

פרעה שָׂם את שר המשקים ואת שר האופים במקום שמור, שאין הם יכולים לברוח ממנו. זה היה באותו בית הסוהר שפוטיפר שָׂם בו את יוסף. פוטיפר, שבית הסוהר היה שייך לו, מינה את יוסף שישמש את שר המשקים ואת שר האופים. ככתוב; "ויפקד שר הטבחים את יוסף אתם וַיְשָׁרֶת אֹתָם" (בראשית; מ', ד'). וכך היה: יוסף שירת את שר המשקים ואת שר האופים.

שם כתוב; "וַיִּהְיוּ יָמִים בְּמִשְׁמָר" (בראשית; מ', ד'). שר המשקים ושר האופים היו בבית הסוהר במשך שנה שלימה. "וַיַּחַלְמוּ חֲלוֹם שְׁנֵיהֶם אִישׁ חֲלֹמוֹ בְּלַיְלָה אֶחָד" (בראשית; מ', ה'). שר המשקים ושר האופים חלמו שניהם בלילה אחד, "אִישׁ כְּפִתְרוֹן חֲלֹמוֹ" (בראשית; מ', ה'). כל אחד מהשרים חלם חלום, שהפתרון של החלום עתיד להתגשם.

"וַיַּרְא אֹתָם וְהִנָּם זועפים" (בראשית; מ', ו'). יוסף ראה שהם עצובים. הוא שאל את שני האנשים החשובים הללו, מדוע פניכם נראות רע היום? הם ענו ליוסף: "חֲלוֹם חָלַמְנוּ וּפֹתֵר אֵין אֹתוֹ" (בראשית; מ', ח'). למרות שהלכנו לברר אצל החרטומים, מהו פתרון החלום.

אמר להם יוסף, פתרון החלומות נתון בידי ה', ספרו לי את החלום שלכם, ואולי ה' יאמר לי מהו הפתרון הנכון. שר המשקים סיפר את החלום שחלם, בו הוא רואה לפניו עץ גפן שהיו בו שלוש זְמוֹרוֹת. שלושה ענפי הגפן פרחו והוציאו את ניצני פירות הענבים, ולאחר מכן הבשילו אשכולות הענבים שהיו על העץ. ואז אני רואה "וְכוֹס פַּרְעֹה בְּיָדִי" (בראשית; מ', י"א), ואני שר המשקים החזקתי בידי את כוסו של פרעה, ולקחתי את הענבים מעץ הגפן וסחטתי אותם אל הכוס של פרעה שהחזקתי בידי, ולאחר מכן נתתי את הכוס לידו של פרעה.

ענה יוסף לשר המשקים, זהו פתרון חלומך: "שְׁלֹשֶׁת הַשָּׂרִגִים שְׁלֹשֶׁת יָמִים הֵם" (בראשית; מ', י"ב). שלוש הזמורות שראית בחלומך, מציינים שלושה ימים. כל זמורה מסמלת יום אחד. בעוד שלושה ימים מהיום, פרעה ימַנֶה אותך בתוך שאר עבדיו, ואתה תיכלל עם שאר עבדיו של פרעה. אתה כבר לא תהיה בבית האסורים. הוא יחזיר אותך לתפקיד שלך, ותשמש אותו בתור שר משקים שוב. אתה תהיה שר המשקים של פרעה, כפי שהיית עושה זאת בעבר, לפני שפרעה הכניס אותך לבית הסוהר.

לאחר שפתר את יוסף חלומו של שר המשקים, עלה ליוסף רעיון. הוא ממשיך בדבריו אל שר המשקים ומבקש ממנו טובה ואומר לו: כאשר אתה תשתחרר מבית האסורים ולאחר שיבואו עליך הטובות כפי שפתרתי לך את חלומך ותחזור להיות שר המשקים של פרעה, בבקשה תזכור אותי ותעשה עימי חסד ותזכיר אותי לפרעה ותאמר לו, שאני יוסף עדיין כלוא בבית האסורים ללא סיבה, ותוציא אותי מבית האסירים הזה. תוסיף ותספר גם כן, שנחטפתי מארצם של בני עבר מארץ כנען, וגם כאן שָׂמוּ אותי בבית האסורים, למרות שלא עשיתי שום דבר רע. וגם בארץ כנען לא עשיתי דבר רע, אלא נחטפתי על לא עוול בכפי.

התורה מלמדת אותנו, שאין לסמוך על בני אדם. למרות שזה מאוד טבעי שכשאדם נמצא במצוקה, הוא יבקש וידרוש מאדם אחר להצילו. כשאדם מבקש עזרה וסיוע מאדם אחר שלא חווה את אותו הצער באופן אישי, האדם

המסייע, לרוב לא ממש יתנהג כאדם הנחוץ לעזור לזולת, כי הוא לא באמת מבין את גודל הצרה או האסון של מבקש העזרה.

אם כן, מדוע שר המשקים שכח את יוסף? הרי הוא בעצמו היה שם בבית הכלא! הוא עצמו חווה את אותה החוויה שיוסף חווה. הוא ממש יכול היה להבין את יוסף ואת הצורך הנחוץ של יוסף לצאת מהכלא.

התורה גם מלמדת אותנו, שיוסף קיבל עונש נוסף מהקב"ה, בגלל שהוא ביקש סיוע מאדם. העונש היה, עוד שנתיים ישיבה בכלא, חוץ מ-10 השנים שהוא כבר ישב שם.

שנה אחת נוספת יוסף ישב בכלא, על כך שהוא סמך על בני אדם (שר המשקים), ושנה שנייה, שהוא שכח לבקש את העזרה מהבורא. יוסף לא עשה את זאת בכוונה תחילה כמובן. כשיוסף ראה את השרים נכנסים לכלא, הוא חשב שזה יהיה הדרך עבורו לנס, והם יעזרו לו לצאת משם. הוא הסתמך על בני האדם כי הוא חשב, שהבורא שלח לו אותם בכדי לעזור לו לצאת מהכלא. למעשה, זהו טבע האדם, להסתמך על האדם הנמצא לידו או סביבתו, שיעזור לו לצאת מהמצוקה בה הוא נמצא. אבל האדם שממנו מבקשים את העזרה והסיוע, לא תמיד יכול להבין את זה שנמצא במצוקה. זוהי הסיבה, שכל כך קשה לקיים את הפסוק "ואהבת לרעך כמוך". (ויקרא; י"ט, י"ח)

זה דומה לסיפור על אישה אלמנה שבאה עם ילדיה הקטנים לרב הקהילה בזמן החורף, שהיה אז קור מקפיא. היא אמרה לרב, שיש לה חמישה ילדים בבית, ובבית שלה קר מאוד. ושאלה את הרב, האם מישהו יכול לעזור לה לחמם את הבית, בכך שמישהו יתרום לה כספים לקנות עצים?

הרב אמר לה, שהוא יחזור אליה מאוחר יותר בערב עם תשובה. הרב הלך לביתו של האיש העשיר בעיר, והקיש בדלתו. פתח העשיר את הדלת ואמר: "כבוד הרב, איזה כבוד גדול לראות אותך בדלת ביתי. בבקשה תיכנס". ענה לו הרב: "לא, אני ממהר, רק רציתי לספר לך סיפור קטן". ואז הרב מתחיל לתת

דרשה לעשיר, בזמן שהדלת פתוחה לרווחה. בעל הבית העשיר עומד בדלת ובחוץ קור מקפיא, ובעל הבית כבר לא יכול לסבול זאת, והוא אומר לרב: "כבוד הרב, רגע בבקשה, תיכנס הביתה. בחוץ קר ובפנים חם. בבקשה תיכנס". אומר לו הרב: "עוד רגע אחד, יש לי רק עוד סיפור אחד קטן לספר לך". ואז הרב ממשיך לדבר במשך כחמש דקות, ובעל הבית העשיר כבר ממש קופא מקור. ואז הרב ממשיך לדבר במשך עוד כחמש דקות, והעשיר כבר קפוא לגמרי. ואז אומר בעל הבית לרב: "בבקשה כבוד הרב, ממש קר פה בדלת. בוא תיכנס בבקשה פנימה". אז הרב עונה לו: "רגע, אני ממש ממהר ואני רק רוצה לספר לך עוד סיפור קטן".

ואז אומר לו הרב: "באה אליי אישה אלמנה עם חמישה ילדים, ואין להם חימום בבית. כל הילדים קופאים מקור. האם אתה יכול לתרום להם בבקשה חימום לבית"?

עונה לו העשיר: "כמובן שכן. רק בבקשה תיכנס לתוך הבית, ואני אתן לך את הכסף לקנות לה מה שהיא רוצה". נכנסו השניים לבית העשיר, והוא נתן לרב את כל הכסף הנצרך. ואז שאל העשיר את הרב: "אם הסיבה שבאת ופנית אליי הייתה רק לבקש ממני תרומה לאישה וילדיה, למה עמדת איתי בחוץ רבע שעה ולא נכנסת אליי הביתה, ואמרת לי את מה שרצית לומר לי שם בדלת"?

ענה לו הרב: "אם הייתי נכנס לביתך החם בזמן שאתה יושב עם חולצה קצרה ומרגיש בנוח, לא היית מבין את המצוקה של האישה וילדיה, ולא היית יכול לתרום לה באהבה".

אנו מכירים את הפתגם האומר; "אל תדון את חברך עד תגיע למקומו" (פרקי אבות; ב׳, ה׳). ופירושו, אל תשפוט שום אדם, עד שתיכנס לתוך נעליו ותחווה ממש את מה שהוא חווה. העשיר הבין את מצוקת האישה, רק כשהוא עצמו היה בחוץ בקור, וחווה את אותה החוויה כמוה בדיוק.

שר המשקים הבין את יוסף, רק כשהוא עצמו היה בכלא. אבל כשהוא יצא משם, הוא לגמרי שכח איפה הוא היה קודם. זהו טבע האדם שמתנהג כאילו הוא רק נפש, שאין בו נשמה.

התורה ניתנה לעם ישראל על הר סיני, שהיה ההר הכי נמוך בסיני. הווי אומר, המקום הכי נמוך - הוא המקום הכי גבוה רוחנית, והוא גם המקום שממנו ניתן להגיע הכי גבוה. לכן, כשאדם נמצא במקום הכי שפל בחייו או מרגיש שכל העולם נגדו, הוא נמצא במקום הכי קרוב לבורא. כפי שכתוב; "ממעמקים קראתיך יהוה" (תהלים; ק"ל, א'). הטעות של האדם שנמצא במקום נמוך כזה הוא, שהוא סומך על אדם אחר להצילו, במקום להסתכל פנימה לתוך לִבּוֹ, ולגלות את האור האין סופי הקיים בו, ולבקש מהקב"ה סיוע ועזרה.

ישנו מאמר האומר: אם תשתמש במשפט הבא, תוכל לפטור את עצמך מהדין. והמשפט הוא; "**כך רצה השם התברך**". הן אלה מילים טובות וחזקות. לכול אחד מבני האדם, יש עליות וירידות. ישנם מצבים קיצוניים שהאדם חווה ועובר בחייו. ישנם מצבים שאדם חי נורמלי ורגיל, ולפתע בבת אחת, בעיה או צרה מגיעה אליו משום מקום. אך כשאדם יודע לומר את המשפט: "כך רצה ה' יתברך", יורד ממנו עול רב, והוא יכול לקבל את בעיותיו ביתר קלות.

כשאברהם אבינו יצא למלחמה להציל את בן דודו לוט, הבטיח לו הקב"ה, שהוא יהיה אִיתוֹ. אברהם יצא למלחמה, והרג עשרות אלפי בני אדם, רק בכדי להציל את לוט. מדוע יצא אברהם להציל את בן דודו שהוא לא הכי אהב אותו ולא היה איתו בקשר רצוף? (חשוב רק לציין פה, שממואב בן לוט יצא דוד המלך, דרך רות המואביָיה אשת בועז). רקע המלחמה בזמן אברהם, היה סוג של מלחמת עולם ראשונה, והיא התרחשה בארץ כנען. נלחמו בה חמישה מלכים – "**בֶּרַע** מלך סְדֹום. **בִּרְשַׁע** מלך עֲמוֹרָה. **שִׁנְאָב** מלך אַדְמָה. **שֶׁמְאֵבֶר** מלך צְבוֹיִים. ו**בֶלַע**" שהיה מלך עיר קטנה, ששמה צֹעַר. (בראשית; י"ד, ב')

המדרש מציין, ששמותיהם של מלכים אלה, מרמזים על מעשיהם הרעים. שמם מלמד, אודות אישיותם. חמישה מלכים אלה, נלחמו נגד ארבעת המלכים

"**כְּדָרְלָעֹומֶר** מלך עֵילָם, שעמד בראש המלחמה. לצידו **אַמְרָפֶל** מלך שִׁנְעָר. **אַרְיוֹךְ** מלך אֶלָּסָר. ו-**תִדְעָל** מלך גּוֹיִם". (בראשית; י"ד, א')

ארבעת המלכים נכנסו לעָרֵי סדום ועמורה, ותוך כדי המלחמה הם הבחינו בלוט אחיָינוֹ של אברהם, והם לקחו אותו בשֶׁבִי. כך גם אברהם אבינו נגרר לתוך מלחמה זו באזור ים המלח, באזור סדום. אברהם ניצח את המלכים, וכמובן שיחרר את לוט ואת שאר השבויים. הוא לקח עמו את הרכוש שגנבו המלכים, מסדום ועמורה. כאשר הוא שב למקומו, מלכיצדק מלך שלם (ירושלים) הוציא לקראתו לחם ויין, ונתן לו עיטור ניצחון, כפי שנהגו לעשות באותה התקופה וגם כיום, למנצחים במלחמה.

אברהם חזר מהמלחמה, והוא היה מאוד מוטרד על כמות האנשים שנהרגו במלחמה זו. מפחד שמא הוא הרג אנשים או מלכים חשובים, שִׁכְנֵע אותו הקב"ה, שלא היו שם שום אנשים חשובים שנהרגו במלחמה, והוא כינה את ההרוגים: "חבילה של קוצים".

מדוע קוצים? כי כפי שלשושנה שהיא פרח יפהפה, יש בגזע ובענף שלו קוצים שצריכים לנקות ממנה בכדי שהיא תהיה מושלמת, כך גם בני האדם. אדם החי ללא תכלית, שאינו מוצא את הסיבה להיות בעולם הזה בשביל להשלים את משימתו הרוחנית, הוא משול לרובוט לא מתוכנת, שמסתובב סביב צירו. אדם זה משול לקוץ, שמפריע להגיע אל השושנה.

קל לזהות את האדם - המכוּנֶה קוֹץ - ובשפה המודרנית אנחנו מכנים אותו <u>טיפוס בעייתי</u>. כבר מגן חובה ובילדותו המוקדמת של אדם זה, אנו מזהים "זיקוקי דינור" באופיו, ושיש לו "פיוז קצר" שמתפוצץ מהר". אדם זה חסר סבלנות, ורוצה תמיד להיות ראשון בתור, ותמיד חי במתח ועצבים, וכל דבר קטן מעצבן אותו. לרוב, אין לו שום תכלית ומטרה אמיתית בחיים, והוא יחיה את חייו כשהוא עסוק בקִנאה.

נפש הנמצאת במצב כזה, היא הכי שפלה ביקום. וכך אמר הקב"ה לאברהם (בראשית רבה; מ"ד, ד') ; אותן אוכלוסין שהרגת, קוצים כסוחים היו, כמו שכתוב ; "והיו עמים משרפות סיד קוצים" (ישעיהו; ל"ג, י"ב). ר' לוי אמר חורי : לפי שהיה אבינו אברהם מתפחד ואומר, תאמר אותן המלכים שהרגתי, שבניהם מכנסין אוכלוסין ועושים עמי מלחמה? אמר לו הקב"ה, אל תירא, אנכי מגן לך. מה מגן זה, אפילו כל החרבות באות עליה היא עומדת כנגדן, אף אתה נלחם כנגדן. ורבנן אמרו, לפי שהיה אברהם אבינו מתפחד ואומר ירדתי לכבשן האש וניצלתי, לרעבון וניצלתי, עשיתי מלחמה עם המלכים וניצלתי, תאמר שנתקבלתי שכרי בעולם הזה ואין לי כלום לעתיד לבוא? אמר הקב"ה, אל תירא אנכי מגן לך, מגן עשיתי עמך בעולם הזה, ושכרך מתוקן לעתיד לבוא, שכרך הרבה מאד, כמה דאת אמר ; "מה רב טובך אשר צפנת ליראיך". (תהלים; ל"א, כ')

● ● ●

פרק 14

אודך כי עניתני

לכולנו יש אתגרים בחיים. לא קיים כזה מושג - חיים ללא בעיות -. החוכמה היא כפי שאיינשטיין אמר; "כדי לפתור בעיה כבדת משקל, עלינו להגיע אל צורת חשיבה גבוהה מזו היינו בה, כשיצרנו את הבעיה".
זאת אומרת, האדם צריך לעלות את עצמו ברמת המחשבה והמודעות, בכדי לצאת מהבעיה שיש לו. לפי המדרש, הבעיות שעוברות על האדם, זהו גורלו. הווי אומר, שאף אדם לא יכול לברוח מהגורל שלו. האדם חייב להתמודד עם הגורל, כדי לעלות קומה ברוחניות.

ישנם בעיות אשר נגרמות, בכדי להציל אדם מצרה גדולה יותר. דוד המלך אמר; "אודך כי עניתני" (תהלים; קי"ח, כ"א). תודה שעינית אותי בייסורים, כי על ידי כן; "ותהי לי לישועה". (תהלים; קי"ח, כ"א)

מסופר על שלמה המלך שהיה החכם באדם, שבא אליו חבר טוב שלו וביקש ממנו, שילמד אותו את שפת הציפורים. אמר לו שלמה: לא כדאי לך ללמוד את שפת הציפורים, ובכך תמנע מעצמך בעיות בחיים. אמר לו חברו: בבקשה אני חייב ללמוד את שפת הציפורים, כי יש לי שני ציפורים בבית ואני רוצה להבין מה הם מדברות עליי. סירב שלמה ואמר לו: עדיף לך שלא תדע. התחנן חברו בפניו וביקש ממנו, שזה ממש דחוף לו לדעת מה הציפורים מדברות עליו. בסופו של דבר, הסכים שלמה ללמד אותו את שפת הציפורים. לאחר שהוא הבין את שפת הציפורים הוא הלך בדרכו, ושמע שתי ציפורים מדברות. ציפור אחת אומרת לשנייה: רוָאה את האיש הזה? בעוד כחודש, יישרף בביתו. מיד פינה האיש את כל רכושו מביתו. אחרי זמן מה נישרף הבית, ובכך הציל את כל רכושו. כעבור זמן מה, הוא שוב שמע את הציפורים מדברות ביניהן, כשהציפור אחת אומרת לחברתה: את רוָאה את האיש הזה? בעוד כשבוע

יכנסו גנבים לבית העסק שלו, ויגנבו את כל ממונו מהכספת. שמע, ומיד הוא ניקה את כל הכסף מהעסק. כמובן, לאחר זמן מה, פרצו הגנבים לעסק ולא היה שום כסף בכספת. וכך במשך שנה הוא שמע את הציפורים מדברות ביניהן, וכך היה מציל את עצמו מן הצרה. לאחר זמן-מה, שוב הוא שמע שני ציפורים מדברות, כשציפור אחת אומרת לחברתה: את רואה את האיש הזה? בעוד כשבוע הוא ימות מן העולם. שמע האיש זאת ונבהל ביותר, ומיד רץ לשלמה המלך עם הבשורה המרה. שאל אותו שלמה המלך: היכן היית כל השנה האחרונה? סיפר לו האיש אשר כל עבר עליו בשנה האחרונה, ואיך שבזכות שפת הציפורים, תמיד הציל הוא את עצמו. שמע שלמה את אשר עבר עליו ואמר לו: חבל מאוד שהתעקשת ללמוד את מה שלא היית אמור לשמוע ובכך שינית את גורלך. כי הגורל הוא אמת, וכל השינויים שעשית והצלת את כספך ועסקיך, הם שקר. אדם עני נחשב כמת, ובזה ששינית את גורלך שהיה אמור להציל אותך מן המוות, הפסדת את חייך.

את זה אנו לומדים גם מהתורה בסיפור יוסף. כשהוא היה ילד חולם חלומות, כל חלומותיו התגשמו. שני חלומות חלם יוסף. <u>חלום אחד</u>; "והנה אנחנו מאלמים אלומים בתוך השדה, והנה קמה אלומתי וגם נצבה, והנה תסובינה אלומותיכם ותשתחוין לאלומתי" (בראשית; ל"ז, ז'). <u>והחלום השני</u>; "והנה השמש והירח ואחד עשר כוכבים משתחוים לי" (בראשית; ל"ז, ט').

אחי יוסף לא רצו לחיות במציאות שאחיהם הקטן יהיה מלך אליהם, והם עשו הכל, בשביל להוריד אותו לעבדות. הם מכרו אותו למצרים, בידיעה שבצורה זאת לא ייווצר מציאות, שעבד יהפוך למלך. כי כך היה הכלל אז באותה התקופה. 'עבד, לעולם לא יוכל להיות מלך'. בסופו של דבר, הם אלה שגרמו למציאות הזו להתממש בצורה מהירה יותר. מכאן, שאין לברוח מהגורל, כי הוא תמיד יחכה לכל אדם בפינה. לא משנה באיזה צורה אדם ינסה לברוח מגורלו, את הדין והחשבון בסוף של יום, האדם יצטרך לשלם ולהשלים עם המציאות.

אבל יש גם צד מאוד חיובי למעשים שלנו, ובאופן חיובי. כמו הסיפור בגמרא (שבת; קי״ט, א׳) על אדם בשם יוסף שאהב את השבת בכל לִבּוֹ ומאודו. לכבוד שבת הוא היה רוכש ומכין את המזון המשובח ביותר, שיכול היה להשיג. האנשים היו מכנים אותו ; ״יוסף מוקיר שבת״.
לא הרחק מביתו של יוסף, גר אדם עשיר. באחד הימים קיבל האדם העשיר בשורה עצובה : ״אתה עומד לאבד את כל רכושך״, אמרו לו החוזים בכוכבים, ״וכל נכסיך יעברו לשכנך, יוסף מוקיר שבת.״

העשיר המבוהל חשב וחשב, ולבסוף החליט למכור את כל נכסיו. בכסף שקיבל, הוא קנה יהלום. את היהלום הוא תפר בכובע, אותו הוא נטל עמו, לכל מקום שהלך. פעם, כשחלף העשיר על גשר, נשבה רוח חזקה והעיפה את כובעו היישר לתוך הנהר, והיהלום נפל מהכובע. בא דג גדול, ובלע את היהלום הזה.

ביום שישי לאחר-מכן, דגו הדייגים את אותו הדג. הם ידעו שיוסף אוהב לרכוש מזון משובח לשבת, והם מיהרו להציע לו לרכוש את הדג, שהיה דג גדול ומשובח. למרות המחיר היקר, יוסף קנה את הדג היקר הזה ממיטב כספו. כשהוא הגיע הביתה, הוא פתח את בטן הדג ומצא את היהלום. כך, בזכות אהבתו ליום השבת, הפך יוסף מוקיר שבת לעשיר גדול. העשיר המבוהל ניסה לברוח מגורלו, כפי שהאחים של יוסף ניסו לברוח מגורלם. בסופו של דבר, גם העשיר היה הוא זה, שבעצמו גרם למציאות להתממש בצורה מהירה יותר

אנו יכולים לשנות גורלות. אבל עדיף לא לגעת בגורל, ולתת לו להתממש בדרך עצמו. על פי הקבלה וכן בתורת הנומרולוגיה, הספרה **אֶפֶס** מציין ׳כל יכול׳. היא מכילה את כל הבריאה בתוכה. הוא מציין את הכוח האלוהי, והוא הספרה שמעצים כל ספרה או מספר הנמצא לידו לחיוב או לשלילה. באופן סימבולי, הספרה 0 מציינת את היכולת והכוח לשנות את הגורל.

לכל אדם, יש ים של כוחות רוחניים ועוצמתיים בתוכו. לפי התנהגותו של האדם, כך יהיה כוחו. ממש כמו רובוט. אם שמים לרובוט סוללה משומשת וניתן לרובוט פקודה ללכת למקום מסוים, אבל הסוללה מספיקה להגיע רק

למחצית הדרך, אז הרובוט יזוז בקושי רב, עד שהוא יעצור לגמרי. אבל אם שמים ברובוט סוללה חדשה ומלאה באנרגיות, הרובוט ירוץ במלוא העוצמה לַיַעַד.

כך בדיוק גם אנחנו בני-האנוש. גוף האדם הוא מכונה אנושית, והסוללה שלו היא הנשמה. היא מייצרת אנרגיה אין סופית. לפי מצבו הרוחני של האדם, כך הסוללה שלו עובדת. היא יכולה להיות מחוברת באדיקות לגוף, או עם חוט דק שמעביר מספיק כוח, רק בכדי לשמר את הגוף בחיים. הבחירה היא של האדם האמור לשלוט בגופו.

הנשמה היא זו שנותנת אנרגיה לגוף, ואת הכוח ואת האינטואיציה ללכת בדרך מסוימת, הנכונה לה. ברגע שהגוף מחליט שהוא רוצה ללכת בדרך אחרת שלא מתאים בדיוק לרצונה האמיתי של הנשמה, המצבר שמחובר לנשמה מקבל פחות אנרגיה, להגיע ליעד שהגוף בוחר. בדיוק כפי שלרובוט אין מספיק סוללה להגיע ליעד, כך גם האדם שהולך בדרכים חשוכות, מאבד מכוח האנרגיה של הנשמה.

<u>אין לי כלום!!</u>

לעיתים אדם חש, שאין לו כלום. אך <u>מהו כלום</u>?
האם באמת יש דבר כזה - כלום?

הרמב"ם אמר, שאדם אינו יכול לדמיין במחשבתו את הכלום. משום שלא קיים ביקום דבר כזה, הנקרא "כלום".

ה-כְּלוּם, הוא הכל. בדיוק כפי שהשם יתברך ברא את העולם בתוך ה-"כְּלוּם". הכלום הוא בעצם פוטנציאל, שיש בו את כל האפשרויות. רק מכלום, אפשר לעשות משהו חדש. כי ממשהו שכבר קיים, אי אפשר לעשות ממנו משהו חדש. אלא רק משהו שכבר יֶשנוֹ.

מנהל חֶברה, לא יכול לנהל עוד חֶברה באותו זמן בו הוא מנהל את החברה הראשונה. בשביל לנהל עוד חֶברה, הוא חייב לעזוב את מקומו בעבודה הקיימת, בכדי שהוא יהיה במצב של **ריק**, במצב של **כְּלוּם**, ורק אז הוא יכול להתחיל לעבוד במקום החדש.

דבר זה נכון לכל אירוע או מצב, בבריאה. הבורא מטמין את עצמו בתוך הבריאה בתוך הכלום שהוא הכל, וזה הכוח שלו של "להיות הכל". זוהי הסיבה, שהמילים הראשונות בתורה הם; "בראשית ברא אלהים" (בראשית; א', א'), ולא כתוב ההיפך; "אלהים ברא בראשית". אנו הרי רגילים לומר על משהו שיצר משהו חדש: "יוסי בנה את הבניין". אנו לא אומרים: "הבניין שבנה את יוסי".

בתוך המילה בר<u>א</u>שית יש לנו את האות אל"ף שהיא נהגית ללא צליל, אך היא נאלמת בתוך המילה בראשית. כך כל הבריאה קיימת בתוך הכלום, שאינו נראה לעין ואינו מורגש.

נחשוב לרגע על המושג הזה "**כְּלוּם**". אם אני נכנס לחדר שאין בו כלום, אז מה כן יש בו? יש בו קירות, תִקרה, וריצפה. אז למעשה, החדר לא ריק מכלום. ואם

אני נמצא בבית ריק שאין בו כלום, עדיין יש בו חדרים, מטבח, ושאר מרכיבים של הבית. אז זה לא ממש כלום!

אז בואו ונעבור למדבר. שם בטוח **אֵין כְּלוּם**!
אבל גם במדבר יש חול, אדמה, שמים, ואוויר. המדבר הוא לא ממש כלום, כי יש בו כל מיני מרכיבים שציינתי. אם כן, אין לנו ברירה אלא לצאת לחלל, כי החלל הוא כלום. החלל נקרא חלל, כי זה מקום ריק ושומם. אבל גם החלל הוא עדיין מקום מסויים שקיים ביקום, בשביל לאחסן בו דברים. כמו את כדור-הארץ שלנו, וכמובן הירח, השמש, הכוכבים, וכל מיליוני הגלקסיות שביקום. זאת אומרת, שלחלל יש מקום שהוא מתחיל ונגמר בו, בהתאם לכוכבי הלכת וחלקיקי הבריאה בו. כך שהחלל גם לא יכול להיות כלום. אז מהו בעצם - כלום?

בכדי ש-כְּלוּם יוכל להיות ולהתקיים, חייבים להעלים את הכל. זאת אומרת, שעלינו להעלים גם את הבורא, ואז ייווצר מצב של כלום ממש ואמיתי. אם כן, כלום לא באמת יכול להתקיים בשום מקום. כי הבורא נמצא בכל מקום, ובלתי ניתן להעלימו.

אפילו אדם שהסתלק מהעולם, הוא עדיין קיים. איינשטיין הגיע למסקנה בסוף חייו, שכשאדם מת, עדיין הוא נשאר קיים לכאורה, כי אנרגיה לא יכולה למות. אנרגיה רק מחליפה צורה ומִשתנה. לכן, אנחנו לא באמת יכולים לדמיין מה זה כלום.

מסופר, שרב יהודה אמר, ששמֵי השמים הוא לא חלק מהשמים, אלא הוא רקיע נפרד לגמרי. וכך, לא רק מה שהאדם רואה כשמים הוא המציאות היחידה הקיימת במרחק למעלה, אלא לשמים יש מציאות בנפרד. הרקיע העליון לא שייך לעולם שלמטה ממנו, כיוון שהוא מנותק ממנו, ועדיין הוא מציאות קיימת, ויש בו ביטוי מדויק יותר של שם הבורא היחיד.

שמֵי השמים קיים כמציאות. ומונח בו ההכרה, שלא כל מה שהאדם לא תופס בשכלו, בהכרתו, או בעיניו, לא קיים. כיון שיש גם משהו אחר מתפיסת האדם. הווי אומר, שאין בשמים רק 'שמים ושמי השמים', אלא יש בו מציאות שלמה, שבריאתה מקבילה לבריאת מעשה בראשית, שגם הוא מחולק לבריאה של שבעה ימים. וכמו שבריאת הארץ יש בה חלוקה פנימית של שבעה שלבים, כך הוא גם בשמים.

יש בשמים מציאות שלמה ומורכבת, לא פחות מהבריאה שעל הארץ. כפי שאמר שלמה בתפילתו בבניית הבית לה'; "כי הנה השמים ושמי השמים לא יכלכלוךָ" (מלכים א'; ח', כ"ז). לא רק השמים מכילים את ה', אלא גם שמי השמים מכילים אותו.

זאת אומרת, שאפילו כשאין כלום, עדיין יש משהו ב-אַיִן. זה מה שמרתק בקסם של הטבע, שנוצר יֵש מ-אַיִן. זוהי ההוכחה, שאפשר ליצור משהו מכלום. בדומה לסִפרה אפס - **0** - שהוא כלום, והוא כשלעצמו אינו שווה כלום, אבל הוא הכול. צורת האפס הוא עגול, העולם הפיזי הוא עגול, כל הבריאה היא עגולה, וכל החיים הם עגולים.

אז ברגע שאתה מרגיש שאתה אפס ואין לך כלום, זה הרגע שיש לך את כול האפשרויות. במצב זה, כל הדלתות פתוחות לפניך. כי האפס הוא מצב של יֵש מ-אַיִן. שמחת החיים מתחילה במצב זה. ניתן לדמות זאת לילד קטן שזה עתה נולד. עדיין אין לו כלום, אבל הוא יכול ליצור לעצמו, כל יֵש (מציאות) שהוא ירצה.

מה זה שמחת חיים?

שמחת חיים זה לא כסף, חגיגות, בית ענק, רכב יקר, מטוס פרטי, וזה לא להיות בעל הבית של גורדי שחקים. שמחת חיים מגיעה מתוך הנשמה, וממעשיו של האדם. כפי שגבר מתחתן עם אישה, כך גם השכִינה מתחברת עם הבורא ברוך הוא. אנו חלק מהשכינה. אנחנו הזיווג של השכינה. ברגע שאנחנו מעליבים את השכינה וגורמים לה לרדת למטה מבחינת רוחנית ואנרגטית, כך אנו מתרחקים אנרגטית מהבורא המכוּנֶה האור האינסופי. ברגע שאנו רחוקים מהאור, יש רק חושך.

ישנם אנשים שנראים כאנשים מצליחנים, שמחים, ועפים על החיים, בפני הזולת. אך בתוך תוכם, המצב לעיתים שונה לחלוטין. זהו מצב בו האדם דיכאוני, עצוב, אומלל, ואינו מבין מי הוא ומה הוא. לכן הוא בוחר לברוח מעצמו באמצעות עזָרים כמו: שתייה, סמים, אלכוהול, פוּזָה, תדמית, וכו׳. אבל ברגע שאדם מבין שהוא חלק ממערכת שלמה, הוא לומד לצמצם את עצמו ולתת מקום לזולת מבחינה רגשית. כך הוא פותח את הדלת לאור האינסופי ולשמחת החיים להשתלב בנפשו.

כשאדם חווה <u>מכשול</u>, זו ההזדמנות שלו לצמות. כשאדם עובר חוויות בחיים שהם לא בהכרח נעימות, טבע האדם הוא ליפול לדיכאון. וטבע הנשמה הוא, לקלוט זאת כהזדמנות לעלִיָּיה רוחנית.

הגוף והנשמה הם שני שותפים שלא סובלים אחד את השני, והם צריכים ללמוד להסתדר ביניהם. ברוב הפעמים, הגוף הפיזי ינצח את הנשמה הרוחנית, מכיוון שאנו חיים בעולם חומרי, ויותר קל לחומר לנצח את הרוח בתוך עולם החומר. לכן אנו צריכים ללמוד, שכל פעם שהגוף בנפילה והנפש בדיכאון, הנשמה חייבת לקבל את תא הקוקפיט של הטייס. כך הנשמה תנצל את ההזדמנות להתעלות רוחנית, וכך גם הגוף ילמד להתעלות על העולם הפיזי, וכך יקבל אדם את הרשות לראות מלאכים ודברים על טבעיים, שילַמדו את האדם לחיות את החיים באהבה, בשמחה, ובנתינה אינסופית. כי רק במעשים חיוביים, מקבלים מתנות חיוביות. עולם העשייה נוצר במילים, אך פעולת

העולם נוצרו באמצעות מעשים. לכן כשאנו חושבים שהיקום נותן לנו סטירות ומתנקם בנו על מעשים שאנו חושבים שהם שליליים, למעשה, היקום פותח לנו דלת להתעלות ברוח.

חכמינו מלמדים אותנו, שבחודש ניסן היו מאורעות מרכזיים בחיי האומה. בחודש זה נולד יצחק, ונעקד בו. ובו נגאלו ישראל, ובו הם עתידים להיגאל. הגאולה היא, שחרור מעבדות לחרות. זהו מצב של שחרור מתלות בזולת. הזמן המתאים להגיע למצב נפשי זה הוא חודש ניסן, שהוא ראשון לחודשים. החודש הראשון מציין באופן סימבולי את הלבד, העצמאי, הראשון, את זה שאינו נגרר אחר אחרים, ואינו מחקֶה אף אחד אחר. וזה ענין הגאולה. זה מה שאמרו ובו רמז להם לישראל, שהוא ראש להם לתשועה. שנאמר; "ראשון הוא לכם לְחָדְשֵׁי השנה". (שמות; י"ב, ב')

חודש זה מציין ביהדות כמובן, את השחרור מעבדות. השחרור מהעול החיצוני, מאפשר את החזרה לתוכן העצמי הפנימי, ולטבע האלוהי הטבוע בקרבֵּנו. הגאולה משחררת את הנפש מנמיכות קומה של עצמה. הגאולה מחזירה לישראל את הביטחון העצמי, ואת ההכרה של הרוח הפנימית הגדולה הכמוסה בתוכנו. רוח ה', היא עליונה מכל הרוחות האנושיות. לכן נאמר; "רבות מחשבות בלב איש ועצת יהוה היא תקום" (משלי; י"ט, כ"א). הווי אומר, הכוח הפנימי, הרוח האלוהים הפנימית, היא זו שתקום. היא זו שתקבע מה יהיה ומה יקרה.

פסח הוא חג פרטי שלי, שלך, ושל הזולת. בערב פסח עושים בדיקת חמץ אישית לכל אחד ואחת מאיתנו. כשהכוונה היא, שעל כל אחד ואחת מאיתנו, לבדוק את "החמץ הפנימי" שבנו, וליצור ניקיון רוחני מוחלט בתוכנו.

בכל שנה ושנה, אנו חוגגים את חג הפסח. משום, שבחג זה שאבותינו יצאו ממצרים. אבל עלינו ללמוד זאת על בשרֵינו ונשמתנו, מה זה אומר או מרגיש, לצאת מעבדות לחרות. לכל אדם ואדם, יש את הבחירה איך להתחבר לרוח ואיך להתחבר לגשמיות. בכל שנה אנו מנקים את הבית לפסח. הרבה מאוד

זמן מנקים את הבית (זמן דאגה לגשמיות), עד שהגענו למצב שאנחנו כבר מנקים את הניקיון בעצמו, כך שכבר לפני החג עצמו אין מה לנקות.

אנחנו צריכים להפְנים את המתנה הרוחנית שקיבלנו, למרות שהמצב בעולם כולו נראה לנו כחושך מוחלט. עלינו להפסיק להסתכל החוצה לעולם, ולא לתת תשומת לב לעולם החומרי, אלא להתמקד בעיקר בעולמנו הפנימי.

יש לנו את כל הסיבות להסתכל פנימה בתוך הנפש, ובזמן זה אנו אמורים לנקות את קודש הקודשים שלנו - הנשמה. כולנו מלאים בחמץ נשמתי. ועכשיו בפסח, קיבלנו במתנה מבורא עולם לנקות את הנפש הפגועה בכתמי חמץ. לכן, הגיע הזמן לעשות ניקיון פסח בתוך ונשמתנו ולתת לעצמנו הזדמנות להכין את נשמתנו ככלי כשר לפסח, ולהזמין לקבל את האור הקדוש בתוכנו - להאיר את עולמנו הגשמי דרך הרוחניות, בחיבור הנשמתי של האני שבך, לאני שלמעלה ממך.

הנשמה האינסופית מחברת אותנו לאור האינסופי, המלמד אותנו את הדרך לקבל את האור שכולו נתינה, ושאנו חייבים להיות בנתינה לזולת באהבת חינם. בכך אנו זוכים להיות כלי שמסוגל לקבל את האור, שנותן לנו להעריך ולאהוב את עצמנו, ופותח לנו דלתות נעולות שבמוחנו. אנו מודעים לכך, שאין ביכולתנו לפתוח אותם לבד. כפי שלמדנו מיציאת מצרים, כשעם ישראל הגיע לים סוף. במוחם הגשמי, הם ידעו שאין מצב לחצות את הים בשלום, ואז הים נפתח בפניהם.

שלושה עשר עיקרים:

שלושה עשר עיקרים של אמונה של דת ישראל נוסחו על ידי הרמב״ם בספרו מורה נבוכים. בקהילות ישראל קיבלו את 13 עיקרי האמונה היהודית שמָנָה הרמב״ם בפירושו למשנה במסכת סנהדרין, והם - 13 עיקרים המכונים גם כשורשי הדת היהודית.

כשהייתי בתיכון, המורה לימד את הכיתה אודות שלושה עשר עיקרים. קם תלמיד ושאל: ״למה המורה חוזר כל בוקר על העיקרים? הרי אני מאמין, לכן אני מתפלל אליו כל בוקר?״

כמובן שאני מאמין. אך חוזרים על זה, כי זה לא תפילה או בקשה כלשהיא. זוהי אמונה. והאמונה הזאת, היא מקור כוח רוחני לאדם. בדיוק כפי כשתינוק לומד ללכת, הוא יצטרך ליפול כמה וכמה פעמים. האם הוריו יגידו לילד: ״שב ואל תנסה ללכת יותר, כי אתה בחיים לא תצליח״? כמובן שדבר כזה, לעולם לא יקרה. כי כל הורה רוצה לראות את ילדו, עומד על רגליו והולך כאחד האדם.

אנו חיים בעולם העשייה. זה עולם שיש בו אתגרים, ואנו מתמודדים עם בעיות לא תמיד קלות. כל יום, זהו מלחמת קיום. בסוף כל יום, המוח מעביר מידע לתוך התת-מודע. ובכל יום, התת-מודע משנה את הדפוסים שלו, לפי הדיווחים שהוא מקבל מהמוח, ומתוך המודע של האדם.

כשאדם עובר אתגרים, המשפיעים עליו באופן שהתת-מודע מקבל את זה כחד משמעי ושולח את זה בחזרה אל המודע, אדם מתחיל לשנות את התנהגותו כלפי עצמו וכלפי העולם. במילים אחרות, הוא בונה אישיות ושותל שתילים חדשים על עצמו, לשארית ימיו. אם הוא לא יעשה מעשה בשביל לשנות את הגישה שלו, בעיקר בגישה השלילית שלו כלפי עצמו, כלפי משפחתו, וכלפי העולם כולו, הוא עלול להגיע למצב שיגרום לו לפקוד להיות בדיכאון, ולהאמין שהוא חסר יכולת, ויאמין שהעולם לא מוכן או לא יכול לקבל אותו.

195

היה תנא אחד בגמרא שאמר, שהמילה הראשונה שיוצאת לו מפיו בבוקר, היא זו שתגרום לו, איך יֵרָאֶה היום שלו. זו כמובן הסיבה, שאנו אומרים "בוקר טוב" זה לזה. משפט זה, משפיע באופן תת-מודע על היום שלנו לטובה. כמובן שהוא משפיע רק באופן חלקי. כי הבוקר בהחלט יכול להיות טוב, אך עדיין יש לנו את המחשבות השליליות שלנו שמשפיעות על החשיבה שלנו, ועל המעשים שלנו, ועל הֶלֶך היום כולו.

כשאנו נמצאים במצבים שונים בחיינו ואנחנו מסתכלים על אנשים שונים שעוברים מצבים בחייהם, תמיד נראה לנו, שלנו יותר קשה מהם. זה שורש דברֵי המשנה; "אל תדון את חברך עד שתגיע למקומו" (פרקי אבות; ב', ה'). לפעמים ישנם מצבים חריגים שאנחנו רואים אדם סובל, הוא נרדף על לא עוול בכפו, ובכל זאת הוא ממשיך לשרוד ולהילחם כאריה באויביו, עד כדי כך, שאנחנו מרימים גבָּה ושואלים, מהיכן בא לו הכוח הזה? בדרך כלל כוח זה מגיע ממקום רוחני. זה לא כוח גשמי בכלל.

הנה לפניך שלוש עשרה עיקרים המלמדים אותנו, שלא משנה באיזה מצב אנו נִימְצָא בחיינו, תמיד יש מישהו שמשגיח ומנהל את העולם. בזה שאנו אומרים את שלוש עשרה העיקרים הללו, זה מכניס לתת-מודע אינפורמציה המשבשת את כל המחשבות השליליות והפחדים שאדם סוחב איתו, וזה נותן לאדם תחושה שהבעל הבית תמיד עומד לצידו ומצליח את דרכו.

חשוב מאוד להבין כל מילה ומילה שאנו אומרים בשלושה עשר עיקרים אלו, בכדי שזה ייכנס בתת-המודע שלנו, וייהפך להיות אמת לאמיתה בתוכנו. זהו הכוח הרוחני המחבר בין המודע לתת-מודע. זה יתן לנו את הכוח להתחבר למילים, וללמוד שאנו חלק בלתי נפרד מהבורא. כך שמה שאנחנו קוראים במילים של שלוש עשרה העיקרים, הופך למעשה להיות ה-"אני", שהוא בתוך הבורא יתברך.

הנה שלושה-עשר העיקרים. אך בואו ונקרא אותם ונתחבר לכל מילה ומילה, כשאנו מרגישים שאנו נמצאים ממש בתוך מילה ומילה וחווים אותה ממש.

1. שהבורא יתברך שמו הוא בורא ומנהיג לכל הברואים, והוא לבדו עשה ועושה ויעשה לכל המעשים.

היסוד הראשון - מציאות הבורא ישתבח. והוא, שיש שם מצוי בשלמות אופני המציאות, והוא עִילַת מציאות כל הנמצאים, ובו קיום מציאותם, וממנו נמשך להם הקיום.

2. שהבורא יתברך שמו הוא יחיד ואין יחידות כמוהו בשום פנים, והוא לבדו אלוהינו, היה הווה ויהיה.

היסוד השני - אחדותו יתעלה. והוא, שזה עִילַת הכל אחד, לא כאחדות המין ולא כאחדות הסוג, ולא כדבר האחד המורכב שהוא מתחלק לאחדים רבים, ולא אחד כגוף הפשוט שהוא אחד במספר, אבל מקבל החלוקה והפיצול עד בלי סוף.

3. שהבורא יתברך שמו אינו גוף, ולא ישיגוהו משיגי הגוף, ואין לו שום דמיון כלל.

היסוד השלישי - שלילת הגשמיות ממנו. והוא, שזה האחד אינו גוף ולא כח בגוף, ולא יראוהו מאורעות הגופים כגון התנועה והמנוחה, לא בעצם ולא במקרה. ולפיכך שללו ממנו עליהם השלום החיבור והפירוד, ואמרו שאין בו, לא ישיבה ולא עמידה לא עורף ולא פנים.

4. שהבורא יתברך שמו הוא ראשון והוא אחרון.

היסוד הרביעי - קדמות הבורא. והוא, שזה האחד המתואר הוא הקדמון בהחלט. וכל נמצא זולתו, הוא בלתי קדמון ביחס אליו.

5. שהבורא יתברך שמו לו לבדו ראוי להתפלל ואין ראוי להתפלל לזולתו.

היסוד החמישי - שהוא יתעלה, הוא אשר ראוי לעבדו ולרוממו ולפרסם גדולתו ומשמעתו. ואין עושין כן לְמה שלמטה ממנו במציאות, מן המלאכים, והכוכבים, והגלגלים, והיסודות, וכל מה שהורכב מהן.

6. שכל דברי נביאים אמת.

<u>היסוד השישי</u> - הנבואה. והוא, לדעת שזה המין האנושי יש שימצאו בו אישים בעלי כישרונות מפותחים מאד ושלמות גדולה, ותתכונן נפשם עד שמקבלת צורת השכל, ויתחבר אותו השכל האנושי בשכל הפועל, ויאצל עליהם ממנו אצילות שפע, ואלה הם הנביאים, וזוהי הנבואה.

7. שנבואת משה רבנו עליו השלום הייתה אמיתית, ושהוא היה אב לנביאים, לקודמים לפניו ולבאים אחריו.

<u>היסוד השביעי</u> - נבואת משה רבינו. והוא אביהם של כל הנביאים שקדמו לפניו והבאים אחריו, והם למטה ממנו במעלה.

8. שכל התורה המצויה עתה בידינו, היא הנתונה למשה רבנו עליו השלום.

<u>היסוד השמיני</u> - תורה מן השמים. שכל התורה הזו הנמצאת בידינו היום הזה, היא התורה שניתנה למשה, ושהיא כולה מפי הגבורה.

9. שזאת התורה לא תהא מוחלפת, ולא תהא תורה אחרת מאת הבורא יתברך שמו.

<u>היסוד התשיעי</u> - זה הביטול. שתורת משה לא תתבטל, ולא תבוא עוד תורה מאת ה׳ חוץ ממנה, ולא יתוַסֵף בה ולא יגרע ממנה, לא בכתוב ולא בפירוש, ולא יכתוב את התורה מחדש.

10. שהבורא יתברך שמו יודע כל מעשה בני אדם וכל מחשבותיהם.

<u>היסוד העשירי</u> - ״רבות מחשבות בלב איש ועצת ה׳ היא תקום״. הפסוק בא ללמדנו ענווה. כל המחשבות והתוכניות הרבות שלנו עלולות להתבטל, אם לה׳ יש תוכניות אחרות עבורנו. הרעיון שעצת ה׳ מבטלת לפעמים את מחשבות האדם, נזכר בסיפורים רבים בתנ״ך, וחלקם נזכרו במדרש. כמו הפתגם היידישאי שאמר אברהם טורקובסקי ז״ל: ״האדם חושב ואלוקים צוחק״. רעיון זה נזכר במקומות רבים בתנ״ך שהוא יודע מעשה בני אדם ולא הזניחם, ולא כדעת האומר, עזב ה׳ את הארץ, אלא כמו שאמר גדול העצה ורב העלילה, אשר עיניך פקוחות על כל דרכי בני האדם.

11. שהבורא יתברך שמו גומל טוב לשומרי מצוותיו ומעניש לעוברי מצוותיו.

<u>היסוד האחד עשר</u> - משלם גמול טוב למי שמקיים מצוות התורה, ומעניש מי שעובר על אזהרותיה, ושגמולו הגדול הוא העולם הבא.

12. אמונה שלמה בביאת המשיח, ואף על פי שיתמהמה, עם כל זה אחכה לו בכל יום שיבוא.

<u>היסוד השנים עשר</u> - ימות המשיח. והוא, להאמין ולאמת שיבוא ואין לומר שנתאחר. אם יתמהמה אחכה לו, ואין לקבוע לו זמן.

13. שתהיה תחיית המתים, בעת שיעלה רצון מאת הבורא יתברך שמו ויתעלה זכרו לעד ולנצח נצחים.

<u>והיסוד השלשה עשר</u> - תחיית המתים. כאשר יהיו קיימים לאדם כל היסודות הללו ואמונתו בהם אמיתית, הרי הוא נכנס בכלל ישראל, וחובה לאהבו ולחמול עליו. וכל מה שציווה ה' אותנו זה על זה, מן האהבה והאחווה.

נומרולוגיה קבלית:

בנומרולוגיה הקבלית, יש משמעות לשנה האישית של כל אדם. שנה אישית פירושה, אבחון מוקדם עבור מה שיקרה עימנו בשנה הקרובה. השנה האישית בנומרולוגיה, באה לעזור לנו עם אתגרֵי החיים. מבחינה נומרולוגית, האנרגיה המשתנה מיום הולדת ליום הולדת, והיא מתארת את האתגרים ואת ההזדמנויות שתתרחשנה בשנה זו.

באבחון נומרולוגי של השנה האישית שלנו, ניתן לקבל מענה לשאלות על מצבים שאדם עובר; לדוגמא - מתי הוא הזמן הטוב ביותר עבורנו להתחתן, ללדת לילדים, יצירת מקור עבודה, וכו׳.

קודם כל, עלינו להבין תחילה מהי השנה האישית שלנו, ואיך למצוא אותה. השיטה היא פשוטה:

1. עליך לחבר את יום הלידה שלך עם חודש לידתך. אם נולדת בתאריך 8/11/2000, עליך לחבר את יום וחודש הלידה - 1+1+8=10. התוצאה היא **<u>10</u>**.

(יהיה עליך להוסיף כמובן את השנה הנוכחית במקרה שלנו, היא שנת 2022. המתחילה בתאריך יום ההולדת שלך 8/11/2022).

2. מצמצמים את ה-10 לספרה בודדת; 0+1=1. התוצאה היא **<u>1</u>**.

3. כעת, עליך לחבר את השנה הנוכחית (2022), 2+2+0+2=6. הספרה שהתקבלה היא **<u>6</u>**.

4. כעת מחברים את הספרה שהתקבלה למעלה (<u>1</u>), עם הספרה שהתקבלה זה עתה (<u>6</u>), 1+6=7, והשנה האישית שמתקבלת היא: **<u>7</u>**.

5. לנולדים מיולי עד דצמבר יש להוסיף את הספרה 1. עכשיו שאנו יודעים מהי השנה האישית, כעת נותר לנו להבין מה אומרת כל שנה.

שנה אישית 1:

התחלות חדשות והזדמנויות. אלה הם התחלות חדשות לגמרי. זוהי שנה חדשה במחזור חיים חדש, בה אתם מוּנָעים להתחיל תוכניות חדשות. זו שנה מאוד חשובה, ויש לה השלכות לשנים הבאות. בשנה זו אתם מלאים באנרגיות, ומרגישים בטוחים וחזקים לקדם מטרות, וכעת הזמן לתכנן מהלכים לבניית התחלות חדשות ומטרות נוספות, ואפילו להרחיב את הקיים. בשנה זו חשוב לקבל את הסיוע הדרוש, אך לצד זה להיות הכוח המניע והמחליט. כל צעד שמתבצע בשנה זו ישפיע על העתיד. זהו זמן שמשול ללידה, וזו שנה של הזדמנויות. חשוב לא לפספס אותם!

שנה אישית 2:

צמיחה, שיתופי פעולה, והרחבת הקשרים או יצירת קשרים חדשים. זוהי שנה שבה אתם ממשיכים לטפח יוזמות שהתרחשו בשנה שעברה. בשנה זו חשוב לעבוד בשיתוף פעולה, על מנת להתקדם. סביר להניח שתחוו בשנה זו עימותים בזוגיות, וידרשו מכם גישה מתונה. הרגישות תהיה גבוהה, והיא תהיה מאופיינת במצבי רוח רבים ורגשנות. לכן, עליכם לשמור על שיווי משקל, ולבוא עם נכונות לעקוף מכשולים מול מטרתכם. המישור הרגשי יתפוס חלק חשוב בשנה זו, לצד אפשרויות לכונן קשרים זוגיים ו/או שיתופי פעולה. יהיו לכם הזדמנויות לשיתופי פעולה מקצועיים שיכולים לעזור לכם לקדם את הצמיחה, ולעשות בחירות נכונות. יצירת קשרים, הם המפתח לשנה זו. אבל בשנה זו יהיה לכם גם תשומת לב ורצון להורוּת, לזוגיות משמעותית, ותשומת לב לנשים. זוהי שנה הורמונלית עם דגש על הרחם, וזה זמן טוב להיכנס להריון.

שנה אישית 3:

דלתות נפתחות. זוהי שנה של לידה ופריון, ושנה של התרחבות, צמיחה, יצירתיות, ושפע. היא נקראת שנת המזל. זו שנה של אופטימיות וחיים חברתיים דומיננטיים. גם רומנטיקה והתאהבויות תהיינה באוויר. זו שנה מאוד טובה מבחינה כלכלית. במידה ותאבד את עבודתך, תמצא עבודה חדשה מהר.

שנה אישית 4:

שנת מבחן ומשוב מהיקום, באמצעות הגעה להצלחה. זוהי שנה של חשבון נפש, שבה תבחַן, האִם בשלושת השנים הקודמות בניתם יסודות איתנים, או לא. זו שנה שבה היקום יראה לכם אם אתם בדרך הנכונה, או שלא. זו שנה שהלחצים יתגברו, והאחריות תהיה כבדה יותר. בשנה זו חייבים להיות קשוב לקול הפנימי שבתוכנו ולהבין את המסרים, ולתכנן את המשך הדרך כדי לעלות על הדרך להצלחה. בשלוש שנים הקרובות, זהו הזמן שהיקום מבקש מכם לשנות את דרככם, אם אתם בדרך הלא נכונה. את התשובה תקבלו בעוד שלוש שנים (בשנה אישית מספר שבע).

שנה אישית 5:

בשנה זו צפויים שינויים והפתעות, וצריך ליישם את התוצאות בשטח. זוהי שנה טובה להכרה ופרסום, במידה ותהליך הבניה שלכם עד עכשיו היה בדרך הנכונה. כעת זה הזמן לבטא את הייחודיות והאינדיבידואליות ותרגישו שאתם יותר בתנועה, ואפילו בכושר גופני טוב יותר. זה זמן טוב לצאת לטיולים ולחופש, ללא גבולות ומעצורים. עליך להיערך לשינויים משמעותיים. צפויים פרֵידות, לצד מצבים מפתיעים מבחינה אישית ואף זוגיים. קשרים שלא משרתים אותך יותר, יסתיימו. קשרים חדשים יכולים להיכנס לחייך. זאת בהחלט שנה שמבקשת מכם להיות אקטיביים, ולעשות שינוי בחיים.

שנה אישית 6:

משפחתיות. בשנה זו תהיה התחייבויות משפחתיות. עליכם להשקיע יותר בבית ובמשפחה, וזה הזמן הכי טוב להשקיע בזוגיות. זוהי שנה של חתונות או גירושין, או הרחבת המשפחה, זו שנה טובה לשיפוצים בבית.

שנה אישית 7:

שנת תיקון. זוהי שנת התשובות של שנה מספר 4. זוהי בעצם, שנת שמיטה לכל דבר. אתם תרגישו שזהו זמן לפרישה והתבודדות, ולהערכה מחדש של המאמצים של ארבעת השנים הקודמות. בשנה זו, הנפש - הרוח - והנשמה הן השולטות, והעייפות גוברת. יש להקשיב לגוף, ולנוח. כל ההסתכלות תהיה

מכוּוֶנת פנימה לתוך מהותך. כי זו שנה של תיקון וניתוק, וזמן לחשבון נפש והתחברות לפַּן הרוחני. לכן, הנתיב או הדרך בה תעבור בשנה זו יהיה יותר רוחני, ופחות חומרי. זהו הזמן ללימודים, ריפוי נפשי, והתפתחות אישית. בשנה זו, לא מומלץ לחתום על חוזים והלוואות.

שנה אישית 8:

זוהי שנה שהשישה החודשים הראשונים הם זמן של התחזקות, אחרי שנת השבת שהיא שנה אישית 7 הקודמת לה. השישה חודשים השניים, יתמקדו סביב נושאי עבודה והצמיחה הכלכלית. אנשים שהשקיעו בשנים הקודמות מאמצים וניסיונות, שנה זו תתגמל אותם בצורה חומרית והם יקצרו את פירות. אם השקעת במסלול הנכון, הפירות יהיו מתוקים ביותר.

שנה אישית 9:

סיומים וסגירת מעגל, של ה-8 השנים שעברו. בשנה זו, קשרים זוגיים שלא עובדים טוב, מגיעים לסיומם. כל מה שלא נחוץ יותר בחייך, יוסר מדרכך בכל המישורים. המבחנים האישיים שבהם תעמוד, מרובים. עם זאת, זכויות וכספים שחייבים לך, יגיעו אליך. כי בשנה זו, חובות וזכויות נפרעים. זוהי שנה של: "נקודת הסיום הגיעה". לכן, כל החובות והזכויות אמורים להיפרע. וכן כל מה שלא סגור או הושלם, יהיה חייב להגיע לסיום ופתרון. זו שנה שהאינטואיציה בה מאוד מפותחת, והיא תכוון אותך לקראת השנה הבאה, כהכנה לקראת לידה. אז שים לב למתרחש סביבך. עלייך לתכנן את הצעדים שלך, לקראת המחזור הבא.

● ● ●

פרק 15

הכל צפוי והרשות נתונה

בספר "אמונות ודעות" של הרב סעדיה גאון מהמאה העשירית, אשר היה אחד מספרי היסוד במחשבת ישראל שהתחברו בימי הביניים, ונחשב לפורץ בתחום הפילוסופיה היהודית כתוב; "אלא אנו בדעה שהוא יודע כל הדברים כפי אמיתת היותם, וכל דבר מהן שיבחרהו האדם, כבר ידע שהאדם יבחרהו. ואם יאמר; וכאשר ידע ה' שהאדם ידבר האם יתכן שישתוק? אמרנו בלשון ברורה, כי האדם אם היה שותק במקום שידבר, אנו מניחים מיסוד הדבר, כי ה' ידע שהאדם ישתוק, ואי אפשר שנניח שהוא ידע שהאדם ידבר. לפי שהוא יודע הפעולה הסופית מפעולות האדם, הנעשֵׂית לאחר כל מחשבה מצדו והקדמה ואיחור, אותו עצמו הוא שידע, כמו שאמר; "יהוה יודע מחשבות אדם" (תהלים; צ"ד, י"א), ואומר; "כי ידעתי את יצרו אשר הוא עושה היום". (דברים; ל"א, כ"א)

היו פילוסופים שסברו, שמעלתו של אלוקים מתבטאת בכך, שהוא מרומם מכדי לרדת לפרטי הנעשה בעולם. אילו הוא היה יודע את מעשי בני האדם, הרי שידיעתו האלוקית היתה משתנה בהתאם למתרחש בעולם.

הרמב"ם (מורה הנבוכים ח"ג, י"ז) במחשבת ישראל - מציין וטוען, שאלוהים הוא כל כך נשגב, עד שידיעת פרטי הנעשה בעולם הייתה ירידה עבורו. על כן אלוהים יודע רק את אותם דברים הנחוצים לו לשם השגת תכלית העולם, שהיא עילוי נשמותיהם של בני אדם לחיי העולם הבא. ולשם כך עליו לדעת את מעשי בני האדם רק לאחר שהללו נעשו, כדי שיוכל לגמול עליהם בשכר ובעונש. אבל אין לו כל עניין לדעת את המעשים לפני שנעשו, משום שהוא שופט את האדם רק לפי מצבו הנוכחי ולא לפי עתידו, כמו שלא שפט את ישמעאל כנער, למרות שידע השם יתברך שישמעאל עתיד להיות האויב המר של עם ישראל. ככתוב; "וַיִּשְׁמַע אלהים אֶת קוֹל הַנַּעַר וַיִּקְרָא מַלְאַךְ אלהים אֶל הָגָר מִן הַשָּׁמַיִם

וַיֹּאמֶר לָהּ מַה לָּךְ הָגָר אַל תִּירְאִי כִּי שָׁמַע אלהים אֶל קוֹל הַנַּעַר" (בראשית; כ"א, י"ז).

בגישתו זו מסתמך ר' אליעזר בן אליהו אשכנזי בספרו "מעשי ה'" על דברי הרמב"ם ואומר; "שכל דבר שאין לאלוהים עניין לדעת, אין הוא משפיל את עצמו לדעת אותו. הרב אשכנזי אף מרחיק לכת וטוען, שלא רק שאלוהים אינו יודע את מה שבני האדם עתידים לעשות, אלא שהוא גם אינו יכול לדעת זאת. מכיוון, שידיעה חסרת תועלת מסוג זה הייתה כאמור, פחיתות וחסרון עבורו. ואלוהים אינו יכול לגרום לעצמו חסרון, בדיוק כפי כמו שאלוהים אינו יכול להרוג את עצמו, או להפוך את עצמו לטיפש. גרימת חסרון עצמי מסוג זה היא מן הנמנעות, וחוסר היכולת לעשות את הנמנעות, אינו נחשב חסרון בכוחו של אלוהים".

זאת בניגוד לגישה של ר' חיים בן עטר מח"ס; "אור החיים" הסובר, שאלוהים יכול היה לדעת מה יבחרו בני האדם, אלא שבחר לצמצם את ידיעתו ולא לדעת זאת (אור החיים על התורה - בראשית; ו'). עם זאת, אין התשובות הנזכרות מספקות, אחר שסוף סוף מי כמו הקב"ה יודע את אשר יעשה כפי שהוא חפץ לעשות.

אולם נושא זה יושלם בדברי הרב אליהו אליעזר דסלר בספרו: "מכתב מאליהו" שם הוא כותב; "יש רשות לצדיק לתבוע ואף לגזור על נס, על מנת שעבודתו של עצמו את ה' תהא ללא פגם. ולכך כשרואה הצדיק הנהגה שיכולה להפריע לו עצמו ולהחלישו, אחר שהוא צינור שנבחר להעביר אמונה לעם ישראל - יש ברשותו לתבוע שלא תהא הנהגה המחלשת דעתו".

אם כן, לדבריו, למה לא אלוהים שפט את ישמעאל כנער?
מי ששומע את בכיו של ישמעאל, הוא ה'. אך מי שפונה בפועַל אל הגר, הוא מלאך ה'. הגר אינה עונה להוראותיו ולברכתו. וכן כתוב; "אַל תִּירְאִי, כִּי שָׁמַע אֱלֹהִים אֶל קוֹל הַנַּעַר בַּאֲשֶׁר הוּא שָׁם. קוּמִי שְׂאִי אֶת הַנַּעַר וְהַחֲזִיקִי אֶת יָדֵךְ בּוֹ, כִּי-לְגוֹי גָּדוֹל, אֲשִׂימֶנּוּ". (בראשית; כ"א, י"ח)

אלוהים לא שפט את ישמעאל, למרות שאלוהים יודע שישמעאל עתיד להיות פרא אדם, כפי שכתוב; "והוא יהיה פרא אדם ידו בכל ויד כל בו" (בראשית; ט"ז, י"ב).

אלוהים ידע, שהוא יהיה איש פראי העושה מריבה עם הכל. וכן מרומז זאת בפסוק; "ועל פני כל אֶחָיו יִשְׁכֹּן" (בראשית; ט"ז, י"ב). במדרש פרקי דרבי אליעזר מסופר כך; "הלך אברהם לראות את ישמעאל בנו, ונשבע לשרה שלא ירד מעל הגמל במקום שישמעאל שרוי. הגיע לשם אברהם בחצי היום, ומצא שם את אשתו של ישמעאל. אמר לה: "היכן הוא ישמעאל"? אמרה לו: "הלך הוא ואימו להביא פירות ותמרים מן המדבר". אמר לה: תני לי מעט לחם ומים כי עייפה נפשי מדרך המדבר. אמרה לו: "אין לי לחם ולא מים". אמר לה: "כשיבא ישמעאל, הגידי לו את הדברים הללו. זקן אחד מארץ כנען בא לראותך, ואמר חלף מפתן ביתך שאינה טובה לך". וכשבא ישמעאל מן המדבר הגידה לו את הדברים הללו. ובן חכם כחצי חכם, והבין ישמעאל ושלחה אימו ולקחה לו אשה מבית אביה ופטימה שמה. ועוד אחר שלש שנים הלך אברהם לראות את ישמעאל בנו, ונשבע לשרה כפעם ראשונה שאינו יורד מן הגמל במקום שישמעאל שרוי שם. והגיע לשם בחצי היום ומצא שם אשתו של ישמעאל ואמר לה: "היכן הוא ישמעאל"? אמרה לו: הוא ואימו הלכו לרעות את הגמלים במדבר. אמר לה: "תני לי מעט לחם ומים כי עייפה נפשי מדרך המדבר". והוציאה לחם ומים, ונתנה לו. עמד אברהם והיה מתפלל לפני הקב"ה על בנו, ונתמלא ביתו של ישמעאל מכל טוב ממין הברכות. וכשבא ישמעאל הגידה לו את הדבר, וידע ישמעאל שעכשיו רחמי אביו עליו כרחם אב על בנים". (פרקי דרבי אליעזר; פרק ל')

לא רק שאלוהים לא שפט אותו את ישמעאל, אלא גם אביו אברהם מתפלל לפני הקב"ה. למה בכל זאת לא שפט אלוהים את ישמעאל הנער על העתיד ולמה כתוב; "לְגוֹי גָּדוֹל, אֲשִׂימֶנּוּ"? (בראשית; כ"א, י"ח)

כולנו מודעים לוויכוחים וההתכתשויות סביב שאלת המיליון דולר, לגביי הריבונות על הר-הבית, למי הוא באמת שייך?

הר הבית נחשב למקום בעל רגישות פוליטית בינלאומית גבוהה, והמתחם הזה עומד ברקע של סכסוכים רבים, בין מוסלמים ליהודים. אך מאז מלחמת ששת הימים, הר הבית כבר לא נמצא בשליטה של ירדן (רמז לכך נאמר {תהלים; קי"ד, ג'} "הירדן יִסֹּב לאחור"), ומאז הר הבית נמצא בשליטה ישראלית. לפי החוק הישראלי ולמרות הריבונות הישראלית, לעם ישראל אסור לעלות בו.

למה המקום הזה כל כך רגיש?
כי זה המקום אשר זיו העולם מתגלה שָׁם. שָׁם זה מקור הכניסה של השפע הרוחני לעולם. זהו העורק הראשי, אשר ממנו מסתעפים כל העורקים במחזור האנרגיה העולמית.
אברהם אבינו ראה ענן קשור על גב ההר, ואור יורד על המקום ההוא. הוא שאל את יצחק בדרכו לעקידה, האם הוא גם רואה את הענן הקשור על גב ההר? ויצחק אמר כן! שאל אברהם את ישמעאל ואליעזר שהיו עימו, מה הם רואים? והם אמרו כלום! אז הוא אמר להם אתם והחמור שבו פה. (קהלת רבה; ט', ז')

אברהם ויצחק רואים מרחוק ענן קשור על ההר, ומזהים את השכינה השרויה על ההר, ואת מקור האנרגיה הרוחנית שיורדת לעולם ממנו, כמו העורק הראשי בגוף האדם - אבי העורקים - אשר ממנו מסתעפים כל העורקים של כל עולמנו. אבל ישמעאל ואליעזר לא רואים כלום, אז הוא אמר, אם כך; "שבו לכם פה עם החמור". (בראשית; כ"ב, ה')

החמור, מציין את החומריות. לכן מילותיהם זהות, (חמור - חומריות). שניהם רואים רק את החומר, את ההר, ואת החיצוניות. לא את התוכן הרוחני, הפנימי והמהותי. לכן הם דומים לחמור, המציין את החומר הפיזי.

במקרא, מכוּנֶה **הר-הבית** בשמות; **הר-ציון**, **הר-יהוה**, ו**הר-המוריה**, הנזכר כמקום עקידת יצחק. גם בתיאור בניית בית המקדש הראשון בידי שלמה, כתוב; "וַיָּחֶל שְׁלֹמֹה לִבְנוֹת אֶת בֵּית יהוה בִּירוּשָׁלִַם בְּהַר הַמּוֹרִיָּה". (דברי הימים ב; ג', א')

כשהיה יעקב בדרכו מבית הוריו בארץ ישראל אל בית דודו בחרן, הוא נתקל במקום קדוש, וראה שם חזון אלוהי. לאחר מכן הוא הקים שם מצבה, ונדַר להקים שם מקדש לה'. היכן היה מקום זה? התשובה היא, בדברי יעקב עצמו. "וַיִּקְרָא אֶת שֵׁם הַמָּקוֹם הַהוּא **בֵּית אֵל** וְאוּלָם **לוּז** שֵׁם הָעִיר לָרִאשֹׁנָה" (בראשית; כ"ח, י"ט). חז"ל פירשו, שהמקום היה מקום המקדש בירושלים. יעקב קרא בית אל למקום המקדש בהר המוריה, אותו מקום שאברהם קרא לו הר יהוה. השם הר הבית, מוזכר בנבואת מיכה בימי חזקיהו מלך יהודה. ככתוב; "לכן בגללכם ציון שדה תחרש וירושלם עיין תהיה והר הבית לבמות יער". (מיכה; ג', י"ב)

לפי החוק, הכניסה להר-הבית מותרת ליהודים רק דרך שער המוגרבים. המשטרה אוסרת על יהודים להכניס אליו תשמישי מצווה - טליתות וארבעת המינים. אסור למי שאינו מוסלמי, להתפלל או להשתחוות בכל שטח המתחם. פעמים רבות אנו קוראים או שומעים בחדשות: "ישראל נכנעה לחמאס בהר הבית".

למה למוסלמים כן מותר להיכנס לשם, ואילו על כל מי שאינו מוסלמי יש הגבלות? כנראה שאף אחד לא שם לב לזה. אך בדיעבד, זוהי גזענות לשמה. אנחנו חיים היום בעולם, שכל דבר שמישהו עושה נגד מישהו אחר, זה נקרא גזענות. אז למה פה במקום הכי קדוש לכל העמים, רק למוסלמים מותר להתפלל? איך יכול להיות דבר כזה? זוהי גזענות!

מכיוון, שבית המקדש עומד במקום הכי קדוש ביקום. כך שלעם היהודי, העלייה למתחם שטח בית המקדש אסורה על רקע איסור הלכתי - לטמאֵי מת. לכן אסור ליהודים לעלות.

מכיוון שהגויים הנוצרים הם עובדי עבודה זרה ועובדי אלילים, גם להם אסור להתפלל במקום קדוש זה. אבל המוסלמים שהם גם גויים, אבל הם אינם עובדי עבודה זרה אלא הם עובדים גם את הקב"ה, לכן אברהם בירך את ישמעאל אך ורק בכדי לשמור על הר הבית, עד בנין בית המקדש השלישי.

בגמרא מסופר על רבי עקיבא וחבריו שעלו לירושלים, והם ראו שועל יוצא מחורבות בית קודשי-הקודשים. התחילו החכמים לבכות, ורבי עקיבא צחק. התפתחה ביניהם השיחה והם אמרו לו: "מפני-מה אתה משחק"? אמר להם: "מפני-מה אתם בוכים"? אמרו לו: "מקום שכתוב בו; 'והזר הקרב יומת' (במדבר; ג', י') ועכשיו שועלים הילכו בו ולא נבכה"? אמר להם: "לכך אני משחק". רבי עקיבא הסביר, שהוא רואה בשועל זה את מילוי נבואתו של אוריה הכהן; "ציון שדה תחרש" (מיכה; ג', י"ב). לכן עכשיו הוא בטוח גם במילוי נבואתו של זכריה; "עוד ישבו זקנים וזקנות ברחובות ירושלים" (זכריה; ח', ד'). על כך אמרו לו: "עקיבא ניחמתנו, עקיבא ניחמתנו". (תלמוד: מסכת מכות; כ"ד, ע"א)

אנו יודעים, שלכל אדם יש את; "הרשות נתונה" (פרקי אבות; ג', ט"ו). אם רצה אדם להטות עצמו לדרך טובה ולהיות צדיק, הרשות בידו. ואם רצה האדם להטות עצמו לדרך רעה ולהיות רשע, הרשות בידו. הוא שכתוב בתורה; "הן האדם היה כאחד ממנו לדעת טוב ורע" (בראשית; ג' כ"ב). כלומר, הן מין זה של אדם הוא אחד בעולם, ואין לו מין שני דומה לו בזה העניין, שיהא הוא מעצמו, בדעתו ובמחשבתו, יודע הטוב והרע ועושה כל מה שהוא חפץ, ואין מי שיעכב בידו מלעשות הטוב או הרע. (הרמב"ם; משנה תורה - ספר המדע, פרק ה', א')

אנו חייבים להבין, שהנשמה בלבד בוחרת בחיים, במוות, בהוריה, וביעודה. האל הקדוש, האחד והיחיד, בורא הנשמות וכל היקום כולו, שהכול נעשה על-ידי אמרתו, בוחר לחוות את החיים דרך הנשמות, הנפשות והגופות, נותן הוא אין ספור אפשרויות ודרכים הנקבעים מראש, אך איננו יודע ואינו רוצה לדעת את ייעודנו או תפקידנו מראש, אחרת אין תכלית. לכן הוא כתב לנו; "ואהבת את יהוה אלוהיך בכל לבבך ובכל נפשך" (דברים; ו', ה'). למה כתוב בכל **לבבך** ולא בכל לִבְּךָ? למה יש שתי אות ב' במילה זו? משום, ש-לֵב האדם מחולק לארבעה:

(1) חדר ימני.

(2) חדר שמאלי.

(3) עלייה ימנית.

(4) עלייה שמאלית.

צד ימין של הלב, הכולל את ה-<u>חדר והעלייה הימניים</u>, מכוּנֶה **לב ימין**. וצדו השמאלי, הכולל את החדר והעלייה השמאליים, מכוּנֶה **לב שמאל**. בלב ימין ובלב שמאל, גרים בעלי הבית שלנו. **היצר הטוב** (ימין) **והיצר הרע** (שמאל).

יצר הטוב גר בעליה וחדר הימני, והוא הכוח הנפשי ובעל הרצון המניע את האדם לדברים חיוביים, והוא הצד הרוחני האלוהי שבאדם. הוא גם נקרא "ילד מסכן וחכם" (קהלת; ד', י"ג). למה מסכן? כי אף אחד לא שומע לו. ולמה חכם? שהוא מלמד אותנו את הדרך הישרה. (רש"י, בפירושו על קהלת; ד', י"ג)

היצר הרע גר בעליה וחדר השמאלי, וזהו כח התאווה שבאדם, המושך אותו לתענוגי עולם הזה. כינוי נוסף ליצר הרע הוא: "מלך זקן וכסיל" (קהלת; ד', י"ג). ולמה קורא אותו מלך? שכולם שומעים לו. ולמה זקן? שמזדווג לו מילדותו ועד זקנתו. ולמה כסיל? שהוא מלמד לאדם דרך רעה. (רש"י, בפירושו על קהלת; ד', י"ג)

הקב"ה אומר לנו, שלא משנה היכן אנחנו שקועים ונמצאים - ביצר הטוב או ביצר הרע - הוא תמיד פה לצִדֵנוּ ומחכה לנו שנחזור הביתה. ככתוב; "ואהבת את יהוה אלהיך בכל לבבך ובכל נפשך" (דברים; ו', ה'). כי האדם הוא בריאה עִם נשמה, שבאה לכאן לחוות את החיים בשביל עצמו ובשביל הבורא. למען שהבורא, יוכל לחוות את החיים דרכו.

● ● ●

פרק 16

כוח המחשבה

הבעל שם טוב אמר: ״היכן שמחשבתו של אדם נמצאת, שם נמצא כולו״ (בעש״ט על התורה, פרשת בלק). היכן שהמחשבות שלנו נמצאות, היכן שהתודעה שלנו נמצאת, שם אנו נמצאים באמת. כלומר, המעשה הפיזי הוא רק חלק מהסיפור. המחשבה נמצאת מעבר למעשה, והיא החשובה ביותר. ״**אתה נמצא במקום בו נמצאות מחשבותיך. וְדא שמחשבותיך נמצאות במקום בו אתה רוצה להיות**״.

אנו חיים במציאות שאותה אנו יוצרים לעצמנו, באמצעות מחשבותינו ומעשינו. כך גם ברוחניות. הרוח יוצרת מציאות, בהתאם לרעיונות ולמחשבות שחשבנו או בחרנו. וכך, מחשבות האדם נתונות לפי מעשיו. אם בחר בדרך מוארת, כך גם מחשבות ליבו יהיו מוארות יותר. וכן להיפך. כפי שנאמר; ״בדרך שאדם רוצה לילֵךְ, מוליכים אותו״. (חז״ל)

זהו (המחשבה) הגורם העיקרי של האדם בהלך חייו. בדיוק כפי שאפשר להשתמש בתוכנות מחשב ולשים זיכרון במחשב שלא היה לו לפני כן, ומרגע ששמנו את הזיכרון החדש במחשב, המחשב יתחיל להתנהג בדרך שונה לחלוטין ממה שהוא היה קודם לכן, כך גם האדם, אם התנהג הוא בדרך הרוח.

כשאדם בוחר בדרך מסוימת, הוא מחבר את עצמו למציאות חדשה מהעבָר, והוא יחווה דברים שונים ממה שהוא מכיר ורגיל אליו. המערכת הזו פועלת, ממש באותה שיטה שמחליפים דיסק במחשב. למחשב יש מציאות חדשה, לאחר שהחליפו לו זיכרון חדש. כך גם האדם מוצא את עצמו במציאות שונה, שהוא בעצמו בכלל לא בהכרח מודע לה, לאחר הבחירה שלו. אנשים הסובבים אותו ומכירים אותו, ישימו לב לדפוס התנהגות שונה. וככל שהתנהגותו תהיה

קיצונית יותר, כך האדם יישכח יותר מאיפה הוא הגיע, ובכך הוא יבנה מציאות שונה לחלוטין, ממה שהוא וקרוביו הכירו אותו לפני כן.

זה נשמע מאוד מבלבל. אז נשים את הדברים בפרופורציה, כדי שנבין את הרוח יותר לעומק. לרוח אין מקום וזמן. מקום וזמן, קיים רק במציאות החומרית שלנו. כמו כן, גם עבר הווה ועתיד - לא קיימים בעולם הרוחני.

מכיוון שאנו חיים במציאות של מקום וזמן, גם הזיכרון שלנו עובד בהתאם למקום וזמן. לדוגמא: אם אני לוקח רובוט ושם לו זיכרון מסוים שאומר לו, שבעוד 30 דקות הוא יהיה במקום מסוים, ובעוד 30 דקות לאחר מכן הוא חייב לחזור לאותו מקום ממנו הוא יצא, באופן אוטומטי, הרובוט יספור 60 דקות מלאות, בכדי להגיע לאותו מקום שהוא היה בו בעבר.

אותו הדבר, גם אנו בני אדם, רואים, שומעים, זוכרים, ומבינים את מה "שהרובוט שלנו" (המוח שלנו) נוח לו לקלוט ולזכור. לדוגמא; אם נשִׂים שני בני אדם במקום מסוים ובמצב דומה, שניהם יתארו את שעבר עליהם בצורה שונה. זהו למעשה, דפוס ההתנהגות של, **מחשבה יוצרת מציאות**. כל אחד מהם רואה את המציאות באופן שונה. לדוגמא; אדם שחושב על עצמו בצורה שלילית והוא חושב שהוא לא יכול, לא מסוגל, אסור לו, - ככה תֵּראֶה המציאות שלו. ואילו אדם שחושב על עצמו שהוא יכול, מותר לו, ושהוא יצליח בכל דבר, - שום דבר לא יעצור אותו מלהגיע ליעד שהוא רוצה להגיע אליו.

רוב האנשים, רואים בעיקר את חצי הכוס הריקה. כי קל יותר להיות שלילי מאשר להיות חיובי. איך יכולה בריאת האדם להיות מעשה שלילי (חשיבה שלילית), כאשר הוא יכול בבחירתו לעשות טוב (חשיבה חיובית)? משום שהאדם מורכב מגוף ונשמה. וכמו כל כלי אנרגטי, הנשמה היא החיובי, והגוף הוא השלילי. לאדם יש את הבחירה, לְמה הוא רוצה לתת מקום. לחיובי? או לשלילי? ובגלל שהגוף הוא סוג של רובוט המתוכנת בצורה שההורים והסביבה יצרה אותו, אז האדם חיי את כל חייו על אותו תכנות ואמונות שנוצרו לו במוח החל מילדותו המוקדמת, ועד עתה.

מוח האדם (המיינד), זהו עולם ומלואו. כל עולמנו, זה מה שנמצא "בראש שלנו". האדם נמצא היכן שמחשבתו נמצאת, ולא היכן שגופו הפיזי נמצא. אדם יכול להיות במסיבה שיש בה שמחה, אך במחשבותיו הוא נמצא במקום שמטריד אותו. כך, שהוא בכלל לא נהנה רגע אחד במסיבה.

כאשר אנו נכנעים למצב השלילי בו אנו נמצאים, אנחנו נותנים לגוף המייצג את הפָּן השלילי שבאדם, לנצח. זה עלול להתבטא בחולשה, או בחוסר אנרגיה בעודו מתעורר בבוקר. לאחר מכן עלולות לבוא החרדות. בעקבות החרדות, עלול לבוא דיכאון קשה ומחשבות טורדניות. ואז הוא מרגיש את הדיכאון בצורה עוד יותר קשה, ומרגיש שקשה לו לקום בבוקר, ושוב הוא חווה חוסר אנרגיה ועייפות - גם אחרי 10 שעות שינה. לזה אנו קוראים: "מחשבה גוררת מחשבה". בדומה לפסוק; "מצוה גוררת מצוה, ועבירה גוררת עבירה". (פרקי אבות; ד', ב')

כמובן, שלכולנו יש אתגרים בחיים. כל אחד מתמודד עם האתגרים שלו, בצורה שהוא חושב שהיא הכי נכונה לו. כשאנחנו רואים אנשים שעברו מצבים קשים בחיים ומַשְׁוִוים אותם למצבים שאנו עוברים היום בהווה, זה מגמֵד את הבעיות האישיות שלנו. אם זה במשפחה, עם הילדים, בפרנסה, או בזוגיות. כי בסופו של דבר, כל אחד מעדיף את "החבילה שלו" (הבעיות שלו), מאשר את החבילה של הזולת (צרות של אחרים).

בסופו של דבר - הכל נמצא וקיים בצורת החשיבה שלנו.
אדם צריך ללמוד, מה עיקר בחיים ומה טפל. בעניין חיזוק ההרגשה של אהבת עצמך, תלמד להתמודד עם הלא נודע. ותגלה, שאפילו כאב פיזי זה דבר לא נורא בכלל. כאב לרוב בא ללמד אותך, לקבל מסר שונה ממה שהבנת עד עתה. האמת האמיתית הקיימת בנשמתך ובמחשבותיך היא, לרומם את נשמתך, ולחפש ולמצוא הארה.
הנה שני סיפורים של שני דורות שונים, על כוחה של המחשבה, וכמה היא יותר חזקה מהגוף עצמו.

אתה יכול לשלוט על הגוף שלי אבל אתה לא יכול לגעת לי במחשבות:

בספר "הקרון" יעקב וינברגר מספר על חוויית הנסיעה בקרון מעיָרַת סיגט שבטרנסילבניה, לאושוויץ:

קרון המוות בדרך לאושוויץ, והעולם החיצוני שהיה הולך ומאבד את ממשותו הפיזית והופך לעולם פנימי. לפתע, הופך הקרון לעולם החוץ והנפש לעולם הפנים. זוהי מבניות חדשה לחלוטין שקשה מאוד להבינה – למי שלא חווה אותה. במבניות זו מקבל העולם החיצון לקרון משמעות חדשה – מסע ברכבת סביב העולם היה אמור להיות מסע של שחרור, של הרחבת העולם החיצוני. ואילו עתה המסע ברכבת הוא היפוכו הגמור – הוא סוגר ומצמצם את עולמם של הנוסעים בו.

האירוע מתאר את קידוש השבת בקרון, שחל בערב ראש חודש סיוון, בעומק החולין ובמעמקי הטומאה. קשה להעלות על הדעת צירוף ניגודים משמעותי יותר. שבת – ראש חודש – זמן ההתקדשות לקבל את התורה – אלה חברו לאחד כנגד טומאת הגויים בשיאה. זוהי הקדושה בעצמתה, והיא מפיחה מרוחה על יושבי הקרון, משרה עליהם אווירה של חסד ושורה בתוכם. הזמן והמקום מעומתים כאן כנציגי הקדושה והטומאה. דומה שכוחות גדולים ונסתרים העלו ניצוצות של קדושה בקרון. נביא את תיאור ה'קידוש' בערב מיוחד זה בשלמותו, שכן, אין דרך טובה מזו לתאר את החוויה של קדושה ושל התעלות כפי שחוו סגורי ה'פנים', על אף המחנק שבסגירות ואת האופן שבו 'יצאו' מסגירות ה'פנים' אל מרחבי הרוח. יתר על כן, מעולם קודם לכן, לא חוו סגורי הקרון חוויות עילאיות כאלו של קדושה, של אמונה, של משפחתיות, של חום, כפי שזימן להם הקרון הסגור. וכיבוד הורים מרגש ונעלה שכזה לא חוו מעולם קודם לכן, ולא ישכחו עד עולם. לפתע, באופן ספונטני, נזכרים כולם שהיום ערב שבת, ולוח השנה מראה לנו ערב ראש חודש סיוון תש"ד. עלינו לברך את החודש! חודש שבא עלינו ועל כל בית ישראל. למרות המועקה שבלב, מתגברים לרגע קט על המשבר הנפשי בו אנו שרויים. בעיקר – האימהות והאבות שבינינו! לאט לאט נשלפים מתוך "הפעקעליך" נרות שבת. לרגע נדמה שאנו חולמים בהקיץ... קשה מאוד לעצור את הרגשות שהשתלטו עלינו. אלה פורצים כמו להבה מתוך אש, ואין איש שיהיה מסוגל לעצור בעדם... חיזיון לא

רגיל נתגלה לנגד עינינו – כשאימהות ואבות אינם מסתירים את רחשי-לבם, כשדמעות חונקות את גרונותיהם. לפתע אתה מגלה מחזה שטרם התנסית בו. כמעט בלי יוצא מהכלל, 80 יושבי הקרונות מתייפחים כמו ילדים קטנים. קשה להאמין שאנו עדים למחזה יוצא דופן זה. והלב מסרב להשלים עם הגורל המר. הקרון האפל למחצה וגדוש האנשים, מתמלא לך פתאום תוכן חדש. אורות של שבת והרהורים. זה רגע שקשה להשתחרר ממנו. ולרגע אף נדמה לך שאתה שומע את קולו של אבא כפי שזה היה נהוג בבית הקורא בקול: "ילדים, איפה אתם?" שלמה'לה, יענקעליה, לייבעליה, דוידיקה – בואו, בואו! ואל תשכחו לקחת אתכם את הסידור'. 'כן אבא' – חוזרים הדברים ומצלצלים באוזנינו כאילו קרה הדבר זה עתה. הפעם כאילו ביקשנו להרגיע את אבא ולומר לו: 'הפעם לא נאחר. כן, אבא היקר! נזכור את דבריך'. כאילו אני מדמיין לעצמי ורואה בחלום את יום-שישי בטרם מצאנו עצמנו כאן: בבית, על יד שולחנות ערוכים, זה עתה חוזרים הביתה מבית-הכנסת, אווירת חג ושמחה מקבלת אותנו בכניסה הביתה. נרות השבת הדולקים, ויין לקידוש מקדמים את פנינו. על השולחן שתי חלות מכוסות במפת 'שבת שלום' ואבא פותח בשיר המסורתי שלום עליכם, ואנו הילדים, מצטרפים במקהלה ופוצחים בשירה אדירה 'שלום עליכם...' ואימא מתגודדת במטבח ומכינה מעדנים לארוחה החגיגית. ניגון השלום עליכם מתמשך והולך. כולם בלי יוצא מהכלל נסחפים בהתלהבות למעגל השירה שנשפך מתוך הלב כמו מעיין מתגבר. ולרגע אתה שוכח מה אדיר כוחו של שבת אחים גם יחד. הקרון כולו נסחף באווירת השבת המיוחדת במינה. ההתרגשות וההתעלות – לא נודעו כמותן בשבתות ביתיות 'רגילות'. הווה ועבר משמשים בערבוביה, עד כי קשה להבחין היכן הזיכרונות והיכן מועתקת חוויית השבת הביתית אל תוך הקרון.

(המרכז ללימודי השואה במכללה ירושלים עריכה: אסתר פרבשטין, דבורה מן, שרה קרש "בדרך לאושוויץ", תשמ"ז)

אמרו על **רבי עקיבא, שהיה בן ארבעים** שנה ולא למד כלום. פעם אחת היה עומד על פי הבאר ושאל: "מי חקק אבן זו"? אמרו לו: "המים שנופלים עליה בכל יום". אמר רבי עקיבא: "אם מים יכולים לחדור לאבנים, קל וחומר שדברי תורה שקשים כברזל על אחת כמה וכמה שיחקקו את ליבי שהוא בשר ודם".

רבי עקיבא שהיה דבק בתורה, נחבש על ידי הרומאים וקיבל עונש מוות על שלימד תורה ברבים. תלמידיו היו עדים לסצנה, כשהרומאים עינו אותו ב"מסרקות ברזל" בהוצאתו להורג המחרידה של רבי עקיבא. הם היו תוהים על כך, שבשעה קשה כזו הוא אומר; "שמע ישראל", והיה מקבל עליו עול מלכות שמים. אמרו לו תלמידיו: "רבינו! עד כאן"?! אמר להם רבי עקיבא: "כל ימי הייתי מצטער על פסוק הזה; 'בכל נפשך' - אפילו נוטל את נשמתך. אמרתי, מתי יבא לידי ואקיימנו? ועכשיו שבא לידי לא אקיימנו"?! והיה מאריך במילה האחרונה של שמע ישראל - **אחד** - עד שיצתה נשמתו באחד. יצתה בת קול ואמרה: "אשריך רבי עקיבא שיצאה נשמתך באחד".

● ● ●

פרק 17

ברוך מחיה המתים

הצדיקים בינינו מתפללים כל יום את תפילת העמידה (תפילת שמונה-עשרה) ואומרים את ברכת מחיה המתים, שהיא הברכה של העתיד לבוא. 40 שנה לאחר ביאת המשיח, יהיה תחיית המתים. אז למה אנחנו מתפללים כל יום ואומרים תודה לבורא עולם על זה שהוא **מְ**חַיֶה מתים (בהווה), ולא על זה שהוא **יְ**חיה מתים (בעתיד)?

בוא נחזור רגע לעמוד הראשון שבספר זה. שם כתבתי, שבזמן שהאישה מדברת עם העובר ברחם, יֶשנה שמחה גדולה שאנו לא מודעים לה. זה ממש כמו חתונה. יש חתן ויש כלה - בשמחה של החיבור בין בעל לאישה ובלידת הוולד, אבל בצורה שונה. השוני הוא, שבעת הלידה, הגוף והנשמה מתחברים להיות אחד, בדיוק כפי שבעל ואישה נהפכים לאחד, ביום חתונתם.

כמו בחתונה, כך גם לאחר הלידה לאוויר העולם, נגמר ירח הדבש ומתחילים החיים האמיתיים. הילד הקטן בוכה, ולא מאפשר שינה רצופה בלילה. צצים חיכוכים בין הבעל לאשה, וגם בין הגוף לנשמה הטהורה יש מלחמה לא קלה. האישה באה באהבה לנישואיה ובנאמנות גבוהה, ורוצה להמשיך לחיות בירח דבש לנצח. אבל כמו בעלה, הגוף רוצה להיות בעל הבית שמקבל החלטות. הנשמה חייבת לשמוע לכאורה, לגוף. הגוף יכול לקבל את הנשמה, או לבגוד בנשמה. לפי החלטת הגוף, יקבלו חיי אדם את התוצאה הרצויה, והנשמה הנאמנה תעשה כל מה שבעלה (הגוף) יבקש ממנה, אפילו אם זה לא נוח לה.

לאדם יש בחירה בחיים. כפי שהתורה מלמדת אותנו; "ובחרת בחיים" (דברים; ל', י"ט). על האדם לבחור בטוב (בחיים), או ברע (במוות). לאן שאדם רוצה ללכת, מוליכים אותו. אך לאדם יש את זכות הבחירה. כשאדם בוחר בין שחור

ללבן, בין טוב לרע, בין אמת לשקר, בין נכון ללא נכון, הבחירה אמורה להיות חד משמעית. כי מי רוצה לבחור לעצמו את הרע ואת המוות?

אף אחד לא ילך לכתחילה למקומות חשוכים באהבה ובשמחה, בכדי להביא את הרע על עצמו. המקומות החשוכים שאדם מגיע אליהם, לא מגיעים כשאדם ניגש ישירות אל החושך. האדם אינו יודע שהוא בדרך אל החושך. אם כן, איך מגיע אדם למקום הלא נכון, כשהוא בטוח שהוא בדרך הנכונה?

בפסוקים של קריאת שמע, בסוף פרשת ציצית, התורה מזהירה אותנו מלהגיע לחושך ולרע. ככתוב; "ולא תתורו אחרי לבבכם ואחרי עיניכם אשר אתם זֹנִים אחריהם" (במדבר; ט"ו, ל"ט). פסוק זה אומר לנו, לשמור על עצמנו ולא להתבלבל בדרכנו. כפי שכתוב בגמרא; "אמר רבי אלעאי הזקן: אם רואה אדם שיצרו מתגבר עליו, ילך למקום שאין מכירין אותו, וילבש שחורים ויתכסה שחורים ויעשה כמו שלבו חפץ, ואל יחלל שם שמים בפרהסיא". (קידושין; מ', ע"א)

לכאורה הדבר הזה נראה כפשוט ביותר, אך כשאנו מסתכלים על הדברים לעומק, הכל נראה שונה. אדם לובש שחורים והולך למקום שלא מכירים אותו - זאת אומרת, אם הוא בחר את הדלת המובילה אל החושך, הסביבה שלו לא תכיר אותו יותר כאדם שהוא היה קודם לכן.

כשרשות התעופה האזרחית חוקרת תאונות מטוס, הם בוחנים, איך הגיעה הטיסה למצב של תאונה אווירית. הם בודקים את התנהגותו של הטייס באותה התקופה, את האחריות האישית שלו, ותרומתו הכוללת של הטייס לקהיליית התעופה. וכמובן, איך הייתה התנהגותו של הטייס מרגע שהוא קם באותו בוקר עוד לפני שהמריא המטוס משדה התעופה, ועד לתאונה. בקיצור, הם מחפשים את כל 'צירופי המקרים', שהביאו לתוצאה הסופית של התאונה.

כך גם אדם שפותח את הדלת לחושך וחושב שזה חד פעמי, וזה רק ניסיון קטן. כמובן, שהחושך הוא לא טיפש. מי זה החושך? שנאמר; "וחושך על פני תהום" (בראשית; א', ב'). זהו מלאך המוות, המחשיך פניהם של הבריות.

החושך (היצר הרע, מלאך המוות) לא יביא לאדם מוצר דוחה, שיגרום לאדם לברוח ממנו. החושך כמובן, יהיה המוצר הכי מפתֶה על המדף, בשביל לפתות את האדם לבחור בו. בדיוק כפי שפיתה הנחש את חָוה. הוא עשה זאת בקלילות ובעדינות.

החושך/היצר הרע, מושך את האדם לצד האפל. כשהאדם נופל לצד האפל, הוא פותח את הדלתות לכל החיצוניים (כוחות שליליים) להצטרף לגופו. ישנם עוד סוגי דרכים, בהם האדם פותח את הדלת לחיצוניים. זה קורה לצערנו, כשאדם מאוד חולה, או בעת כעס. כשאדם כועס, כל דלתות הרוע נפתחות. כשהחיצוניים נכנסים לגופו של האדם, הם לוקחים את מושכות ההגֶה לידיים שלהם, ושָׂמים את הנשמה התמימה בכיסא האחורי, וגורמים לה סבל נוראי. מרגע זה והילך, האדם נחשב כמֵת במובן הרוחני. הוא למעשה, מעֵין זומבי מהלֵך, גם אם הוא נראה לנו כנורמלי והגיוני לחלוטין.
אין עם מי לדבר, ובלתי ניתן לעשות שינוי ולהחזיר את האדם לקדמותו במצב זה, עד שהוא ישנֶה את דרכו. זו עבודה קשה מאוד, לאדם שנפל לבור העמוק הזה. עכשיו הוא צריך לטפס למעלה בחזרה, בזמן שהחיצוניים כבשו כבר את גופו, וממשיכים למשוך אותו למטה. הם לא ממש רוצים או מאפשרים לו לעלות למעלה, ולבטל את השליטה שלהם בו.

זו עבודה רוחנית, שיכולה לקחת שנים רבות. רק אחרי שהוא יצליח במשימתו, החיצוניים יעזבו את גופו. ורק אז, הנשמה שלו תחזור לגור אתו. על זה אמרו רבותינו; "מקום שאין אנשים, השתדל להיות איש" (פרקי אבות; ב', ה'). הרמב"ם מפרש משנה זו ואומר; "במקום שאין אנשים, השתדל להיאבק עם עצמך, ומשוך את עצמך מתוך עצמך, לרכישת המעלות. כיוון שאין שם אחרים שילמדוך, הֱיֵה אתה מלמד לעצמך".

כולנו אחד, לא משנה הגזע, צבע, מין, דת – יהודי, מוסלמי, או קתולי. לכולנו יש עבודה להגיע לאור האין סופי, ולכולם יש את היכולת לעשות זאת, ולהגיע לשלמות ולגעת באור הקדוש. בעולמות העליונים, אין דתות.

יהודים וגוים, זה מושג של העולם החומרי ושל עולם המושגים שלנו. למה הגויים שונאים את היהודים? למה המוסלמי מאמין שהייעוד שלו ושל בני אמונתו, היא להרוג יהודים? למה זה אף פעם לא הפוך, שיהודי ירוץ להרוג ערבים בלי שום סיבה?

בשביל להסביר את זה בצורה שהמוח הקטן שלנו יבין זאת, נשוֶה את זה למצבו של העולם: יש ילדים קטנים, גיל העשרֶה, הבוגרים, והזקנים. כך גם בעולמות העליונים: ישנן נשמות "ילדותיות", נשמות של "גיל העשרֶה", ונשמות "בוגרות" ונשמות "זקנות".
ישנן עולמות שונים, לסוגֵי נשמות גבוהות יותר או נמוכות יותר. לפי תפיסת היהדות, ליהודי יש נשמה גבוהה יותר, מנשמה של גוי. זה בדיוק כפי שבחור בן עשרים וחמש יכול לסיים אוניברסיטה ולקבל תעודת רופא או עורך דין, וילד בן שש רק יכול לסיים כיתה אלף. הסיבה לכך היא, **התורה** שניתנה דווקא לעם היהודי, ולא לבני דת אחרת.

אין אב או אֵם שלא שמעו את ילדיהם מתלוננים על כך, שהם לא רוצים ללכת לבית ספר. כמו האבא, גם הילד רוצה ללכת לעבודה ולהרוויח כסף. זה מה שקורה לנשמה נמוכה, שלא רוצה לעבור את המסע שנשמתו של היהודי עבְרה, בכדי להגיע לעליונות רוחנית. לאדם נחות, יש יותר פחדים מהאדם הגדול יותר ממנו. זה עלול לייצר שנאה וקינאה מהאדם הנמוך והלוא מפותח, על האדם הגדול ממנו. כך מתנהגות גם נשמות נמוכות, והן משדרות פחד, שנאה, וקינאה, לנשמות הגבוהות בעולמנו הגשמי. בעולמות העליונים, אין פחד. ולכן, אין שם שנאה וקינאה, שהם התוצאה של פחד ורגשי אשמה, שהם האויב היחידי של האנושות כולה. רגשות אשמה ופחד, תוקעים אותנו בכל דבר.

בעולם הגשמי, הגוף הפיזי מקבל מסר מהתת-מודע, והוא מפרש זאת כפחד. פחד זה כמו רעל לנשמה, ויעצור את גדילתך ולבסוף יהרוג אותך. אהבה והארה, הם החברים היחידים שלך. אחד (האהבה) ייתן לך חיים, והשני (הפחד) מוות. לכן היֵיה זהיר, אך לא פחדן. פחד רק יעצור אותך, ואהבה תצמיח אותך.

הֱיֵה זהיר מתוך אהבה, ולא מתוך פחד. עליך להיות עם אהבה לחיים ואהבה לזולת. ויותר מכל, עליך להיות באהבה לאור האין סופי הקב"ה. ככתוב בפיוט - בתפילת הבוקר, בברכת אהבה רבה; "וּלְקַיֵּם אֶת כָּל דִּבְרֵי תַלְמוּד תּוֹרָתֶךָ בְּאַהֲבָה, וְהָאֵר עֵינֵינוּ בְּתוֹרָתֶךָ". (חז"ל)

להיות רוחני, אין משמעו רק ללמוד תורה, גמרא, או קבלה. לפני הכל, להיות רוחני פירושו, שהאדם שחייב להכין את גופו, בכדי לקבל את האור. אפילו משה רבנו שהוא אב הנביאים, לפני שהוא עלה להר סיני הוא צם 40 יום ולילה. מדוע? בכדי שהוא יוכל לאפשר לגוף לקבל את האור האינסופי.

יש היום מאכלים שמגרים אותנו יותר מתמיד. ואנו חיים מאותם מאכלים, שהם למעשה יותר רעל מאשר אוכל, וגורמים ליותר מ-90% מהמחלות שבני אדם סובלים מהם כיום. אפילו הדברים הפשוטים כמו; כאב ראש, כאב בטן, בעיות בעור, בעיות בעיכול, בעיות קיבה, ועד מחלות קשות, הכול קשור לאוכל שאנו אוכלים. אפילו מאכלים שאנחנו חושבים שהם בריאים לנו כמו עגבניות, חצילים, ולחם שחור - כל הדברים הללו - גורמים לגוף לאבד את כוחו, ומאפשר לחיידקים לתקוף את הגוף, ולגרום לנו להרגיש עייפים, אפלים, דיכאוניים, וכו'.

יֵשנם אנשים שמתאמנים כל יום בחדר כושר, במשך שנים. הם מתאמצים ומשקיעים את מיטב יכולתם, מבלי לראות תוצאות. גם כאשר הם מרגישים ובטוחים שהם משקיעים, הם לא מצליחים לאבד ממשקלם העודף, או לצבור אנרגיות מחודשות, או לחיות חיים יותר מאושרים כפי שהם ציפו.

הם עדיין חושבים שהם מתאמנים לפי תכנית אימונים טובה ונכונה שנכתבת במיוחד עבורם, ומבטיחה שהם בכיוון הנכון. הם אפילו מתאמנים עם מאמן כושר ואוכלים בריא. אך עדיין זה לא ממש עוזר להם. מדוע? כי המאכלים כמו; סוכר, חלב, וגלוטן, הם הגורמים העיקריים שגורמים לגוף לא להחזיק מעמד נגד החיצוניים. וכך, הכוח הרוחני שלהם מאבד את מקומו בגופם. כפי שאומרים: "נפש בריאה בגוף בריא". (המשורר הרומי; יובנאליס)

כך, שאם הגוף אינו בריא, הנפש אינה יכולה לתפקד. כך שהתחלת הרוחניות של האדם, מתחילה בגשמיות. אנו צריכים ללמוד לשלוט על הרצונות שלנו, ועל התאוות שלנו הקשורות בגוף. הכוונה, לאוכל וכל תאוות הגוף. הנְהִיָיה אחר תשוקות ותאוות, דומה לאדם הנמצא בתוך מבוך, מבלי שהוא יכול לראות את הדרך החוצה. ככל שהאדם יְוַותר על תאוות הגוף ותשוקותיו, כמו שכתוב בקריאת שמע; "ולא תתורו אחרי לבבכם ואחרי עיניכם אשר אתם זֹנִים אחריהם" (במדבר; ט"ו, ל"ט), הוא מתחבר לנשמתו והוא מקבל מסרים רוחניים.

בספר שמונה פרקים לרמב"ם ג' כתוב;

"אמרו הקדמונים: יש לנפש בריאות וחולי, כמו שיש לגוף בריאות וחולי. ובריאות הנפש היא, שתהיה תכונתה ותכונת חלקיה תכונות שתעשה בהן תדיר הטובות, והפעולות הנאותות. וחֳלְיָה הוא שתהיה תכונתה ותכונת חלקיה, תכונות שתעשה בהן תדיר הרעות והפעולות המגונות. אמנם בריאות הגוף וחֳלְיוֹ, מלאכת הרפואות תחקור עליו. וכמו שחולי הגוף ידמו להפסד הרגשותיהם, במה שהוא מר - שהוא מתוק. ובמה שהוא מתוק - שהוא מר. ויציירו הנאות בצורות בלתי נאות, ותחזק תאוותם ותרבה הנאתם בעניינים שאין הנאה בהם כלל לבריאים. ואפשר שיהיה בהם צער, כאכילת עפר ופחמים, והדברים העפוּצִים והחמוצים מאוד".

הדרך היחידה לצאת מהמבוך היא, על ידי זה שמיעה להנחיות של אדם אחר הנמצא כבר מחוץ למבוך. כי הוא רואה את התמונה של המבוך מלמעלה וידריך אותו בדרך המובילה אל היציאה, ויוציא עצמו לחופשי. כך נשמתו של האדם מקבלת את מקומה, ברגע שהוא מבטל את תאוות הגוף הגשמיות. ולאט לאט היא מתחילה לקבל את המסרים דרך האור האינסופי והולכת בכיוון האור, ומתחיל להבין את דרכו באהבה עצמית ובאהבה לבריאותו.

הנפש, היא הדבר השומר על הגוף ועל האגו של האדם. תפקידה של הנפש היא, להפעיל את כל מערכות הגוף באופן אוטומטי. היא בעצם התת-מודע ששומר

על הגוף. אין בה שום נתינה. יש בה רק את "האני" שחי בגוף. היא יודעת רק לקחת ולקבל לעצמה, ויודעת לשמור על הגוף. היא מפעילה את הגוף במצבי חירום - כמו במצבי לחץ, וכו'. היא מייצרת לנו באמצעות הגוף את האדרנלין, כשאנו זקוקים לו.

האגו של האדם, בנוי ממספר שלבים שונים. אנו תמיד צריכים לתת מקום לכל חלקי הנשמה בגופנו. כי אנחנו מבקרים רוחניים בגוף גשמי. וכמו כל דבר בחיים, אם אין שיווי משקל, אין איזון בחיים. ומכיוון שהאדם מופעל על ידי כוח רוחני, והוא "האני" האמיתי, זה מחייב אותו להיות כולו רוח, ולבטל את הגוף לגמרי עבורו. עם זאת, אם האדם מתענג בגשמיות, זה לא אומר שהוא מבטל את הרוח שבו. אין מצווה לבטל את הנאות החומר והגוף. ממש לא!

כל אדם שנולד לעולם, בא לכאן לעשות עבודה מסוימת, שעוזרת להמשיך את הבריאה האינסופית. תינוק שנולד הוא לא חדש בבריאה, אלא הוא ההמשך של הבריאה. בעולם הגשמי הנוכחי, למדנו לבטל את הרוח. תינוק שנולד, נראה לנו לכאורה כדבר חדש. אך אם נסתכל על זה ממקום רוחני - שהוא למעשה המדריך האישי שלנו - שנקרא לו כאן, ה-GPS האישי שלנו, אנו נבין ש"אין כל חדש תחת השמש" (קהלת; א', ט'), והכל הוא המשכיות צרופה. ואז אנו נלמד ליהנות מכל דקה ודקה בחיינו.

בנומרולוגיה הקבלית למדנו, שהחיים הם מעגלים. כל מעגל לוקח 9 שנים. לנו יש את זכות הבחירה, איזה מעגל אנחנו בוחרים. אם זה מעגל מואר, או מעגל חשוך. הדבר בידינו, כפי שאמר רבי עקיבא; "הכל צפוי והרשות נתונה" (פרקי אבות; ג', ט"ו). יש תפיסה הטוענת, שבחירתו של האדם נתונה מראש, ולא תיתכן בחירה חופשית לאדם. אך יש רשות לכל אדם, והיא נתונה בידו. אם רצה להטות עצמו לדרך טובה ולהיות צדיק, הרְשות בידו. ואם רצה להטות עצמו לדרך רעה ולהיות רשע, הרשות בידו. אדם שמקדיש את זמנו ללימוד מקצוע מסויים, או מקדיש את זמנו לסמים ומסיבות, בסופו של יום - התוצאות ידברו בעד עצמם. האדם המקדיש את זמנו ללימודים, יפרח בעסקיו. והאדם שהקדיש את זמנו לסמים, ירד עד אובדן חייו.

איך ה-GPS הנ"ל עובד?
דבר זה דומה ל- GPS שלנו ברכב. הוא תמיד ידריך אותנו ליַעד, לפי כוח החיבור שלו אל לוויין תקשורת. עם זאת, ה-GPS הרוחני שלנו קיים בכל מקום, אבל 'האנטנה שלנו' לא תמיד קולטת את השידורים שלו. מכיוון שאנו מתרחקים מהאור אינסוף, אז הקליטה שלנו נהיית מעורפלת יותר.

מכיוון שהתורה היא אמת לאמיתה וכולה סודות שאנחנו אמורים ללמוד אותם, לכן כשהתורה אומרת לנו; "מוֹת יוּמָת" (שמות; ל"א, י"ד), אדם העושה חטאים מסוימים, כגון משכב גבר עם גבר או משכב עם אישה נשואה, זה לא אומר שאנחנו צריכים להרוג את האדם החוטא, אלא כוונת הפסיק היא, שנשמתו מתה. הווי אומר, ששמחת החיים נלקחה ממנו, והאדם הזה הופך למצב של 'טייס אוטומטי'. אין לו יותר שליטה על עצמו. הנשמה איבדה את השליטה על עצמה, על הגוף, ועל המיינד.

במצב כזה, ה-GPS עובד על פי הלוויינים של החושך, ללא קליטה מלווייני האור. זאת אומרת, שאדם זה צריך לשנות כיוון ולנקות את האנטנה, ולהתחיל לנקות את נשמתו מכל הזוהמה והטומאה, בדרכים של מדיטציה ותפילות, ולהתרחק ממקום הנפילה בה הוא היה ברגע החטא. עליו להתחיל לנסוע לכיוון האור.

כמובן שאין קסמים. וברגע שאדם רוצה להתחיל לחזור למקום המואר, עליו לעשות עבודה רחבה וקשה - מכיוון שהוא בחר בדרך מסוימת, זאת אומרת, שהוא פתח את הדלת לכיוון המסוים. וזו הדלת שתיקח אותו לכיוון המעגל הנומרולוגי שלוקח תשע שנים לסיים אותה, לכן תלוי באיזה מקום במעגל, או באיזה שנה במעגל, הוא התעורר. ומשם סופרים את שאר השנים עד השנה התשיעית. וככל שהוא קרוב יותר לשנה התשיעית, כך הוא גם מזהֵם לצערו, גם את המעגל הבא. זאת אומרת, שאם האדם מוצא את עצמו בשנה השביעית או השמינית במעגל, הוא מתחבר למעגל הבא, בצורה שלילית. ואז יהיה עליו לעבור עוד כמה שנים של ייסורים ושליליות.

● ● ●

פרק 18

חיבור בין האבות והאימהות

החיבור בין האבות והאימהות הקדושים, הוא חיבור מדהים. בעומק הדברים אנחנו לומדים, שהאדריכל של התורה הקדושה, היה מעל האנושות.

חקרתי את החיבור של האבות והאימהות ממקום של נומרולוגיה קבלית, והתוצאות היו מדהימות. בכל פעם שאני חוקר את הנומרולוגיה, אני תמיד מתפעל מחדש.

<u>האבות</u>: **אברהם, יצחק, ויעקב,**
<u>האימהות</u>: **שרה, רבקה, רחל, ולאה.**

שבע דמויות אלה, אסור לנו לחשוב בכלל שאנו מתקרבים לרמה השכלית ו/או הרוחנית שלהם. כפי שכתוב; "אם ראשונים כמלאכים, אנו כבני אדם. ואם ראשונים כבני אדם, אנו כחמורים" (שבת; קי"ב, ב'). אם אנחנו מדברים על האבות והאימהות כאילו הם בני אדם כמונו, איננו מבינים את גודלם.

למעשה, האבות היו כמלאכים, ואנו כבני אדם. ברגע שיש לנו נפילה - אם זה בפרנסה, בבריאות, בזוגיות, בקהילה, או במשפחה, באופן אוטומטי אנחנו נופלים באמונה שלנו בבורא, כאילו שעשינו עסקת חבילה עם הבורא. חשיבתנו היא כזו (גם אם לא במודע) : כל עוד טוב לי בחיים, אני מאמין בך הבורא והולך בדרכיך. אבל ברגע שדברים אצלי משתבשים, אוטומטי גם האמונה שלי בך משתבשת. ניתן לומר שזה לא ממש באשמתנו, כי הרי אנו בני אנוש נחותים יותר מאבותינו הקדושים.

אברהם, **יצחק**, **יעקב**, **שרה**, **רבקה**, **לאה**, **ורחל** - הם שלושה אבות וארבעה אימהות. יחדיו הם שבע. המספר שבע מציין לנו את הבריאה, עם הבורא בתוכה. הפסוק אומר; "כי ששת ימים עשה יהוה את השמים ואת הארץ וביום השביעי שבת ויינפש" (שמות; ל"א, י"ז). מכאן אנו למֵדים, שהספרה 6 מציינת את ה-חולין, והספרה 7 מציינת את הקדושה השוֹרָה בתוך החוּלִין.

חקרתי וחיפשתי את החיבור בין שמות האבות והאימהות. דבר ראשון לקחתי את האותיות הראשונות של כל האבות והאימהות. אתחיל עם יצחק ו-יעקב, שלשניהם יש את האות **י'** באות הראשונה בשמם. אנחנו מצרפים את שתי האותיות י' ו- י', של שניהם, ואנו מקבלים את שם השם **יי'**. (שמו הקצר והקדוש של האל)

האות י' בגימטרייה היא 10. י' ועוד י' הם 20. בצמצום למספר קטן מתקבל הספרה 2. צמצום פירושו, שלוקחים את התוצאה הסופית שהתקבלה כמו במקרה שלנו 20, ואז אנו עושים כך: 0+2=2. הספרה שתיים בנומרולוגיה הקבלית מציינת: את הכוח האימהי, אהבה, ואחדות. והספרה אחת מציינת: את כוח האב, אני, ואנוכי.

האות **י'** אצל יעקב שבגימטרייה היא 10, יש בה את הספרה 1 והספרה 0. האפס מסמל את הבריאה, והאחד מסמל את השכינה. כאשר השכינה היא הצד הנקבי של הבורא.

האות **י'** אצל יצחק אבינו מסמלת את הקב"ה ואת האור האינסופי - האור הקדוש, מהצד הזכרי של הבורא. זאת אומרת, שאנו אמורים לאחֵד את שני האותיות י' יחד, בכדי שנקבל את האות **י'** העוצמתית, בדומה לברכה הקבלית הנאמרת לפי עשיית כל מצווה; "לשם ייחוד קוּדשָא בריך הוא ושכינתֵיה", שהיא השלמות של כל היקום.

כעת אנחנו עכשיו מחפשים את האותיות הקיימות אצל האימהות שמביאים אהבה ואחדות, ומחברים אותן לאותיות של האבות (י׳ י׳). את זה מצאנו אצל **רבקה ורחל** - רבקה אשת יצחק, ורחל אשת יעקב.

האות **ר׳** של האימהות מייצגת לנו משהו חשוב. האות ר׳ של רבקה מציינת לנו **אהבה**, ואילו האות ר׳ של רחל מציינת **אחדות**. בנוסף, האות ר׳ בגימטרייה היא מאתיים (200). ובצמצום למספר קטן, (צמצום לספרה בודדת. במקרה זה, מורידים את האפסים) אנחנו מקבלים את הספרה שתיים.

מספר שתיים (2) בנומרולוגיה, מציין; אימהיות, אהבה, ואחדות. אנחנו מחברים את שני האותיות הראשונות של רבקה ורחל (**ר׳ ר׳**) ואז אנו מקבלים את ההשפעה של האות **ר׳** בצורה דומיננטית יותר, שעוזרת לאות **י׳** של יצחק ולאות **י׳** של יעקב, להתחבר ולהתבטא בצורה עוצמתית ביותר.

1. האות הבאה הדומיננטית נמצאת אצל שרה אימֵנו. זו האות **ש׳**.
2. עלינו לצרף את האות שׁ לאות **י׳** של יצחק ויעקב.
3. אנו זוכרים עדיין את האות **ר׳** הכפולה הנמצאת אצל רבקה ורחל.
4. כעת עלינו לקחת את האות **א׳** בשמו של אברהם אבינו.
5. ולבסוף אנו לוקחים את האות **ל׳** הנמצאת בשמה של לאה אימנו.

כל האותיות הנ״ל, מעניקים לנו המילה - **י ש ר א ל**. זאת אומרת, שהדרך היחידה שעם ישראל יוכל להות עוצמתי וחזק, יקרה רק כאשר אנחנו נחבר את שתי האותיות **י׳**, דרך שתי האותיות **ר׳**, יחד עם שאר שמותיהם של האבות והאימהות.

האות ר׳ מציינת את **הגשמיות**, והאות י׳ מציינת את **הרוחניות**. לכן, כל עוד אנחנו כעַם לא מאחדים גשמיות עם רוחניות באופן ובצורה מאוזנת, כך גם השכינה והקב״ה, אינם מאוחדים. עלינו לחפש ולמצוא את האיחוד גם בין האבות לאימהות, ואת זה נעשה באמצעות חיבור האותיות בשְׁמוֹתָם.

(1). נתחיל עם האות **א'** של <u>א</u>ברהם, אותה מצאנו גם בשמה של ל<u>א</u>ה.

(2). האות **ב'**, נמצאת בשמו של א<u>ב</u>רהם, וגם בשמם של ר<u>ב</u>קה ויעק<u>ב</u>.

(3). את האות **ר'** מצאנו בשמותם של האימהות <u>ר</u>בקה ו<u>ר</u>חל, וגם אצל אב<u>ר</u>הם.

(4). את האות **ה'** מצאנו בשמו אבר<u>ה</u>ם, וגם בשמם של שר<u>ה</u> רבק<u>ה</u> ולא<u>ה</u>.

(5). את האות האחרונה האות **מ'** של אבר<u>הם</u>, **(ם')**, הוא לא חלק אותה עם אף אחד. אות זו קיימת אצלו בלבד.

האותיות המקבלות מסעיף 1 ועד סעיף 5, נותנות לנו את האותיות; **א ב ר ה ם**, שהוא שמו של אבי האומה שלנו. **<u>אברהם</u>**

(6). האות **י'**, נמצאת כאות ראשונה בשמם של <u>י</u>צחק, ושל <u>י</u>עקב.

(7). האות **צ'**, האות השנייה של י<u>צ</u>חק, הוא לא חלק אותה עם אף אחד.

(8). האות **ח'**, נמצאת כאות שלישית בשמו של יצ<u>ח</u>ק, וכן אצל ר<u>ח</u>ל.

(האות ח' בגימטרייה היא מספר שמונה. מספר זה מייצג בנומרולוגיה, כבוד וכוח. ופירושו; שהכוח הרוחני של יצ<u>ח</u>ק, נתן לר<u>ח</u>ל להתחבר ליעקב)

(9). האות **ק'**, היא האות האחרונה אצל יצח<u>ק</u>, ואות שלישית אצל יע<u>ק</u>ב ורב<u>ק</u>ה.

האותיות שהתקבלו מסעיף 6 ועד סעיף 9, מעניקים לנו את האותיות; **י צ ח ק**. שזה שמו של **<u>יצחק</u>** אבינו

(10). האות **י'**, נמצאת באות הראשונה של <u>י</u>עקב ו<u>י</u>צחק.

(11). האות **ע'**, נמצאת בשמו של י<u>ע</u>קב, אותה הוא לא חלק עם אף אחד.

(12). האות **ק'**, נמצאת אצל יצח<u>ק</u> ורב<u>ק</u>ה.

(13). האות **ב'**, נמצאת אצל ר<u>ב</u>קה ובנה יעק<u>ב</u>, וכן אצל א<u>ב</u>רהם.

(האות ב' בגימטריה היא שתיים (2) וספרה זו מציינת בנומרולוגיה, את האהבה והאחדות. בכך הצליחה רבקה להשפיע על יעקב, להתחבר ליצחק)

האותיות שהתקבלו מסעיף 10 ועד סעיף 13, מעניקים לנו את האותיות; **י ע ק ב**. שזה שמו של **<u>יעקב</u>** אבינו

(13). האות **ש'**, האות הראשונה של **ש**רה, היא לא חלקה אותה עם אף אחד.

(14). האות **ר'**, האות השניה של שרה, נמצאת גם בשמותם של אברהם רבקה ורחל.

(15). האות **ה'**, האות השלישית של שרה, נמצאת גם אצל רבקה ולאה.

האותיות שהתקבלו מסעיף 13 ועד סעיף 15, מעניקים לנו את האותיות; **ש ר ה**. שזה שמה של **שרה** אמנו

שרה אשת אברהם, לא חלקה את האות הראשונה שלה **ש'** עם אף אחד, כפי שאברהם לא חלק את האות האחרונה שלו **מ'** עם אף אחד, וכפי שיצחק לא חלק את האות השנייה שלו **צ'** עם אף אחד, וכפי שיעקב לא נתן את האות השנייה שלו שהיא **ע'** עם אף אחד. מדוע?

כי הם ידעו, שכל אחד ואחד מהם הוא נר לרגליו. ואם הוא עושה טעות עם האות הספציפית הזו, הוא משבש תהליכי עולם. זוהי הסיבה שהם שמרו את זה בסודיות מוחלטת.

ואם נחבר את האותיות שאותן האבות והאימהות לא חלקו עם אף אחד אחֵר; **ש'** של שרה, **מ'** של אברהם, **ע'** של יעקב, נקבל את המילה **שמע**.

למילה זו (שמע), נוסיף את האותיות הראשונות של כל האבות והאימהות יצחק, שרה, רחל, אברהם, לאה ואז נקבל את המילים; "**שמע ישראל**".

האות **צ'** של יצחק, היא בגימטרייה **90**. בצמצום למספר קטן, מתקבל הספרה **9**. ספרה האחרונה הזו (9), מציינת את הדרגה הגבוהה הרוחנית ביותר.

כשלקחנו את כל האותיות הראשונות של האבות והאימהות וחיברנו אותם, קיבלנו את המילה **ישראל**. למילה זו חיברנו את האותיות שאותם האבות והאימהות לא חלקו עם אף אחד אחֵר, וקיבלנו את המילה **שמע**. והם המילים; "שמע ישראל". שְׁמַע פירושו, עכשיו, זמן הווה.

זה מרמז לנו, שהתורה הקדושה היא שימושית בכל רגע ורגע. כשאנו קוראים את התורה כספר היסטוריה, אנחנו עלולים להתבלבל במסרים של התורה. זאת אומרת, שהמסר שאנחנו קיבלנו מהאותיות של האבות הקדושים רומז לנו, שכל אדם הנמצא בזמן מצוקה או בזמן רגיש יותר מרגיל, והוא מחפש את התשובה שלו למצב בו הוא נמצא, עליו להתייחס לכל מילה ומילה בפני עצמה.

המילה **שְׁמַע** המורכבת מאותיות הייחודיות לאבותינו - אותן הם לא חלקו עם אף אחד - מעניקים לכל אדם ואדם כיוון איך להתחבר לעצמו ולנשמתו לאור האינסופי, האור הקדוש. כי האור הקדוש תמיד שומע, כל הזמן, כל רגע, בכל הווה והווה. אבל בגלל המצב הרוחני הקלוקל של האדם, ובגלל הזוהמה שאדם אוסף בדרכו, הם אלה הנקראים בלשון הקבלה "קליפּוֹת", הם אלה היוצרים שיבוש בקליטתו של האדם, למסרים שהוא מקבל מהאור הקדוש. לכן יש כאלה החושבים, שכשהם מתפללים, אין אף אחד ששומע את תפילתם. אך התפילה תמיד מתקבלת, והתשובה או המענה לתפילה גם היא תמיד נענית.

אלא, שכשהאדם נמצא במצב רוחני נמוך, הוא אינו יכול לקלוט המענה או התשובה. לכן אנו אומרים בתפילת יום הכיפורים; "**ותשובה ותפילה וצדקה** מעבירים את רוע הגזירה". מה פירוש המילה ותשובה? (המילים ותפילה וצדקה מובנים, כי הם הגיוניים), המילה <u>ותשובה</u> מציינת את הצום אותו צמים ביום כיפור. **צום** הוא ראשי-תיבות של; **<u>צֵ</u>**א **ו**מלוך, או של **<u>צֵ</u>**א **ומ**עצמך – ומשמעו, צֵא מההֶרגלים שלך.

צֵא מהעקשנות ומאותם הֶרגלים שלא תורמים לך. כפי שאמר איינשטיין: **מהי טיפשות? זה לעשות את אותו דבר שוב ושוב, ולצפות לתוצאה שונה**. זה מה שקורה לרוב בני אדם, אשר הם לא שמחים בחייהם. הם כועסים, מקַטרים, ומאשימים את הגורל ואת הבורא, ואומרים או חושבים; "למה נתת לי חיים כאלה"?

אז המילה **צֵא** אומרת לנו, צא מעצמך, ותהפוך להיות אדם שאתה באמת רוצה להיות. ברגע שתתחבר לעצמך, אז תתחבר לנשמתך. ואז נשמתך תעבור דרך האור הקדוש, שם אתה מקבל תשובה ומענה.

המילה **שם** המורכבת מהאותיות **מ' ש'**, שמקורן <u>באות הראשונה</u> של <u>שרה</u> ובאות **מ'** <u>האות האחרונה</u> של אברהם, מרמזים לנו את המילה **שָׁם**. רוצה לומר, <u>מתחילת כל הדורות ועד סוף כל הדורות</u>, אני (אלהים) תמיד שם לענות לכל בקשותיך. אך דבר זה יתרחש, רק כשתהיה נקי ומוכן להבין את התשובה אותה אתה מקבל. מילה זו מציינת אף את המילה **שֵׁם**. ומשמעו: שמי הקדוש תמיד איתך.

החיבור המדהים בין המסע של בני ישראל במדבר, לחיים שלנו כיום, דומה ממש. בכל רגע, אנחנו נמצאים במצב לא קל מבחינת הממשלה בארץ ישראל. למעשה, אף פעם אנחנו לא נמצאים במצב טוב מבחינת הממשלה במדינת ישראל. במציאות שלנו בשנים האחרונות, המדינה נמצאת על הרגליים, בגלל מהפכה שמנסים לעשות לפה או לפה. אבל זה תמיד מהפך שצד אחד אומר, שהוא רוצה להפוך את ארץ ישראל **למדינה יהודית**, והצד השני רוצה להפוך את מדינת ישראל **למדינת כל תושביה**. אז ממקום של פוליטיקה אנחנו לא מתווכחים, כי כל אחד בטוח שהוא צודק. אך מנקודת מבט רוחנית, המציאות שונה לגמרי. אדמת ארץ ישראל לא יכולה להיות אדמת כל תושביה. כי האדמה לא מקבלת את כל התושבים. יש בני אדם אשר מנסים להשתלט על האדמה, והאדמה לא בהכרח שָׂשָׂה לקבְּלָם.

הצדיק המקובל האלוקי רבי אלעזר אזכרי זצוק״ל, תלמידו של האר״י ז״ל ובעל מחבר השיר **"ידיד נפש"** כתב בספרו (ספר חרדים; פרק נ״ט) על מצוות ישוב ארץ ישראל; "וצריך כל איש ישראל לחבב את ארץ ישראל ולבוא אליה מאפסי ארץ בתשוקה גדולה כבן אל חיק אמו. ודברי הרמב״ן שמצוות ישיבת ארץ ישראל היא מצוות עשה מהתורה. וכל עת ורגע שהאדם בארץ ישראל, הוא מקיים המצווה זו. ועיקר שכר המצווה על השמחה הגדולה בה ככתוב; 'תחת אשר לא עבדת את ה' אלהיך בשמחה' (דברים; כ״ח, מ״ז). אם כן, צריך היושב בארץ ישראל להיות שמח תדיר, במצוותו התדירה באהבתו אותה.

ולכן אומר ר׳ חיים בן עטר, בספרו ״אור החיים״ על התורה בפסוק; ״והיה כי תבוא אל הארץ״ (דברים; כ״ו, א׳), שזו לשון שמופיעה בתורה כמה פעמים על ארץ ישראל. ״**והיה**״ - זה לשון **שמחה**. ״להעיר, שאין לשמוח אלא בישיבת הארץ״.

בגמרא כתוב, שזה ממש חשוב להשתדל שאחרים לא ידברו מילים רעות על ארץ ישראל. חטא זה התחיל בחטא המרגלים מלפני אלפי שנים.
כשאדם או קבוצה שונאים את ארץ ישראל ולא ממש מרגישים שייכות לאדמה זו, באופן אנרגטי, האדמה מקיאה אותם ממנה. כי אין חיבור בין האדמה, לאדם אשר יושב עליה.

לדבר רעה על ארץ ישראל ועל עַם ישראל, זה לא אפשרי, בין אם מישהו יהודי ובין אם לא. האנרגיה הרוחנית של האדם, היא זו שמשפיעה. ליהודי כמובן, יש אנרגיה השייכת יותר לארץ ישראל, מאשר לכל אדם אחר. זה בדיוק כפי שלסיני יש את האנרגיה שמתחברת לאדמה הסינית, ולהודי יש את האנרגיה המתחברת לאדמה ההודית.

זה דומה לשתי מכוניות שונות. מכונית אחת היא מכונית מרוץ, והשנייה היא מכונית בעלת ארבעה צילינדרים. מכונית המֵרוץ לוקחת דלק של מכוניות מרוצים, והרכב בעל ארבעה צילינדרים, לוקח דלק עם אוקטן נמוך יותר. אם ניקח את הדלק של המכונית בעלת ארבעה צילינדרים ונתדלק בה את המכונית מרוץ, המנוע של המכונית המרוץ לא יתפקד היטב. המנוע ייהרס בתוך זמן קצר. כך גם אם נתדלק אם הרכב מרוץ בדלק של הרכב בעל ארבעה צילינדרים, המנוע יתפוצץ בתוך זמן קצר. איך זה שאותו נוזל הנראה ומריח אותו הדבר, גורם לשתי מכונות לעשות נזקים כל כך גדולים?

אנו יודעים כפי שלומדים בכימיה, שיש חומרים שונים המתחברים למכונות שונות. באיזה שהוא שלב, התגובה הכימית משחררת את האנרגיה הכימית שלה. וכך נדע, מתי דָבר מה יעבוד נכון וטוב, כפי שהמכונה אמורה לעבוד. כך, שהאנרגיה תמיד תשתחרר בעת יצירת קשר כימי בין שני אטומים ולהיפך, ותעשה את עבודתה היטב וּכָּרָאוּת.

דלק, זה אנרגיה זמינה המגיבה בתגובה של אנרגיה פוטנציאלית תחת תנאים מתאימים. כך גם היקום והאדם, מגיבים לפעולותיהם ותגובותיהם של בני האדם. אך כשזה מגיע לכוחות היקום עצמם, אנו מעדיפים לא לחשוב ולא לדעת אודות זה, כפי שאנו יודעים פחות או יותר אודות כימיה. כי זה לא ממש מובן או מוחשי לנו, שהאדמה "מבינה" או "חשה" את מי שעומד עליה ומי ששולט בה. מנקודת המבט שלנו, האדמה היא רק חול ואפר.

בעולם הכימיה, אנו חייבים להבין את ההבדל בין מנוע מרוצים למנוע עם ארבעה צילינדרים, ובין דלק בעל אוקטן גבוה לדלק בעל אוקטן נמוך. מנוע של מכונית מרוץ, הוא מנוע מאוד רגיש לכל נוזל שעובר דרכו. והוא בנוי בצורה כזאת, שהוא שורף את הנוזל בצורה יעילה ביותר, בכדי שהרכב ייסע במהירות המהירה ביותר. יש לו מערכת הצתה עם חום גבוה הנמצא בחלל הצילינדר, המוּנָע בבנזין במנועי שריפה פנימית.
ככל שמספר האוקטן גדול יותר, כך ניתן ליצור לחץ דחיסה גבוה יותר בתוך תאי השריפה של המנוע. לכן במנועים בעלי נצילות גבוהה שבהם נוצר לחץ דחיסה גבוה, אם נעשה שימוש בדלק בעל מספר אוקטן נמוך, זה עלול לגרום לנזק בפעילותו של המנוע, ועלול לגרום לשברים במכלולי המנוע. לכן חייב להיות בו נוזל שיישרף בצורה יעילה מאוד, לעומת רכב בעל ארבע צילינדרים, שלא חייב נוזל ברמה כזו גבוה.
עכשיו אנו מבינים למה יש נוזלים שונים במכוניות שונות, למרות ששניהם עשויות מאותו חומר גלם - ברזל, מתכת, ופלסטיק, - כי הם עדיין מתפקדות בצורות שונות לחלוטין.

כך גם אנו בני אדם, היקום, כדור הארץ, המדינות השונות, והאדמה, מתנהגות שונה כלפי בני אדם שונים הנמצאים בהם. האדמה היא הדבר הכי גזעני שיש. האדמה באזור ספציפי, לא נותנת לעץ פרי מסוים לגדול או לתת פירות במקום שאינו מתאים. האדמה שולטת על גזע העץ, וגם על גזע האדם ההולך עליה. כשאנחנו נכנסים לתחנת דלק ורוצים לתדלק, בדרך כלל יש מולנו שלושה סוגי נוזלים יש 87, 93, או 95 אוקטן. אין לנו שמץ של מושג מה באמת ההבדל בין כל נוזל. לכולם יש את אותו צורה וריח.

גם בעולם התעופה יש את אותם הבדלים בסוגי הדלק. יש מטוסי סילון, מטוסים קלים, מטוס חד מנועי, ומסוק. לטייס יש חובה לבדוק את הדלק לפני כל טיסה, בשביל להיות בטוח ששמו לו את הדלק הנכון במיכל הדלק שלו.
לפני כל טיסה, הטייס מוציא כוס קטנה של דלק, ובודק את הצבע של הנוזל. זו הדרך הבטוחה ביותר לדעת, איזה דלק יש לו. לכל דלק יש צבע שונה. יש צבע ירוק, כחול, או אדום. זה עוזר לטייס להבין, אם זה הדלק המיועד לכלי הטייס שלו, או שלא. את זה הוא עושה עוד לפני שהוא מניע את המטוס לטיסה באוויר, כי זה לא הכי כייף לשמוע רעשים מוזרים מהמנוע, בזמן טיסה.

למראות שטייסים הם הרבה זמן באוויר, הם ממש לא "מעופפים". רגליהם חייבים להיות נטועים היטב באדמה ובפרקטיקה. עליהם לקחת אחריות מֵרבִּית, כשמדובר בבדיקת מערכות. עם זאת, כשאנו על האדמה הבטוחה והיציבה, הכול בסדר עבורנו. אין לנו צורך לעשות בדיקות חוזרות ונשנות בשביל לחוש בטוחים. כי מה כבר מבינה האדמה בבני אדם?

זה מזכיר את סיפור על מחלוקת בין שני שכנים, על חלקת אדמה. כל אחד מהם טען, שחלקת האדמה הזו היא שלו. לבסוף הם הגיעו לבית הדין, וכל אחד הביא את טענותיו בפני הדיינים. הסיפור של כל אחד מהם נשמע אמין ביותר. אז אב הדיינים ביקש ללכת למקום המחלוקת, ולראות את חלקת האדמה. כשהגיעו לשם, נשכב אב הדיינים על האדמה ושם את אוזנו על האדמה, מלמל כמה מילים והקשיב לאדמה. התפלאו הסובבים על התנהגותו המוזרה הזו. כשקם אב הדיינים על רגליו, שאלו אותו בעלי הדין, מה הוא בדק באדמה ומִלמֵל שם?
אז הוא ענה להם, שניכם במחלוקת על האדמה הזאת. אחד אומר שהיא שלו, והשני גם אומר שהיא שלו. אז שאלתי את האדמה, של מי את? והיא ענתה לי, ששניכם שלה. (ביום מותכם, שניכם תיקברו בה, והיא תקבל אתכם לתוכה)
האדמה מדברת ואומרת את דבריה. ואם היא לא מקבלת את אשר היא רוצה, הדברים לא יעבדו כפי שהם אמורים לעבוד, בהרמוניה מוחלטת. כפי שיש בסוללה חשמלית צד חיובי וצד שלילי שגורם לה להעביר את האנרגיה למכשיר החשמלי, כך גם היקום כולו.

כתוב, ששלמה המלך דיבר עם העצים, מן הארז אשר בלבנון עד האזוב אשר יוצא בקיר. כלומר, מן הנשגב והנכבד ביותר, ועד הדל והשפל בצמחים. הוא למד מכל עץ ועץ, לאיזו מכה (בעיה) רפואתו של כל אחד ואחד, ומה טעם עץ הפרי, באיזה ארץ זה גדל, באיזה ארץ הוא אינו גדל.
לכל מדינה יש את הפרי המסוים שלה, הגדל בה היטב וטוב. להרבה מדינות יש גם סמלים וריטואלים השייכים לעץ או השיח שגדל היטב בה.

עם זאת, מה הקשר בין בני האדם לאדמה?
אנו אנרגיות רוחניות, השוכנות בגוף גשמי. כך, שהגוף הוא הכלי רכב של הנשמה. זאת אומרת, שאנחנו האנרגיה שנוהגת את הרכב הזה, שאנו קוראים לו גוף. הגוף מושפע מהאנרגיה הפנימית שלנו, והיא זו שמתחברת או לא מתחברת לסביבה שלה. זהו הקשר בין האדמה לבני האדם. זו הסיבה שהסינים חיים בסין, וההודים בהודו, והמקסיקנים במקסיקו. הגוף הגשמי נוצר בצורה כזו, שהוא מתאים את עצמו לאקלים בו הוא חי.

אנו קוראים לזה גם אבולוציה.
אבל מה זה אבולוציה? אם אדם לבן עובר לגור בדרום אפריקה, בעוד מאתיים שנה, הצאצא ייוולד כהה עור. אותו הדבר בסין ובמקסיקו. כי האנרגיה של האדמה, משנה את האינטראקציה של הגוף הפיזי, בהתאם למקום. לכן, כשאנחנו נוסעים לחופשה במדינה מסוימת, אנחנו תמיד רוצים לחזור הביתה, למקום שאנחנו מרגישים בו הכי נוח. אך ישנם כאלה שיוצאים לחופשה, ומעדיפים להישאר במקום החדש. משום שהם מרגישים יותר נוח וחשים יותר מחוברים למקום החדש. והסיבה היא, שהאנרגיה שלהם מחוברת יותר למקום החדש, אליו הם הגיעו בחופשתם.

בענף החקלאות אומרים, אם תטפל היטב באדמה, היא תיתן לך בחזרה באהבה. ואם תשחית את האדמה, היא תחזיר לך באותו קנה מידה, ואף תגרום לך לצאת לגולה. כך היה בארץ ישראל לפני 2,000 שנה בזמן בית המקדש. העם היהודי נכנס לסחרור של שנאה עצמית, והם גרמו לכך שחרב בית-המקדש, ועַם ישראל יצא לגלות. מאז, היהודים נדדו לארצות שונות בכל

רחבי תבל, אבל תמיד חלמו לחזור לארצם. ולמה בעצם הם לא חזרו במשך כ-2,000 שנה לארצם? הרי זה היה אפשרי בהישג יד? היו אף כאלה שניסו וחזרו על עקבותיהם. אלא, שהאדמה עצמה לא הרשתה לאף אחד להתקרב אליה בחזרה.

היה כתב חדשות אמריקאי אחד, שבה לבקר בארץ ישראל בתחילת שנת 1900. הכתבה שלו הייתה מצמררת. מהכתבה היה נדמה, שאין מצב שעַם ישראל יוכל אֵי פעם לחזור למולדתו. כי אדמת ארץ-ישראל היתה כל כך שוֹמֵמָה, שאין מצב שמישהו אֵי פעם יוכל להתיישב עליה. במובן הפיזי, הוא צדק במאת האחוזים. ומכיוון שעם ישראל היה מפוזר בכל רחבי תבל ורבים מהם חיו חיים עשירים ומשגשגים, לא היה להם שום סיבה לחשוב על חזרה לארץ הקודש. מה בכל זאת גרם ליהודים לחזור לארץ מולדתם? היתה להם סיבה אחת! והסיבה היא, שהאנרגיה של העם היהודי שייכת לארץ ישראל.

אנו חיים בעולם של מלחמות. ברגע שיש למישהו - במיוחד אם הוא יהודי - משהו שכל אחד היה משתוקק לו, כמובן שכולם ינסו להתנפל על זה ולקחת את זה מבעליו. כמובן שאני מתכוון לארץ הקדושה.

האתגר שלנו כבני אנוש הוא, להביא את העולם לשלמות. שלמות לא יכולה להיות, ללא אהבה ואחדות לכל האנושות כולה. למרות שזה נראה כל כך רחוק מהמציאות, זו הדרך היחידה שלנו להשיג את המשיח האישי (גאולה פרטית) שלנו ואת המשיח העולמי (גאולה כללית חיצונית).

פחד ואשמה מביאים מוות על האדם:

פעמיים בפרשת ויצא, חוזר הביטוי; "פחד יצחק".

בפעם האחת: אומר יעקב ללבן; "לולי אלהי אבי אלהי אברהם ופחד יצחק היה לי כי עתה ריקם שלחתני". (בראשית; ל"א, מ"ב)

בפעם השנייה: כתוב; "וישבע יעקב בפחד אביו יצחק". (בראשית; ל"א, נ"ג)

פחד יצחק, שתי המילים הללו, אינן חדלות להטריד את מנוחתם של פרשנים לאורך הדורות.

חז"ל נטו לא אחת להבינו, כיראת האלוהים של יצחק. אך רבים מהם גם השכילו לשדך את הביטוי הזה, לזיכרון האירוע של עקידת יצחק.

הרמב"ן כתב; "ויש אומרים, כי זה הפחד רמז ליום העקידה".

"באוצר המדרשים" (ספרו של; דוד אייזנשטיין) כתוב; "פחד יצחק אביו של יעקב, שֵם מידת יצחק אבינו, שנעקד תחת יד אברהם".

גם כשדרשו חז"ל על "פחד יצחק" במונחי אֵימָת קול השופר שהחריד את העם במעמד הר סיני, או כשהם ייחסו במדרשים אחרים לפחד זה, את אֵימת האריה שראה לכאורה יצחק על גבי המזבח, גם אז טראומת העקידה עמדה ברקע.

אז איך יכול להיות שיצחק פחד, אם הוא ידע שפחד ואשמה מביאים מוות על האדם?

פחד ואשמה, זה בחירה. הפחד פוגע באהבתו ובטהרתו ובקדושתו של האדם. לעיתים יש מצבים שכל דבר מפחיד אותנו או משתק אותנו, ואז אנו מפחדים לקום בבוקר. עלינו להבין, ששני דברים הם תולדה של פחד - **השנאה והקנאה**.

אדם השׂוֹנֵא אדם אחר, זה מגיע ממקום של פחד מאותו אדם. ההסבר הוא, כשאדם מפחד מחברו, זה בא ממקום שהוא לא יודע איך להגיב לבעיה שלו עם חברו. לדוגמא; כשלאדם יש תביעה בבית משפט על חברו, ולחבֵר אין דרך לומר את דברו - הוא יודע שבכל דרך או צורה שהוא ינסה לסנגֵר על עצמו, הוא לא יצליח מול חברו, - זה מביא אותו למקום של שנאה על חברו. יתרה מכך, הפחד

שהוא לא יכול לגבור עליו, גורם לו לשנוא את חברו עוד יותר. לכן, מצב זה גורם לו להיכנס לדיכאון, ולעיתים אף לאבד את עצמו מן העולם. אין הכוונה להתאבדות פיזית, אלא למוות במובן הרוחני. **רגשֵׁי אשמה ופחד, הם האויב היחיד שלנו**.

עם ישראל ביחס לאומות העולם, נקרא העם הנבחר. הרבה מהיהודים פוחדים ממילה זו. כי מחשבתם היא - למה אני יותר טוב מהשכן הגוי שלי? אני מעדיף להיות כמותו או כמו כולם. זה כמו בן של מלך שרוצה להיות כמו כל שאר הילדים, אך הוא נולד למלכות.

אנחנו רואים לדוגמא את הנסיך של אנגליה ש״ברח מהבית״, וזה בושה גדולה למלכות אנגליה. להבדיל, כך גם עם ישראל ביחס לבורא עולם. בגלל שבורא עולם מצפה מאיתנו להיות יותר מאחרים, הוא מצפה שאנחנו בתור העם הנבחר, נהיה אלה שמייצגים את מלכות שמים פה בעולם הגשמי ונפיץ את האור לכל האומות, עד שנביא אחדות לעולם. אך האומות לא מקבלות את העם היהודי בתור העם הנבחר, ולמה?

התשובה היא; **פחד**. זה בדיוק כפי שילד בכיתה א׳, פוחד מילד בכיתה י״ב. כי הילד בכיתה א׳ אומר לעצמו, הילד בכיתה י״ב כל כך חכם וגדול, ואני בכיתה א׳ וכל כך קטן ולא חכם.
כך גם אומות העולם, רואים את עַם ישראל שהם במקום רוחני גבוה. הם לא ממש מבינים, מאיפה הרגשות השליליים האלה שיש להם על עם ישראל ומהיכן הם באים. לכן הם ממציאים כל מיני אמונות ודעות על עם ישראל, בשביל להצדיק את רגשותיהם השליליים מול עַם ישראל. במצב זה הם נופלים יותר עמוק למערבולת השטן והחומר, כי הוא חושבים שהם רק גוף, ושוכחים שהם נשמה.

<u>אדם הבוכה על העבר ודואג על העתיד, למעשה, הוא מעיַן מת:</u>

כשאתה נמצא במצב לא הכי טוב עם עצמך מכל סיבה שהיא, זוהי הפרעה זמנית בהתפתחותה של הנשמה. אך אם אתה תעשה בחירות נכונות במצב זה, ברור שהדברים ישתנו לטובה. אך דברים ישתנו, רק אם אתה תעשה את תפקידך באהבה. זה אומר, לשמור על פיך.

תברך, במקום לקלל. תשבֵּחַ במקום להנחית מהלומות. וכמובן, שמור על פיך אם אתה בוס, כשאתה מדבר לעובד שלך. תמיד הסבֵּר את עמדתך ברוגע, מבלי להעליב אף אחד, ותבחר להדריך עם אהבה ונתינה אמיתית. אנו בסך הכול כלי במערכת היצירה הקדושה, והכול קשור בהכל. עליך לרְצות את מה שנפשך ונשמתך חושקים בו באמת, וזהו אהבה ונתינה.

צא מדעתך, וכנס לעומק נשמתך:

חייב אדם לצאת מתוך דעתו ושכלו, בכדי לקבל את הכוחות שאנו כל כך מייחלים להם. חייב אדם לצאת מדעתו, כשהכוונה היא, ממוחו ושִׂכְלוֹ. כי המוח, עוצר את רצון הנשמה והלב פעמים רבות. פשוט, בחר נכון.

בְּחַר לאהוב, ולא לשלוט. בְּחַר לתת, ואל תצפה לקבל. האהבה בכל מקרה תבוא בסוף, אם תרצה ואם לא תרצה. משום שכשאתה בוחר בחיי נתינה ללא תמורה, האהבה באה אוטומטית לפתחך. זהו המצב בו אתה מנצח ומקבל את חייך במתנה.

לכן ראינו, שפחד יצחק הפך להיות צחוק. יצחק עבר ממצב של פחד למצב של צחוק, כפי ששמו מעיד עליו. והצחוק הוא, אל-מול פני הפחד. זוהי גבורתו של יצחק - לעמוד מול הפחד - להתעמת מולו, ולהפוך אותו לדבר משעשע ומצחיק. יצחק ידע להעלים פחד, ולהתגבר עליו.

על טעויות משלמים:

בלתי ניתן לברוח מכלל זה. אדם לומד בחייו, את מה שנשמתו כבר יודעת. האדם לומד, בכדי שהמוח יתחיל לזכור, והאשראי שלנו אינו אינסופי. הקב״ה שוכן בתוך האור האינסופי, הוא האור הקדוש, והוא זה שממלא לנו את האשראי לפי המעשים שלנו. וכן להיפך, אדם יכול לבטל את כל האשראי שאלוהים נותן לו. אדם חייב לבחור את בחירתו, והאחריות כולה עליו.

עלינו להבין, שאין דבר כזה - לחסוך זמן:

לכל דבר יש סיבה, וזה חלק מתהליך שבחרנו בו. הכול זה בחירה שלנו, ואין כוחות לעליונים לשנות את בחירתנו. הכל תלוי בנו, ועלינו להעלות את עצמנו למדרגה הנכונה באמצעות מעשינו, וקבל את הכל בלי עזרת הזולת. עלינו להתאמץ להשיג ואז נמצא את עצמנו בעולם שאנו חפצים בו, ללא עזרה.

תפילה ולימוד:

מה צריך לעשות להגיע למדרגה העליונה והנכונה? התשובה היא: **תפילה**. תפילה זה תמיד דבר מבורך, אך עלינו לבחור לך את הדרך הנכונה. התחיל להאמין בעצמנו קצת יותר, כי מגיע לנו יותר.

ככל שנלמד, ככה ייפתחו לנו ערוצי המוח עבור נשמתנו. כי ככל שאדם לומד יותר, כך גוברים הסיכויים של הנשמה לצאת מתוך השכחה והנשייה. ובכך יתפתח ויתגלה בפנינו, העולם המוסתר שנמצא ממש מולנו ומתחת לאפנו. הכל בידנו.

פרק 19

תפילת שמונה עשרה

יש ציבור שלם שמתפלל כל יום. אבל חלק מהם מתפללים תפילה ללא אמונה, או שתפילתם בעלת אמונה חלשה. תפילה כזו, לא ממש עוזרת. בדרך כלל, תפילה עם אמונה חלשה היא סימן, שאדם זה חַי חַיֵי סבל וייסורים. במצב זה כדאי שיבין, שהכול וכולם זה אחד. כדאי גם שהוא ישנֶה וישפר את מידותיו, ויתחיל לאהוב את עצמו ואת החיים, ושלא יסתכל על החיים מנקודת מבט של סבל וייסורים.

מי שיודע איך להתפלל באמת, ומבין כי יש צורך בתשומת לב וריכוז בכדי להיכנס לעולמות הרוח ולעולמות עליונים בתפילת שמונה עשרה, הוא זוכה לפרוח ברוחניות ובגשמיות. הדרישה המינימאלית היא לשים תשומת לב, ולתת את הדעת על הדברים היוצאים מפיו. לכן, לפני תפילת העמידה, צריך המתפלל להסיר ממנו את כל הדברים העלולים לטרוד את כוונתו כמאמר הרמב"ם; "יפנה לבו מכל המחשבות, ויראה עצמו כאילו עומד לפני השכינה". כי כבר ידוע, שתפילה ללא כוונה, כגוף ללא נשמה.

הרמב"ם מציין לפנינו; "אם תתפלל בהנעת שפתיך ופניך אל הכותל ואתה חושב במקחך ובממכרך, ותקרא התורה בלשונך ולבך בבניין ביתך, מבלי בחינה מה שתקראהו.... לא (אל) תחשוב שהגעת לתכלית, אבל תהיה קרוב ממי (לאלה) שנאמר בהם; 'קרוב אתה בפיהם ורחוק מכליותיהם'". (מורה נבוכים; ח"ג - פ', נ"א)

מהי תפילת שמונה עשרה ?

תפילת שמונה עשרה, נקראת גם תפילת העמידה. והיא שיאה של התפילה. "ואנו צריכים לבוא אליה בלבוש מכובד. מפני שבתפילת העמידה אנו עומדים לפני המלך, מה שאין כן בקריאת שמע וברכותיה, שבהם אנו מקבלים על עצמנו עול מלכות שמים ומשבחים להקב"ה, אבל איננו במדרגה של עומדים לפניו". (שו"ע אורח-חיים; ע"ד, ו'; צ"א, א')

הגמרא (מסכת מגילה; י"ז, י"ח) מלמדת את סדר שמונה עשרה ברכות התפילה, מתוך סדר - המקשר ברכה לחברתה או מיקומה.
כשאנו מסתכלים על התפילה במדרגות בסולם, הרי שבתפילת שמונה עשרה, ראשנו מגיע השמימה - לעולם האצילות הגבוה ביותר, בו מתגלים הרבדים העמוקים ביותר בנפש שלנו, שהם בחינת **חיה ויחידה.**

במצב זה, מתקיים מפגש ישיר ובלתי נתפס בין הבורא לנברא, לאחר הרעש והאש, - ההתלהבות וההתלהטות - של פסוקי זמרה, וקריאת שמע וברכותיה. ואז מגיע "קול דממה דקה" (מלכים א'; י"ט, י"ב), שהיא ההתגלות של הקדוש ברוך הוא "תמן קאתי מלכא" (מארמית - שם מגיע המלך) בשקט מוחלט. (זוהר; פינחס, רכ"ג)

בדומה לאדם שרץ לתוך ארמון המלך ורועד מהתרגשות, כך בכניסתנו לתפילת שמונה עשרה אנו בקושי מסוגלים לפתוח את הפה ולדבר. לכן אנחנו אומרים ומבקשים - "יהוה שפתי תפתח" -. כי פתאום אנחנו בהיכל קודשו של השם יתברך.

כל ברכה במיקום שלה בתפילת שמונה עשרה, נחשבת לצינור ממנו אנו מעבירים את תפילתנו לבורא. המספר הסידורי של תפילה זו, ישמש אותנו להיות קשורים לתוכן הברכה. תוכן הברכה, מתואם עם מספרו הסידורי של הצינור. לכן, יהיה עליך להיות ערני, ולכוון את משמעות הברכה.

הברכה הראשונה:

נקראת בלשון המשנה "אבות". זהו צינור מספר 1, והוא כנגד האב הראשון, **אברהם**. בברכת אבות, מוטלת עלינו החובה לכוון, שאנו עומדים לפני הקב"ה שהוא אחד ויחיד. מזכירים את האבות שהם שלמות אחת, ומסיימים ברכה זו המשפט; "ברוך אתה יהוה מגן אברהם". רמז לכך יש בפסוק; "אחד היה אברהם" (יחזקאל; ל"ג כ"ד). ברכה זו קובעת את רקע נגישות היהודי לפני קונו. זהו הרקע של הייחוס, המאפשר לנו להתפלל. וזה מה שאבותינו אברהם, יצחק, ויעקב, התפללו.

הברכה השנייה:

נקראת בלשון המשנה גבורות. זהו צינור מספר 2, כנגד האב השני, **יצחק**, שמידתו מידת הדין - גבורה. המספר 2 רומז למידת הדין, שהיא מידת הגבורה. הברכה קובעת, שיש ביכולת ריבונו של עולם לענות לתפילתנו ולהושיע אותנו. מתוך זה ראוי שנביא בקשותינו לפניו.

הברכה השלישית:

נקראת בלשון המשנה קדושה. זהו צינור מספר 3 כנגד **יעקב**, השלישי באבות. קדושה פירושו, חיבור עולם החומר עם עולם הרוח, והתוצאה הנובעת מחיבור של שני היסודות הללו. בצינור שלישי זה, אנו מקדשים בקדושה משולשת; "קדוש קדוש קדוש" (ישעיהו; ו', ג'). ברכה זו מדגישה את רוממות ונשיאות אלוקינו מעל ומעבר.

הבקשה הראשונה:

היא **לַדעת** או **הידיעה**. זהו צינור מספר 4. השילוב בין חכמה (היגיון) לבינה (רגש), המייצרת ידיעה והבחנה בין דברים שונים. לאדם ללא דעת, אין יכולת הבחנה. מומלץ גם להיזכר בפסוק; "ומשם ייפרד והיה לארבעה ראשים" (בראשית; ב', י') במשמעות של, דע את ההבחנה בין הדברים הנפרדים. רמז נוסף, ברכה זו מסתיימת במילה "דעת" ("ברוך אתה יהוה חונן הדעת"). האות **ד'** ערכה הנומרולוגי הוא **4**, כנגד צינור רביעי זה. בקשה זו היא היסודית ביותר, בהפרדת האדם מֵיֶתר עולם החי. אדם חסר דעת, נחסר ממנו הכל. ככל שיש למישהו יותר דעת,

כך הוא יותר אדם. דעת כוללת את : כח הידיעה, כח ההבנה, כח הזיכרון, כח שילוב חברתי, כח יצירת הזיווג, כח אבחנה, כח אסתטי, כח מנהיגות, כח יישום יידע, כח יצירתי, וכח הבנת המוסר (כח זה, הוא הכי חשוב). **תפילת הדעת** היא בקשת יסוד האנושות, להיות אנושי בצורה המלאה והגבוהה ביותר.

הבקשה השנייה:

היא ה-**תשובה**. זהו צינור מספר 5. הוא רומז לאות **ה'** שערכה הנומרולוגי הוא 5, הרומזת לעולם התשובה. מדוע אות זו קשורה לעולם התשובה?

(1): הנה, האות **ח'** הסגורה, רומזת לחטא. (המילה חטא מתחילה באות זו), הקו השמאלי שבאות זו נקטעת לשני חלקים, ונפתח בה פתח מילוט בקצה העליון השמאלי, וכך נוצרה האות ה' המסמלת את היכולת לשוב בתשובה.

(2): ברכה זו מתחילה באות **ה'** (המייצגת את התשובה) במילה "השיבנו", ומסתיימת באות ה', "הרוצה בתשובה". מאחר שהאדם יכול להבין את מהות עצמו רק על ידי הדעת, עליו להתקרב כמה שיותר לבוראו. ולכן כתוב בברכה זו ; "וקרבנו מלכנו לעבודתך". בעבודת ה', יש שני חלקים.

(א') הראשון והבסיסי - נכונות מסירות לבבו, נפשו, ומאודו של האדם לה'.

(ב') יישום דבר זה - בהזדמנות הנכונה, ובמידה המתאימה.

הבקשה השלישית:

היא תחינת ה-**סליחה**. זהו צינור מספר 6. ברכת הסליחה, רומז לעולם החומר שיש בו 6 קצוות (שש פאות בכל מבנה : צפון, דרום, מזרח, מערב, מעלה, ומטה). המתבוסס בעולם החומר ושקוע בו, אינו יכול להישאר שם לעַד, אלא צריך להתנער ולבקש סליחה מהבורא, על כך שהוא שקע לחומר ושכח את בוראו ורוחניותו. כמו כן, הברכה מתחילה במילה "סלח" באות **ס'**, שבמספר קטן הוא גם 6. ומבקשים, שה' ישיב אותנו לתורתו ויקרב אותנו לעבודתו.

הבקשה הרביעית:

היא בקשת ה-**גאולה האישית**. זהו צינור מספר 7. זוהי ברכת הגאולה. רבא אמר בגמרא; "גאולה במקום השביעי, משום שעתידין להיגאל בשביעית". הדבר הראשון והממשי שאנו מבקשים מתוך סליחה הוא, שהריבים, העינויים,

הקשיים, והלחצים החיצוניים שלנו, יסתלקו. זהו יסוד הגאולה האישית. זו גאולה מתוך השעבודים החיצוניים למיניהם המתנפלים עלינו, ומונעים מאתנו לטפל בצרכים האישיים שיש לנו.

הבקשה החמישית:

היא עבור ה-**רפואה**. זהו צינור מספר 8. רב אחא אמר עבור זה בגמרא; "שניתנה מילה בשמינית, שצריכה רפואה". בבקשת רפואה אנו מתפללים על מכאובינו ומחלותינו הפנימיים, שהם חלק מאיתנו. לאחר שזכינו להשתחרר מהפרעות חיצוניות בברכה הקודמת, כעת אנו מתפללים ומבקשים על בעייתנו האישיות הפנימיות.

הבקשה השישית:

הוא עבור ה-**פרנסה**. זהו צינור מספר 9. היא נקראת ברכת השנים. הספרה 9 מציינת את המספר הגבוה ביותר מבין כל המספרים המייצגים אֲחָדות (1-9). לכן, ספרה זו מציינת שפע והצלחה בפרנסה. הספרה 9 רומזת למידת האמת, פרנסה, הצלחה, וברכה, הבאים אך ורק באמצעות הגינות, יושר, ומידת האמת. לאחר שהשתחררנו מענייננו וריבנו החיצוניים ומחלותינו הפנימיים, אנו מוכנים לבקש שפע וברכה להצליח בהפריית יבולינו בשנה זו. הברכה היא בהצלחת החקלאות, הקובעת פרנסה לכל העולם ולארצנו. הגשם הוא יסודי בקבלת ברכה זו, והיא לא ניתנת ליחידים, אלא לכל הארץ ולכל לעולם. זוהי ברכה כללית ציבורית, ולא ברכה פרטית אישית.

הבקשה השביעית:

היא **תְקַע בשופר**. זהו צינור מספר 10. גאולה ושופר קשורים למספר 10. בתפילות מוסף ביום ראש-השנה בזמן בו אנו תוקעים בשופר, יש בכל ברכה 10 פסוקים, בהם אנחנו מתפללים לקיבוץ גלויות. פה אנו עוברים מבקשה לברכת הכלל ולבקשה בתחום יבול החקלאי, לבקשת קיבוץ ואיחוד נִידְחֵי עם ישראל, וזוהי בקשה ציבורית מובהקת.

הבקשה השמינית:

היא עבור ה-**משפט**. זהו צינור מס׳ 11. ״השיבה שופטינו כבראשונה״. המספר 11 יכול לרמוז לפסוק; ״איש על העדה אשר יצא לפניהם ואשר יבוא לפניהם״. (במדבר; כ״ז, - ט״ז, י״ז) פסוק זה, מדבר על מנהיגים ושופטים. עדה היא, 10 אנשים. והמנהיג הנמצא מעליהם, הוא מספר 11. משפט זה שאנו מבקשים עליו, מתבצע באמצעות שילוב שני תהליכים, המתאחדים ביניהם.

הראשון - הוא השבַת שופטים ויועצים, לאיכות הראשונה שפעם היתה לנו. אין זה, אלא בקשת קיום נבואת ישעיהו הנביא בתחילת ספרו; ״ואשיבה שופטייך כבראשונה ויועצייך כבתחילה״. (ישעיהו; א׳, כ״ו)

השני - הבא יחד איתו, הוא מלכות ה׳ לבדו עלינו. מבקשים מה׳ שיתפוש פיקוד. כנראה שהקב״ה תופש פיקוד, על ידי השבת שופטים ויועצים מתאימים להנהגת עם ישראל.

הבקשה התשיעית:

היא עבור ה-**מינים** (אלה הם מלשינים, וכל אלה המתנגדים לחז״ל. כמו: האפיקורסים, הצדוקים, הבייתוסים, האיסיים, וכו׳). זהו צינור מס׳ 12. המספר 12 מבטא לרוב פירוד וקריעה.

(1) המילה **גט** ערכה בגימטרייה 12, וגם מספר השורות בגט הוא שנים-עשר.

(2). כתוב בתנ״ך; ״ויקרעה שנים עשר קרעים״ (מלכים א׳; י״א ל׳). ברכה זו באה לרמוז, על אותם חלקים שנקרעו מכנסת ישראל, והם המינים והנוצרים. ועקירת אוֹיבנו הפנימיים בתוכנו, איבודם, הכרתתם, שבירתם, והכנעתם. מאמץ השופטים והיועצים להטיל משפט בתוך ישראל, ולגלות את אלו שפועלים ברשעוּתם, להזיק בנו. אנחנו מבקשים מה׳ לשבור ולהכניע אותם, כדי שנוכל להתקדם ביצירת האחדות והמשפט בתוך קיבוץ עם ישראל. סילוק האוֹיבים והזֵדים מתוכנו, הוא הכנה הכרחית כדי שנוכל להתמקד בשמירה, טיפוח, וגידול האנשים החיוביים שבתוכנו.

הבקשה העשירית:

היא עבור ה-**צדיקים**, זהו צינור מס׳ 13. המספר 13, רומז לערכים גבוהים ביהדות (גיל בר-מצווה, בו מקבלים אחריות ועול מצוות) ובמיוחד הוא קשור למילה:

אחד שערכה הנומרולוגי (גימטרייה) הוא 13. כתוב בפסוק; "יהוה אחד ושמו אחד" (זכריה; י"ד, ט'). ומי אלה המכריזים באורח חייהם כי ה' אחד? הלוא הם הצדיקים. וכל עַם ישראל מבקש שה' ישמור וירחם על הצדיקים והחסידים, ועל הזקנים והסופרים, ועל הגֵרים שבעם ישראל, ועל כולנו. כוונת הדברים מתבטאת בעיקר בסופה של הבקשה; "ותן שכר טוב לכל הבוטחים בשמך באמת, ושים חלקנו עמהם לעולם ולא נבוש כי בך בטחנו".

הבקשה האחת-עשרה:

הוא צינור מס' 14, ומתחלק ל-2 ברכות. (1). **בניית ירושלים**. (2). **מלכות בית דוד**. הברכה הקשורה לבניין ירושלים ומלכות משיח בן דוד על פי המקורות, היתה ברכה אחת שהתפצלה לשתיים במשך הדורות. כן מצאנו נוסח תפילת שמונה-עשרה בגניזה, כאשר שתי ברכות אלה היו ברכה אחת, בסגנון זה; "רחם ה' אלהינו ברחמיך הרבים על ישראל עמך ועל ירושלים עירך ועל ציון משכן כבודך ועל היכלך ועל מעונך ועל מלכות בית משיח צדקך ברוך אתה יהוה אלהינו דוד בונה ירושלים". ברכה זו שמספרה 14 רומזת על המילה **יָד**, שערכה הנומרולוגי הוא 14. וכן נאמר; "מקדש יהוה כּוֹננו יָדֶיךָ" (שמות; ט"ו, י"ז). יָדֶיךָ פירושו - שתי ידיים, ולכן יש רמז בברכה זו, לשתי ידי הבורא המסמלים את כח הבורא. **כח** זה בגימטרייה 28, שהם פעמיים 14. בברכה זו אנו מבקשים, שה' ישוב וישכון בירושלים, ושהצדיקים יישמרו בתוכנו, ונזכה שחלקנו יהיה עמהם ונקבל השפעתם, ונהיה ראויים שה' ישוב לירושלים וישכון בתוכה.

הבקשה השתיים-עשרה:

היא עבור **קבלת התפילה**. זהו צינור מספר 15. המספר 15, רומז לשם **יה** - החצי הראשון של השם יהוה. השם המלא (יה-וה) הוא שם של חיבור בין הרוחני לגשמי, בין עולם הבא לעולם הזה, בין איש לאשה, וכן הלאה. ברכה זו, רומזת לחיבור התפילות שלנו כאן על הארץ, שיגיעו עד שמי מרום. בחיבור זה שומע ה' את תפילתנו, המבקשת ישועה. ישועה זו כרוכה עם ביאת המשיח בפועל, שהוא שלב מתקדם יותר בגאולתנו, מאשר כוננות כיסא מלכותו המוזכרת כבר בברכה הקודמת. בקשת הישועה היא הבקשה הסופית, בתהליך הבקשות.

כשעַם ישראל מקבל ישועה מתוך צמיחת צמח דוד, כלומר, ביאת המשיח, אין דבר יותר חושב מזה, לבקש אותו.

הבקשה השלש-עשרה:

צינור מס׳ 16. והיא עבור **עבודה**, **תפילה**, **וקרבנות** המקדש. המקדש נקרא ״מקום״. מקום לדברי חז״ל, נחשב ד׳ על ד׳. פירוש; 4 אַמות על 4 אַמות. שהם 16 אמות ריבועיות. המילה ״המקום״ מוזכרת 4 פעמים בסיפור עקידת יצחק. גם בחומש דברים, המילה זו מוזכרת יותר מ-10 פעמים במשמעות בית המקדש או ירושלים. זו בקשה כללית על קבלת תפילתנו, שהקב״ה יֵיענה לתפילתנו בחיוב.

הבקשה הארבע-עשרה:

זהו צינור מספר 16. המספר 16 רומז לאותיות- **יו**, (שהן חלק מהשם יה-וה) הנחשבות גם הן לאותיות שם האל. מצאנו רמז לעבודת בית המקדש במספר זה בהקרבת העומר, המקשר בין חג הפסח (חג יציאת מצריים) לחג השבועות (חג קבלת התורה). אימתי הקרבת העומר? ב-16 לחודש הראשון (״ממחרת השבת״). בסיום כל ספירה במעלה לקראת חג מתן-תורה, אנו חוזרים 49 פעם על המשפט; ״הרחמן הוא יחזיר לנו עבודת בית המקדש״.

זוהי **ברכת העבודה**. בקשה זו יש בה שני חלקים. החלק הראשון: שבו הברכה מתחילה, היא הבקשה שאנו ותפילתנו נרצה לפני ה׳. מושג רצון, בא מהקרבנות. ככתוב; ״אם עולה קרבנו מן הבקר זכר תמים יקריבנו, אל פתח אהל מועד יקריב אותו לרצונו לפני יהוה״ (ויקרא; א׳, ג׳). כל מטרתו של הקרבן הוא, שיתקבל ברצון לפני ה׳. החלק השני: שהקב״ה יחזיר את שכינתו לציון (ירושלים).

הבקשה החמש-עשרה:

היא סיום התפילה וזהו צינור מס׳ 17. והיא, ברכת **ההודאה**. המילה הראשונה בתורה שערכה 17, היא המילה **טוב**. וכן כתוב; ״וירא אלוהים את האור כי טוב״ (בראשית; א׳, ד׳). ההודאה על הטוב, משתלבת בצינור זה. ביטוי זה חוזר בברכה זו פעמים רבות; ״נפלאותיך וטובותיך״. ״הטוב כי לא כלו רחמיך״.

"לעולם כי טוב". "האל הטוב". ו"הטוב שמך". ברכת ההודאה היא בראש ובראשונה על עצם היחס בינינו לבין ריבונו של עולם. עצם זכותנו לקרוא לה' "אלוקינו ואלוקי אבותינו לעולם ועד", כבר מחייב הודאה. ה' הוא לא רק אלוקים. הוא אלוקינו ממש. אנו מציינים עובדה זאת בכל ברכה, במילת "אלוקינו". אבל אנו מודים לה' על זה, רק בברכת ההודאה באמירת; "מודים אנחנו לך שאתה הוא ה' אלוקינו ואלוקי אבותינו לעולם ועד", בבקשה זו.

הבקשה השישה-עשרה:

תפילת שמונה-עשרה, מסתיימת בבקשה השישה-עשר בצינור מס' 18 והיא, **ברכת כוהנים**. הנקראת גם – ברכת שלום. וכן אנו אומרים שָׂם; "שים שלום" (אשכנזים), או "שלום רב" (ספרדים). השלום הוא התוצאה של המתברכים בברכת הכוהנים. המספר 18 רומז למילה **חי** שערכו הנומרולוגי הוא 18. (לכן אנשים תורמים לצדקה 'חי' שקלים או דולרים, או כמה פעמים 'חי'). וכן כתוב; "אמר בן חלפתא לא מצא הקב"ה כלי מחזיק ברכה בחיים אלא השלום" (משנה עוקצין; ג', י"ב). ואכן, המילה חיים, חוזר מספר פעמים בברכה זו; "חיים חן וחסד". "תורת חיים". "תורה וחיים". "ורחמים וחיים ושלום". ובעשי"ת; "ובספר חיים". ו"לחיים טובים ולשלום".

כל הנכתב עד עתה, הוא רק הפשט של תפילת שמונה-עשרה. אבל כשאנו נכנסים לפנימיות של תפילה זו ומתחברים לכל האותיות ולמילים, ונכנסים עוד יותר פנימה ולעומק, אנחנו יכולים לעוף ברוח של התפילה, וזה יכול לתת לנו את הכוח לעבור למימדים אחרים לחלוטין, ולעולמות עליונים ממש.

● ● ●

פרק 20

כסף קונה הכל

איך יכול להיות שאנשים רוחניים המחוברים לבורא, סובלים יותר? למראית העין נראה שהם חיים חיי סבל, יותר מאלה שלא ממש מחוברים ושייכים לעולם הרוחני. לכאורה נראה שאדם שחי חיים גשמיים, חי חיים יפים יותר. יש לו כסף, וכסף קונה הכול. לא?

סטיב ג'ובס היה איש עסקים ויזם אמריקאי ממייסדי חברת אפל, והמנכ"ל הראשון שלה. לאחר מכן בזכות מחשב Apple II פורץ הדרך, נחשב ג'ובס לאחד מחלוצי המחשוב האישי. הוא נִמנה עם המניעים העיקריים להבאת ממשק המשתמש הגרפי למחשב האישי במחשבי מקינטוש, ונחשב לדמות המרכזית שמאחורי הזינוק הפיננסי של חברת אפל בראשית המאה ה-21, בזכות מוצרים פופולריים וחדשניים כדוגמת iPod, iPad ו-iPhone. הוא היה גם שותף להקמת חברת האנימציה פיקסאר ולהקמת חברת NeXT. הוא נמנה עם עשירי העולם, והונו הוערך בספטמבר 2011, בסך של 7 מיליארד דולר. לכאורה הוא היה אמור להיות האיש השמח ביותר ביקום.

בנאומו האחרון הוא אמר; "כשהייתי בן 17, קראתי בערך כך: 'אם תחיה כל יום כאילו היה יומך האחרון, ביום מן הימים, ללא ספק תהיה לך סיבה לכך'. זה הותיר בי רושם ומאז, במשך 33 שנים, אני מביט במראה כל בוקר ושואל את עצמי: 'בהנחה שזה יומי האחרון, האם ברצוני לעשות מה שבכוונתי לעשות היום בפועל?' אם התשובה הייתה 'לא' במשך יותר מדי ימים ברצף, ידעתי שאני צריך לשנות משהו. לזכור שאני אמות בקרוב, זה הכלי החשוב ביותר שהיה בעזרי בקבלת החלטות הגדולות והחשובות ביותר בחיים. כל הציפיות, החיצוניות, הגאווה, וכל הפחדים ממבוכת הכישלון, כל אלה נופלים הצידה למול המוות, ומשאירים רק את מה שבאמת חשוב. כשאתה זוכר ממש

שאתה עומד למות, זו הדרך הכי טובה שאני מכיר להימנע מהמלכודת של החשיבה אודות 'מה יש לי מה להפסיד'. אתה ממילא כבר עירום. אין סיבה, לא ללכת אחרי לבך".

סטיב ג'ובס נפטר בגיל 56 מסרטן הלבלב כשהוא מיליארדר, עם הון של 7 מיליארד דולר. והנה כמה ממילותיו האחרונות;

"ברגע זה שאני שוכב על המיטה, חולה וזוכר את כל חיי, אני מבין שכל ההכרה והעושר שיש לי הם חסרי משמעות, לנוכח המוות הקרב. ככל שאנו מתבגרים, אנו חכמים יותר, ואנחנו מבינים לאט לאט הרבה יותר דברים. למשל, שהשעון ששווה 30$ או 300$, שניהם מראים בדיוק את אותו הזמן. בין אם אנו נוהגים במכונית בשווי 150,000$ או במכונית בשווי 2000$, הדרך והמרחק זהים, ואנו מגיעים לאותו יעד. אם אנו שותים בקבוק יין בשווי 300$ או בשווי 10$, נהיה שתויים באותה המידה. אל תחנך את ילדיך להיות עשירים, חנֵךְ אותם להיות מאושרים. ואז כשהם יגדלו, הם יידעו את ערך הדברים".

סטיב ג'ובס, הביא עולם חדש לאנושות. הוא השאיר את חותמו על עולמנו במובן הטכנולוגי. כמעט ואין היום בית, עסק, או רכב על הכביש, שאין בו מהטכנולוגיה שסטיב ג'ובס יזם.

אך סטיב חי, בשביל למות. הוא אף פעם לא חי באמת. כי הוא תמיד היה במרוץ נגד המוות. מכיוון שהוא ידע שבסופו של יום, המוות ייקח לו את כל העושר. אז הוא עבד קשה יותר, בשביל להרוויח יותר כסף ולצבור יותר עושר, בכדי שהוא יוכל לתת למוות את כל הונו. אז היכן החיים היפים שלו? האם הוא היה מאושר יותר מהאדם הממוצע?

לא!! הוא לא היה מאושר, והוא לא חי את החיים הטובים. כי היה חסר לו מרכיב אחד, שקוראים לו תקווה. תקווה זה דבר מאוד רוחני. גוף ונשמה עובדים יחדיו. ברגע שאנו חיים כאילו שאנו רק גוף, הנשמה כאילו מבטלת את עצמה. לכן סטיב היה במרוץ נגד המוות. הוא לא חי חיים רוחניים אמיתיים.

בדומה לָמשל, על אדם שהפליג לאי רחוק. כשהוא ירד מהאונייה, הוא מצא את עצמו בחוף מלא ביהלומים. מהר מאוד הוא לקח שקיות, והתחיל למלא את היהלומים בתוך השקיות. עברו שם אנשי המקום וצחקו עליו. הם אמרו לו, "פה יש יהלומים בכל מקום. מה אתה אוסף יהלומים? הרי זה חול הים שלנו. פה לא מתעשרים מיהלומים, פה מתעשרים מתפוחי אדמה".
לקח לאדם הזה כמה ימים להבין ולהפְנים את מה שהם אמרו לו, ואז מהר מאוד הוא יצא לעבודה עם מכונה שקוטפת תפוחי אדמה במהירות וביעילות רבה. בתוך זמן קצר מאוד, הוא הפך להיות האיש העשיר באי. ואז, הגיע הזמן שלו לחזור הביתה למשפחתו. הוא ארז את כל התפוחי אדמה שלו באונייה גדולה, והפליג בחזרה לביתו. כשהוא הגיע חזרה לעיר הולדתו, משפחתו עמדו בשמחה רבה לראותו מגיע. הוא ירד מהאונייה עם כל התפוחי אדמה שהוא הביא עמו.
כשהוא ניסה להתקרב למשפחתו. הם התביישו מאוד. הם שאלו אותו; מה הוא עושה עם כל התפוחי אדמה האלה? הרי הם מסריחים מקילומטרים מהריקבון? מייד שלחו אותו לבידוד של שבועות ארוכים, עד שהריח יחלוף ממנו.

המשל והנמשל הוא, הגוף ונשמה. הנשמה בא מאוצר הנשמות, וממקום טהור ונקי. מקום שכולו שם יהלומים. ואז היא יורדת לעולמנו עולם הגשמי, עולם שכולנו גוף וחומר. והגוף מצליח ללמד את הנשמה, להילחם עבור כסף וחומרנות. להילחם על מה שיש עכשיו, ולהילחם במוות. אז כמו שסטיב פחד מהמוות כל ימיו, כך רוב בני אנוש.

אך ההיפך הוא הנכון. אין באמת מוות. כי אם היה מוות, איך אפשר להאמין בחיים אחרי המוות? אם משהו מת, הוא מת. הוא לא יחיה יותר. אם כן, כל דבר חי, אמור להמשיך לחיות ולא למות. כפי שאלברט איינשטיין גילה באחרית ימיו, שאנרגיה לא יכולה למות, היא רק משנה צורה. הנשמה היא נצחית, והיא לא יכולה למות. הנשמה מחיָיה את הגוף, ורק הגוף (הכלי/הרכב),

הוא זה שמת. הנשמה ממשיכה להיות תמיד. אם סטיב ג׳ובס היה מודע לדבר הזה, הוא היה חי גם חיים רוחניים וגם חיים גשמיים מְסַפְּקים.

כפי שמצאנו בגמרא את הסיפור על רבי יוחנן שהלך בדרך, ופתאום הוא ראה אדם מהממלכה לפניו, ואמר לו: ״שלום עליך קיסר״. מסתכל עליו אדם זה ואמר לו: ״אני לא הקיסר. אתה מזלזל בממלכה, ולכן מגיע לך מיתה - דין מָוֶות״. התפלא רבי יוחנן ואמר לו: ״לא נכון! אתה באמת הקיסר!
התעצבן אדם זה, ולקח את שמו וכתובתו של רבי יוחנן ואמר לו, שהוא יישלח אליו שוטרים לטפל בו. אבל כשהגיע האדם הזה בחזרה לממלכה, הוא גילה שהארמון המליך אותו לקיסר. הוא התפלא מאוד, ושלח להביא את רבי יוחנן אליו. כשבא רבי יוחנן אליו שאל אותו הקיסר: ״מאיפה ידעת שאני הוא הקיסר״? ענה לו רבי יוחנן: ״אם לא היית קיסר, בית המקדש לא היה נופל בידך. שכתוב; ״והלבנון (כינוי לבית המקדש) בְּאַדִּיר יפול״ (ישעיהו; י׳, ל״ד). אדיר, פירושו מלך.

מכאן אנחנו למֵדים, שהתָּנָאִים חיו בשתי עולמות מקבילים בו זמנית. בעולם גשמי, ובעולם רוחני. עם זאת, למה אנשים רוחניים חיים פה חיי צער? בכדי להבין זאת לעומק, נצטרך לחזור לדוד המלך מלך ישראל. דוד לא חי חיי מלכות ורווחה. לא היו לו רק הצלחות ושקט. הוא חיי את חייו הגשמיים והחיצוניים, במלחמה ובצער רב. אבל בפנימיותו, הוא חי בעולמות העליונים לגמרי. כי הוא קידש את גופו.

הסיפור והדוגמא של דוד המלך, מתחיל אלפי שנים לפני יום הולדתו. דבר זה התרחש גם אצל אברהם אבינו. אברהם יצא למלחמה להציל את בן דודו, לוט. לאחר מכן, לוט עבר לגור בסדום. זה היה מקום של עשירים ביותר. בזמן שהם היו מוציאים צמחים מן האדמה, היו דבוקים בשורשים זהב ויהלומים. האדמה שלהם הייתה כל כך מבורכת. אבל אנשי סדום לא ידעו להעריך את הברכה שהם קיבלו.

הקבלה מעריכה את אותם אנשים שגרו בסדום ועמורה. הקבלה טוענת, שהם גלגולים של האנשים שגרו בבבל שהיו אנשי דור ההפלגה, שגם בזמנו הם לא העריכו את המתנה שהם קיבלו.

אנשי סדום ועמורה היו אנשים כל כך רעים, ולא קיבלו את האחֵר והשונֶה. דווקא ביניהם לוט בחר לגור, אחרי שאברהם דודו ביקש ממנו ללכת לדרכו בכדי שאברהם לא יתבייש ממנו. לוט, היה אדם שחי בגזל. דוד המלך נולד ממואב בן לוט, וזה דבר הזוי ביותר. לוט שכב עם שתי בנותיו, כשהוא היה שיכור לגמרי. בִתו הבכורה חשבה שכל העולם התפוצץ, ואם הם לא יולידו ילדים, זה יהיה סופה של האנושות. אם כן, איך יכול להיות שמדוד המלך ומהממלכה שלו, יבוא משיח בן דוד שמקורה במדמות כזאת משונה - לוט?

אנו יודעים, שבלק היה שונא ישראל. הוא היה הסבא של רות המואבייה, שהיתה הסבתא של ישי אבי דוד. לִיִשַי אבי דוד הייתה שפחה נאה. יום אחד הוא אמר לה: "תכיני את עצמך הלילה". הלכה השפחה ואמרה לגברתה (אשת ישי) אתן לך עצה. לכי גם אַת, ותכיני את עצמך הלילה, ואף אני כך. כשיאמר לי ישי סְגרי הדלת, תיכנסי אַת ואני אצא. וכך עשתה. בערב עמדה השפחה וכִבתה את הנר, באה לסגור את הדלת, נכנסה גברתה ויצאה היא. ונתעברה בדוד. ישי היה בטוח שהוא שכב עם העוזרת שלו. כשהוא גילה שאשתו התעברה, הוא חשב שאשתו בגדה בו. הוא חשד בה, שהיא הביאה את דוד הבן הקטן, מגבר אחר. אז את דוד הם שמו בחווה, שיהיה רועה העיזים. שלא יהיה חלק מהמשפחה, כי הם ממש התביישו בו.

בסופו של דבר, על פי ספר שמואל, מצַוֶה אלוהים את שמואל הנביא לנסוע לבית לחם אל בית ישי, על מנת למשוח את אחד מבניו למלך, במקום שאול המלך. שמואל הנביא קיבל מסר, שאחד מילדיו של ישי יקבל את המלוכה. ישי שאינו משער לעצמו שבנו דוד ראוי למלוכה, הביא את כל ילדיו לשמואל הנביא, חוץ מדוד. שאל שמואל את ישי, האם יש לו עוד ילדים? כי אף אחד מהילדים שבאו לפני שמואל, לא היה נראה לו כמיועד למלוכה. לבסוף הביאו את דוד, ואז דוד קיבל את המלוכה.

לכאורה אנחנו מצפים, שמלך המשיח יבוא ממקום טהור ונקי מעַם ישראל. אז למה דוד המלך יצא מסיפור הזוי כזה? - **לוט** מצב אחד, **ורות** המואבייה מצד שני -. גם אחרי שדוד קיבל את המלוכה (עוד לפני היותו מלך), שאול המלך נתן לדוד את בתו מיכל, ודווקא חָמִיו, הוא זה שיצא למלחמה נגדו. למה דווקא הוא היה זה שרצה להרוג את דוד? אם זה לא מספיק, אבשלום, בנו של דוד, גם הוא רצה להרוג את אביו דוד.

אך לפני כן, כמה שנים אחורה, בזמן שנלחמו עם ישראל בפלישתים אשר ישבו בשפלת החוף, מצליחים לכבוש חלקים נרחבים מהארץ, ומגיעים לאזור עמק האֵלָה, בסמוך לאזור בית שמש. מנהיג הפלישתים היה גוליית הענק, כולם פחדו ממנו וידעו שאין מצב להביס אותו. דוד המלך בזמן זה, עדיין לא היה מלך. הוא היה בסך הכל רועה צאן. הוא נשלח על ידי אביו לשדה הקרב, על מנת להביא ציוד ואוכל לשלושת אֶחָיו הגדולים, שהיו חלק מהלוחמים הנמצאים בשדה הקרב. יום אחד כשהוא הביא את האוכל, הוא שמע את החיילים מדברים ביניהם ואומרים, ששאול המלך אשר הבין את היקף הפגיעה המשמעותית בישראל, נתן הבטחה, שמי שיצליח להרוג את גוֹלְיַת, יקבל את בתו מיכל לאישה. לדוד היה סוד. הוא היה מומחה בירי של רוגטקה. אז הוא אמר, שהוא ייצא ויהרוג את גוליית.

למרות שגוליית היה לבוש בבגדי המלחמה שלו - בגדֵי ברזל, דוד בירי של אבן אחת פגע בגוליית במצח, והרג אותו. ואז הוא ביקש מבחור בשם אוריה, לעזור לו לערוף את ראשו של גוליית. אוריה שאל אותו, מה תיתן לי בעד זה? ודוד אמר לו בזלזול: "אתן לך בת ישראל". ולכן נענש דוד, שאוריה קיבל את בת-שבע לאישה לפניו. בת שבע היא אימא של המלך שלמה. אבל רק אחרי שדוד שלח את אוריה למלחמה ואוריה נהרג שם, רק אז קיבל דוד את בת-שבע לאישה. דוד במוֹ פִּיו, חרץ את גורלו. זאת כוחה של מילה ושל מחשבה.

הרמב"ם טען, שאוריה היה גוי חִיתִּי. לכן הנישואים שלו לבת-שבע היו אסורים וחסרי תוקף. למרות זאת, העם לא סלח לדוד, כי חשבו שהוא שלח את אוריה למלחמה, בשביל לקחת את אשתו.

מעניין למדיי, איך בכל הזמן הזה, עוד היה לדוד המלך זמן לכתוב את ספר
התהילים? זהו ספר שכולו הודיה לבורא עולם על הטובות שהוא עשה לדוד,
בזמן שהוא היה נרדף. יתרה מכך, לאחר כל צרותיו, איך יכול להיות שדוד
המלך, היה אדם מאמין באלוהים?

דוד היה נרדף, ואנו לא מוצאים אפילו אדם אחד שפִירגֵן לו או שאהב אותו,
אפילו לא הבן שלו, חוץ מיונתן בן שאול ידידו וחברו הטוב. ומהיכן מצא דוד
המלך כוחות להודות לבורא עולם? להבדיל מדוד, כשאנו קמים בבוקר והרכב
שלנו לא נדלק, זהו זה! אין אמונה ואין כלום. כי אנו חושבים, איך יכול להיות
שהבורא מעניש אותנו, והרי לא עשינו שום רע היום? אז איך דוד המלך שעבר
כל כך הרבה דברים קשים ומרים, עדיין היתה בו אמונה?

אז בואו נעשה סדר בדברים. דוד המלך לא היה בן אנוש רגיל. לפי כל
המפרשים, דוד המלך לא היה אמור לחיות יותר משלוש שעות אחרי לידתו.
לכן, אדם הראשון ואבותינו אברהם, יצחק, ויעקב, תרמו לו שנים משנותיהם.
כי הם ידעו מי זאת הנשמה הזו שתרד בעתיד לעולם.

ישנם שני כוחות בעולמנו. אור וחושך. לבן ושחור. ימין ושמאל. טוב ורע. נוזלי
ומוצק. כל דבר בעולמנו עשוי מדואליות. לכול כוח, יש כוח העומד כנגדו ומולו.
לכל דבר, יש כוח המתנגד לו. לכוח הטוב, יש את הכוח הרע שמתנגד לו. יש מי
שבונה, ויש מי שמחריב. ומה שקורה פה אצלנו בעולם החומרי, מתרחש גם
בעולמות הרוחניים. הכל קשור לכל, והכל שייך לכל. כי הכל בא מהטוב, וחוזר
אל הטוב. אך אנו בעינינו המוגבלות, רואים דברים בתור רע, או מחשיבים
אותם בתור רע.

בגלל שדוד היה צריך להגיע לעולם הזה, ולעזור לעולם להגיע למקום של
גאולה, הוא לא יכול היה לבוא בדרך רגילה. זאת אומרת, הוא לא יכול היה
להיוולד בבית רגיל, או בבית בלי עבר בעייתי. הכוחות השליליים מנסים תמיד
להביא חורבן על כל הטוב שבעולם. לכן הצד האפל שנקרא בלשון הגמרא

262

סטרא-אחרא (מארמית; הצד האחר) שהוא כח הטומאה, מנסה להשמיד את הכוח הטוב.

נשמתו של דוד המלך הייתה צריכה לרדת לעולם בדרכים מוזרות ביותר, כדי לבלבל את הכוחות של הטומאה. לכן הוא היה צריך לעבור סבל, בשביל לבלבל את כוחות הטומאה שיחשבו שהוא עסוק במלחמת הישרדות, ושאין לו זמן לעבוד על הגאולה.

גם היום בזמננו - רבנים, אנשי רוח, וצדיקים, נראים כאילו הם סובלים מרורים. וזה נכון רק לכאורה ולמראית העין. הסיבה שהם סובלים היא, אך ורק בכדי להציל אותנו העם הפשוט. ואם הסיפור של דוד המלך נשמע כל כך הזוי, בימינו ראינו את אותם הדברים מתרחשים למנהיג ישראל - בנימין נתניהו - שגם הוא נרדף על ידי כוחות הטומאה, ובכל זאת הוא נשאר באמונתו ונילחם את מלחמתו, רק כדי להביא את עם ישראל יותר קרוב לגאולה.

פרק 21

כוח הדיבור

כל מילה, כל אות, כל קללה, כל ברכה, לשון טובה, ולשון רעה, כולם באים מאותה מקום של כוח הדיבור. את כל זה אנו לומדים בקבלה. זה למעשה, כוח הקבלה וסוד הקבלה, וכוח הקבלה המעשית.

הלשון יכולה להחיות, אך גם להמית. לחֵץ יש כוח רק לפגוע. לעומת זאת, ללשון יש כוח גם לקלקל, וגם לתקן. המהר״ל מסביר: שההשוואה בין לשון לחֵץ נועדה, על מנת לבטא את המהירות שיש להשפעה של הדיבור כמו חץ. הלשון היא פעולה רוחנית. ופעולה רוחנית היא מהירה, והיא למעלה מן הזמן.

הגמרא אומרת; "במערבא (בארץ ישראל, שהיא מערבית לבבל) אמרי, לשון תליתאי, קטיל תליתאי. הורג למספרו, ולמקבלו, ולאומרו" (ערכין; ט״ו, ב׳). יש לך לדעת כי מה שאמר שהלשון ממית, בא לומר לך כי מלשון הרע בא ריב וקטטה בין הבריות. ומתוך כך אפשר שיבואו לידי שפיכות דמים, שאין צריך לומר דבר הנראה בכך, כל יום.

<u>פירוש</u>: בארץ ישראל אמרו, שהלשון הורגת שלושה אנשים: (1) את האומר לשון הרע. (2) זה שמקבל ומקשיב ללשון הרע. (3) וזה שאומרים עליו את הלשון הרע. המהר״ל אומר, שהלשון ממיתה באמצעות דיבורים רעים, והם מתפשטים וגורמים למריבות. בסופו של דבר, המריבות הללו יכולות להגיע לידי שפיכות דמים.

אומר המהר״ל: "כל אשר יש לו עסק עם הלשון, לא יצא נקי ממנו, כי הוא רע לגמרי. וכל הנוגע בו, ניזק לגודל הרעות בלשון שהוא כח נבדל בלתי גשמי, אלא משהו רע מצד עצמו".

הרי הרבה אנשים מקללים. כשאדם נמצא גבוה בדרגה רוחניות והוא מקלל, משקל מילותיו הרבה יותר כבד מרוב אנשי העולם. זוהי הסיבה, שרבנים מברכים אותנו ולא להיפך. כי הם מכירים את כוחה של הלשון, ואת השפעתה הטובה או ההרסנית.

יש לכולנו את הזכות לבחור בקדושה, באמצעות ברכות. או בטומאה, על ידי קללות וניבול פה. כמו בכל דבר, יש לכל אדם את חופש הבחירה. יש כוחות גדולים בכל אדם, אלא שצריך ללמוד לאיזה דרך לְהַפְנוֹת את אותם הכוחות. כל אדם מסוגל לעשות הרבה טוב לעצמו ולסובבים אותו פה בעולם הגשמי, וגם בעולמות העליונים ביותר. זה רק עניין של בחירה.

אם האדם בוחר להוציא זוהמה מפיו, הנזק שהוא מחולל לעצמו ולסובבים אותו, הוא נוראי ביותר. הפה שלנו יכול לעשות הרבה שינויים, הרבה טוב, וגם הרבה שלילי.
אנו צרכים ללמוד להיפטר מהטומאה, ולעמוד במהרה בדרך הישר. עלינו ללמוד ולקבל את האמת. האמת מפחידה אותנו, כי אנחנו מפחדים לגלות שאנחנו יכולים להגיע לרומו של עולם, ואז האחריות יכולה להיות כבדה מְנֻשׂוֹא. כמובן זה קשה ומורכב, ולא כל אחד מסוגל לבצע זאת בקלות. אחריות זה דבר קשה ועוֹל כבד. עם זאת, כל אחד יכול לבצע כל דבר, אם יבחר לאהוב יותר. **זה תכלית היקום כולו.**

כתוב ; "**רבי אליעזר אומר, יהי כבוד חברך חביב עליך כשלך, ואל תהי נוח לכעוס**". (שאם אתה נוח לכעוס, אי אפשר שלא תזלזל בכבוד חברך). "**ושוב יום אחד לפני מיתתך והֱוֵי מתחמם כנגד אורן של חכמים. והֱוֵי זהיר בגחלתן**" (אל תנהג בהן קלות ראש) "**שמא תיכווה**". (שלא תיענש על ידן), "**שנשיכתן נשיכת שועל**". (מסכת אבות ; ב', י"ג)

להירפא מקללות היוצאות מהפה, זה קשה מאוד. וכן כתוב ; "**ועקיצתן עקיצת עקרב ולחישתן לחישת שרף, וכל דבריהם כגחלי אש**". (פרקי אבות ; ב', י"ג)

● ● ●

פרק 22

כח החשיבה

לכל חשיבה ולו הקטנה ביותר שחולפת לנו בראש, יש השפעה מעשית על העולם. עולם המחשבה הוא עולם ממשי וְריאלי, והשפעותיו מרחיקות לכת, הרבה מעבר למה שנראה לעין. לעיתים, המחשבה משפיעה עוד יותר ממעשה זה או אחר.

ד״ר מאסרו אמוטו ערך מחקר ביפן בשנת 1994, בו הוא בדק את השפעת המסרים המילוליים, מחשבות, וצלילים, על המים. המחקר מצביע על הקשר בין התודעה וההשפעה שלנו, על הסביבה. במחקר השתמש ד״ר מאסרו אמוטו בשתי מבחנות זהות, שהכילו מים צלולים. למבחנה אחת הוא העביר חשיבה חיובית, ומסרים של אהבה. למבחנה השנייה הוא העביר חשיבה שלילית ומילים שליליות (אתה מגעיל אותי, אני אהרוג אותך, וכו׳). התוצאה שהתקבלה אחרי מספר ימים התבטאה בבדיקה מקרוסקופית, בה נמצא שינוי במבנה המולקולארי של המים, לפי סוג האנרגיה שהופנתה אליהן.

הרמב״ם אומר, כי יש צורך להבין את מבנה נפש האדם ואת האנטומיה של נפש האדם, מכיוון שהדבר הוא תנאי מקדים לרפואת הנפש. את החלוקה היוונית המשולשת לנפש האדם - טבעי, חיוני, ושכלי, הוא מפרט לחמישה חלקים. אלה הם חמישה כוחות, הנמצאים בחמש קומות (מַחְלַקוֹת).

החלק הזָן:

זהו הכוח הביולוגי. שבעת הכוחות הטבעיים הגופניים הפועלים באדם, כמו כוח הבליעה, העיכול, והדוחה את הפסולת, כח הגידול, וההולדה, וכו׳, אלו הם כוחות שאין לאדם שליטה עליהם, שפירוטן ראוי למי שעוסק ברפואה.

החלק המרגיש:

אלה הם החושים שבהם האדם משתמש, כדי לקבל תפיסה על העולם שסביבו. ראייה, שמיעה, ריח, מישוש, וטעם.

החלק המדמה (הדמיון)**:**

זהו הכוח שנותרים בו רישומי החושים לאחר שנעלמו מקִרבת החושים, והכוח שמסוגל לצייר ציורים דמיוניים, שלא יכולים להיות קיימים במציאות.

החלק המתעורר:

אלה הם נטיות הנפש והרגשות שמניעים את האדם, וכן כוח הרצון שבאמצעותו האדם מכריע לעשות או להימנע מדבר או מדרך מסוימת, ולנקוט בהחלטות מוסריות.

החלק השכלי:

זהו הכוח הרציונלי ותבונת האדם. בהָקבלה של הנפש לגוף, כך הכוח השכלי לנפש, הנפש של הנפש. מטרת האדם היא להפעיל את הכוח הרציונלי, שנמצא לאדם אשר הוא משכיל. זהו הכוח המייחד את האדם מן החיות והצומח, שלהם אין שכל, והם פועלים בצורה אינסטינקטיבית. לכוח הרציונלי יש תת-חלוקה - חכמה במישור המעשי, ובמישור השכלי.

באופן המעשי:

זה המעשה שעליו צריך להפעיל את המחשבה. זה נקרא 'כוח מחשבתי מעשי', שהיא חשיבה פרקטית ויכולת של יצירה ומימוש הרעיון. יש גם את "מלאכת מחשבת", שזהו הידע של המקצוע כשלעצמו כגון נגרות, אדריכלות, רפואה, והנדסה.

<u>באופן השכלי</u>, יש את הכוח העיוני התיאורטי המופשט. זהו כוח אחד (בניגוד לאופן המעשי שיש בו שני כוחות) בו האדם משתמש בכוח העיוני כדי להתעסק במדעים ובחוכמות, פילוסופיה, מתמטיקה, לוגיקה, וכו'. למעשה את הכוח החיוני הוא מפרק לשלושה כוחות: **מרגיש**, **מדמה ומתעורר**.

בחיבורו זה קובע הרמב"ם, כי נפש האדם היא אחת, והיא בעלת ביטויים רבים (להבדיל מהתפיסה והדעה המקובלת כיום, שיש לכל אדם נפש בהמית ונפש אלוהית, והם 2 ישויות שונות). לכן חיוניותה של הנפש האנושית, מתפשטת על פני כל שיעור קומתו של האדם. ואפילו הכוח הביולוגי של האדם, נבדל מהכוח הביולוגי של החמור, ש"אין נפש האדם כנפש החמור". "כי האדם ניזון בחלק הזן מן הנפש האנושית" (פרק א'). כל החלקים הללו, אובדים עם מותו של האדם, אבל התוצר של הכוח השכלי, הוא נצחי. האדם שמצליח להוציא את הכוח השכלי מן הכוח אל הפועל, קנה לעצמו נצחיות.

בספר "בריאים על פי חוקי הטבע" של הרב מיכאל לייטמן, הוא מסביר לנו אודות החשיפה שלנו לטרנד בשנים האחרונות שעומד מאחורי הספר והתיאוריה של הספר "הסוד", המכוון את האנושות לשינוי קו מחשבה משלילי לחיובי. המטרה העומדת אחרי הדברים באה לכוונן אותנו לרוגע, שלווה, הימנעות מכעסים ושליליות, ויצירת תדר חיובי.
וכל זאת מדוע? משום, שתדר או מחשבה שלילית לאורך זמן כמו; כעס, נקמנות, תסכול, רגשות אשמה, ועוד... מייצרת קליעת אנרגיה בנקודה קבועה, ושם מתחילה הדרך למחלות. כי ברגע שאין לאנרגיה השלילית לאן לברוח והיא תקועה בנקודה קבועה, אז היא רק גדֵלה במובן שלילי.

זה כמו אפקט טיפת המים על סלע. נוצרת אנרגיה שחורה המתהווה באותו איזור בגוף האנרגטי שלנו. עם הזמן הנקודה הזו גדֵלה ויוצרת השלכה (כול אחת לפי מיקומה וצורתה) מגוף האור שלנו (הגוף האנרגטי), על הגוף הפיזי. תחילה האדם חש כאב קל, מגבלה, או הפְרָעה. עם הזמן, תיווצר הכבֵּדה נוספת, והאדם על פי רוב בשלב זה יפנה לרפואה המערבית שפיתחה במהלך השנים תרופות כימיות רבות ה"מרפאות", או יותר נכון מקלות או מדכאות את הכאב או המגבלה, שבאות לידי ביטוי בגוף הפיזי. האנרגיה שעדיין ממשיכה לזרום מאותו מקור קודם שייצר את החסימה, ממשיכה להזרים את הזיהום של גוף האור, ומשליכה זאת על הגוף הפיזי.

בתחילה, התרופה המערבית מונעת, מרככת, או מטשטשת את התגובה בגוף הפיזי.

לאורך זמן, האנרגיה השלילית הממשיכה להישלח מאותו מקור גוברת על האפקט של התרופה המערבית, ועל המטופל להגדיל את מינון התרופות על מנת ליצור איזון פיזי. לכול תרופה יש בדרך כלל מספר ריאקציות נוספות, ועם הזמן המטופל נידרש לשינוי בסוג או הגדלת מינון התרופה. כול עוד לא נעשה שינוי במקור ההפצה של המחשבה או האנרגיה השלילית, אין ביכולתו של האדם לרפא את המחלה שמתהווה ומתפתחת למגבילה ומכבידה.

אברהם מאסלו היה פסיכולוג חברתי יהודי-אמריקני, הנחשב לאחד התאורטיקנים המרכזיים של הפסיכולוגיה ההומניסטית. מאסלו פיתח תאוריה הנקראת "הגישה ההומניסטית", הטוענת, שהאדם שואף להגשים את עצמו ולפתח את ה"עצמי" שלו, הכולל את <u>הרגשות</u>, <u>המחשבות</u> <u>והתפיסות</u> שלו בנוגע לעצמו ולסביבתו. מאסלו פיתח את תאוריית הצרכים הקרויה על שמו, "מדרג מאסלו". לטענתו, אחד הצרכים של האדם הוא לדעת ולהבין.

אברהם מסלו חקר את הפסיכולוגיה של בני האדם והגיע למסקנה - ש:

<u>השלב הראשון</u> והבסיסי:

הוא השלב של הקיום של הגוף. הצורך הכי בסיסי, הוא הצורך של הגוף באוויר, מים, מזון, שֵינה, בגדים, וכל הדברים שנותנים לנו להרגיש בנוח, לפני שאנחנו מתחילים לזוז קדימה לאנשהו.

<u>השלב השני</u>:

הוא הצורך להרגיש ביטחון מסוים. ביטחון של עבודה, ביטחון של בריאות, ביטחון של בית, וביטחון סביבתי. ברגע שעברנו את השלב הזה, אנחנו ממשיכים לשלב הבא.

<u>השלב השלישי</u>:

הוא הצורך להרגיש אהבה ושייכות. זהו הצורך במערכת יחסים, להיות חלק מהמשפחה, חלק מהחברה, המשרד, וכו'. זה נותן לנו את הכוח להתחבר

ולתקשר עם הסביבה. ברגע שעברנו את השלב הזה, אנחנו יכולים להתחבר לשלב הבא.

השלב הרביעי:

הוא ביטחון עצמי. ביטחון עצמי נותן לנו להרגיש, שאנו שווים את מה שאנחנו רוצים לקבל. בשלב של הביטחון העצמי, ישנם שני חלקים:

(1) **החלק הראשון** הוא, מה אני חושב על עצמי? האם אני חזק מספיק? חכם מספיק? מלומד מספיק? ומרגיש ביטחון לעשות את התפקיד הרצוי עלי?

(2) **החלק השני** הוא, העיסוק במה אחרים חושבים עלינו. בזה אין לנו הרבה שליטה, חוץ ממה שאנו משדרים כלפי חוץ, ובכך אנו מקבלים את התשובה. לחיות במחשבה מה אחרים חושבים עליי, זהו חלק מאוד מסוכן. כי בזה אנו מבטלים את הנפש שלנו, ונותנים לגורם חיצוני להחליט על מצב הרוח שלנו. זוהי הסיבה, שרוב בני האדם על פני כדור הארץ אינם מגשימים את חלומותיהם. רק אדם שמודע לכל הדברים האלה, יכול לדחוף עצמו קדימה ולהגיע למצב של סיפוק עצמי. אדם זה יכול ומצליח בכוחו, להוציא את כל הטוב שקיים בנשמתו כלפי חוץ וכלפי פנים.

אדם שמאפשר לעצמו להגיע לתכונה הגבוהה הזאת בפסיכולוגיה, ונותן מקום לנפש לרוח ולנשמה, מוצא את עצמו במקום טהור ונקי בלי קנאה, בלי שנאה, בלי דאגות, ובמקום של נתינה ואהבה לזולת, לעצמו, וליקום כולו. לפי המחקר, רק 10% מכל בני האדם מגיעים למקום הזה של רצון, אהבה, ונתינה. אבל רק 0.2% מְמַמְשִׁים את ההישג הזה זו ממקום רוחני. זהו מצב נפשי שבו האדם מקבל את עצמו באשר הוא, ואת הסובבים אותו. אדם כזה תמיד יחפש לפתור בעיות של אחרים, לשמח אחרים, ויכול לראות את החיים כאתגר ולא כבעיה, ויודע להעריך את החיים כמתנה ולא כעונש, ויכול להגיע למקומות הכי גבוהים של רגשות והצלחות.

מאסלו פיתח את נושא שאיפת ההגשמה העצמית לתיאוריית צרכים בעלת חמישה שלבים, הקרויה "**הפרמידה של מאסלו**", או "מדרג מאסלו". לפי פירמידה זו, כדי לממש צרכים רוחניים נעלים יותר, חייבים קודם להתמלא

הצרכים הפיזיולוגיים והבסיסיים, המצויים בבסיס הפרמידה. כפי שאמרנו לעיל', יש כמה רמות לפירמידה זו :

ברמה הראשונה: בבסיס הפירמידה, מצויים הצרכים הבסיסיים, שהם הצרכים הפיזיולוגיים, שינה, אוכל, שתייה, אוויר לנשימה.

ברמה השנייה: של הפירמידה, מצויים צורכי הביטחון, כמו הצורך בבית בטוח ויציב לישון בו, הצורך בביטחון תעסוקתי, ביטחון בריאותי וכדומה.

ברמה השלישית: מצוי הצורך בהשתייכות. זהו כבר צורך חברתי, וכולל את הרצון להשתייך ולהיות חלק מקבוצה, לאהוב ולהיות נאהב. שלב זה קשור לגיבוש הזהות העצמית.

הרמה הרביעית: מורכבת מהצורך בהערכה חברתית. זהו הצורך להרגיש מכובד, להגיע למעמד, להערכה, ולהכרה חברתית.

הרמה החמישית: והאחרונה, קצה הפירמידה, היא הצורך במימוש עצמי. רמה זו מתאפיינת ביכולתו של אדם להביא לכלל מימוש את כישוריו הייחודיים, ולבטא את הפוטנציאל האישי הטמון בו.

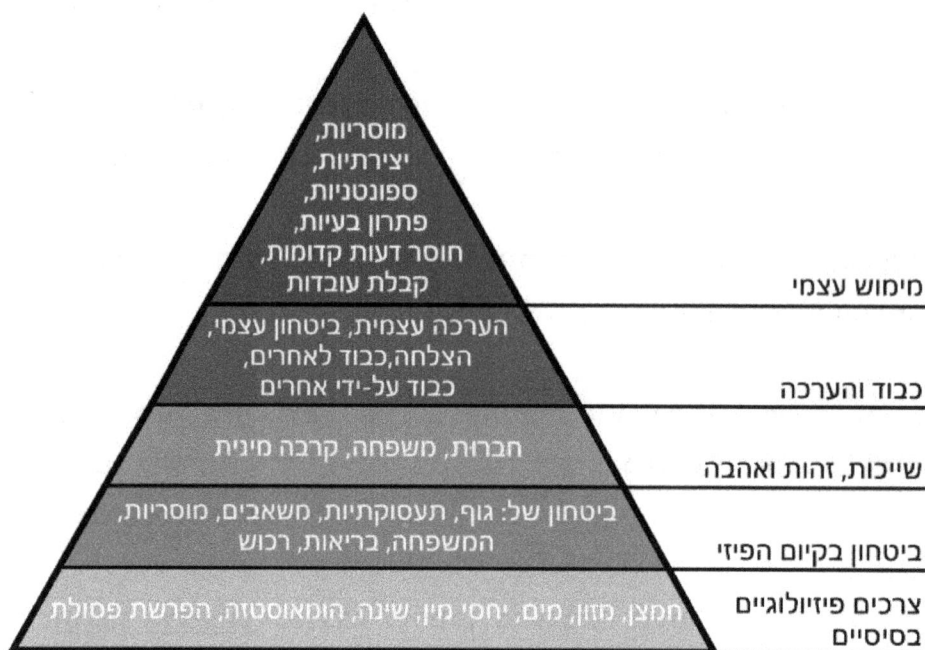

מוסריות,
יצירתיות,
ספונטניות,
פתרון בעיות,
חוסר דעות קדומות,
קבלת עובדות
מימוש עצמי
הערכה עצמית, ביטחון עצמי,
הצלחה,כבוד לאחרים,
כבוד על-ידי אחרים
כבוד והערכה
חברות, משפחה, קרבה מינית
שייכות, זהות ואהבה
ביטחון של: גוף, תעסוקתיות, משאבים, מוסריות,
המשפחה, בריאות, רכוש
ביטחון בקיום הפיזי
חמצן, מזון, מים, יחסי מין, שינה, הומאוסטזה, הפרשת פסולת
צרכים פיזיולוגיים
בסיסיים

אנשים הסובלים מדיכאון, מהווים סבל אחד ארוך ומתמשך. הם אמנם מתַפקדים בחיי היומיום, אך אינם מצליחים ליהנות משגרת החיים. הם סובלים מהפרעות שינה, עייפות, חוסר אנרגיה, הפרעות ריכוז, הערכה עצמית נמוכה, ותחושה כללית של חוסר תקווה.

דוגמא נוספת היא עניין הכעסים - מדענים משערים, שלכעס השפעה פיזית רעה, על הלב וכלי הדם. רגשות כמו כעס ועוינות, מפעילים את תגובת "הילחם או ברח" (Fight or flight), והוא מונח מתחום הפיזיולוגיה והפסיכולוגיה, המציין תבנית של שינויים גופניים כחלק ממנגנון הישרדותי-אבולוציוני, אשר מכין את האדם להתמודד פיזית עם איום או סכנה מיידית. באופן ספציפי יותר, ליבת יותרת הכליה מייצרת מפל הורמונלי המוביל להפרשת קטכולאמינים, במיוחד נוראדרנלין ואדרנלין, המזרזים את קצב הלב והנשימה, כדי לספק לגוף מנות יתר של אנרגיה. לחץ הדם עולה וכלי הדם מתכווצים. בעוד שתגובה זו מכינה אותנו למצבי חירום, היא עלולה לפגוע בבריאותנו, אם היא חוזרת על עצמה בתדירות גבוהה.

הבנה של הנזק וההשלכה של דפוסי החשיבה השליליים על גופי האור הרוחניים שלנו והגוף הפיזי, חשובה מאוד, בכדי לשמור על הבריאות. ישנם לא מעט סיפורים על ריפוי עצמי. לכן חשוב מאוד להבין את ההשלכות של דפוסי חשיבה על ריפוי האנרגטי, וכמובן שינוי דפוסי החשיבה.

לכן עלינו לראות את המחשבה ככוח שאינו עומד בפני עצמו, אלא נועד לעזור לאדם לנהל את הרצונות שלו בצורה נכונה. השכל מאפשר לנו לשלוט ברצונותינו, ולנהל אותם. המערכת היא מורכבת ביותר, וכאשר מלמדים את האדם איך להשתמש נכון ברצון ובמחשבה, כך למעשה בונים אותו.

יש את הפסוק בפרשת 'שמע ישראל' האומר ; "וְלֹא תָתֻרוּ אַחֲרֵי לְבַבְכֶם וְאַחֲרֵי עֵינֵיכֶם אֲשֶׁר אַתֶּם זֹנִים אַחֲרֵיהֶם" (במדבר ; ט"ו, ל"ט). פסוק זה מלמד אותנו, שלא נָתוּר אחר מחשבת הלב וראיית העיניים. שלא ירדוף האדם אחר מראה עיניו, ושלא ירדוף אחר תאוותו. "כי המחשבות מביאות את המעשים, והמעשים מביאים את הטומאות. שאם תשית דעתך למלאות תאוותך הרעה פעם אחת, תימשך אחריה פיטום, וימצא אדם את עצמו בחושך. ואם תזכה להיות גיבור בארץ לכבוש יצרך ולעצום עיניך מראות ברע פעם אחת, יקל בעיניך לעשות כן כמה פעמים. כי התאווה תמשוך הבשר כמשוך היין אל שׁוֹתָיו, כי הסובאים לא תשבע נפשם לעולם ביין, אבל יתאוו אליו תאוה גדולה, ולפי הרגילם נפשם בו תחזק עליהם תאוותם". (ספר החינוך ; מצווה שפ"ז)

האדם יכול לנהל את חייו, בכל תחום. אדם יכול לעורר בתוכו כוחות של חיות, כוח התמדה, ולגרום לעצמו תחושת חוסן. באותה מידה הוא יכול לשקוע במחשבות שליליות שיגרמו לו לחולי, גם אם הוא בריא. כוח המחשבה, מסוגל להחיות ולהמית.

המחשבות הן החלק העליון של כל המערכת, ובעזרתן אפשר להביא את המערכת לאיזון. אנחנו יכולים לרתום את כוח המחשבה להשפעה על מצב הבריאות הפיזית והנפשית של האדם, להשפעה על היחסים בין האדם לסביבה, ובין האדם לעצמו. כיוון שכולנו קשורים אחד לשני ומחוברים בטבע

וגם ברוח, כך האדם יכול להשפיע גם על האחרים ולא רק על עצמו. מה שנהוג לכנות "עין טובה" ו"עין רעה", נובע מההשפעה שיש לאדם על אחרים. רק בזה שאנחנו חושבים עליו משהו רע, אנו יכולים להזיק לו. יש בכוח המחשבה שלנו יכולת לשלוט על הזולת. ויותר מזה, המחשבה מאפשרת לנו להגיע לשליטה על הכוחות הכלליים, ועל כוחות הטבע העליונים המשפיעים עלינו. כל רצון שלנו, יכול להיות מלוּוֶה במחשבה על אדם מסוים. ולפי כוח המחשבה שלנו, כך יהיה לו. הרצונות והמחשבות שלנו צריכים להיות מאוזנים בהרמוניה ביניהם, כך שהאדם ירגיש נוח וטוב.

בריאות נפשית משמעה, שלאדם יש יכולת לקיים ולממֵש את רצונותיו. ושהרצונות שלו כפופים למחשבה שלו. כך שאדם יכול לנוע בין השכבות הללו, בין האפשרי לבלתי אפשרי, ובין מה שכדאי לְמה שלא כדאי.

האדם חי חיים נוחים וטובים, כאשר המערכות של הרצון והמחשבה שלו מאוזנות. הרצון, הוא זה ששולט על המחשבה. המשמעות היא, שהאדם חייב לאזן את עצמו באופן טבעי, כי כל העולם משפיע עלינו, ואנחנו משפיעים על כל העולם. לכן חייב האדם לכוון את עצמו ולאזן את עצמו עם כוח המחשבה שלו, כי כוח המחשבה אינו רק שלו בלבד. משום שהמחשבות, הכוחות, והרצונות מהסביבה מוקרנים עליו, והסביבה משפיעה עלינו כל הזמן.

אז מה אנו אמורים לעשות?
עלינו להשתמש ב"מדיטציה קבלית", הקיימת מזה אלפי שנים. היא הֵחֵלה עם האבות והמשיכה אצל הנביאים, דרך התַּנָּאים והאמוראים. בתקופת התלמוד ידוע לנו על קבוצה גדולה של רבנים, שעסקו בטכניקות אלו.

הרב אברהם אבולעפיה מהדמויות החשובות שעסקו בקבלה, כתב ספרות רבה בנושא זה. כתביו הסעירו את רוחות הממסד הדתי, שממנו נטען כי שיטותיו הכוללות בין היתר שימוש בשמות קודש לפי סוד הצירופים, מהוות סכנה ממשית ומיידית. כיום, זוכה משנתו של אבולעפיה לעדנה רבה, בקרב הציבור

החרדי העוסק בלימוד הקבלה לעומקה. ניתן לחלק את טכניקות המדיטציה הקבלית המוכרות לנו לשני סוגים, **נגלה** ו**נסתר**.

<u>הנגלה</u>:

מופיע בספרות מוסר, בחסידות, ובספרות התורנית כולה. שם משולבת **הכוונה** כתרגול אופי החשיבה, להתאמתו למסגרת עולם ההלכה.

<u>הנסתר</u>:

היא המדיטציה הקבלית, והיא רבת עוצמה. יש להשתמש בה מתוך ידע והתפתחות רוחנית. תרגול נכון והדרגתי של הכָּוָנָה, מסייע לנו בתקשורת רוחנית גבוהה עם עולמות עליונים, ולתעל את האנרגיה שבנו לשינוי המציאות.

המדיטציה הקבלית, היא חשיבה מכוונת לפרק זמן קצוב, שמטרתה לשלוט על תת-המודע, להרחיב את גבולות המודעות, ולפתח תהליכי חשיבה, על מנת להגיע למצב הקרוי בקבלה "מוֹחִין דְגַדְלוּת".

זהו מצב תודעתי גבוה:

(1) המבטא שלב מתקדם של הכרה עצמית, תוך מודעות רוחנית לַסובב אותנו.

(2) מאפשר לנו זמן של מפגש עם כוחותינו הגלויים והכמוסים.

(3) יכולת ליצור מצב של ניצחון הרוח על החומר, בדרך השראה והדמיון.

זו שיטה נפלאה בקבלה, שנותנת לנו את האפשרות להרגיש שלמים, מאוזנים אנרגטית, ופתוחים לקבלה ונתינה. המדיטציה הקבלית היא טכניקה שנועדה לאפשר התקשרות רוחנית גבוהה עם עולמות עליונים, המבוססת על חציית גבולות בין שמים וארץ. כתוצאה מכך, ניתן לתעל את ערוצי האנרגיה הקיימים בנו, לצורך שינוי המציאות ושחרור כעסים ומתחים, וכמובן שיפור הביטחון העצמי, ריפוי, והשפעה מהרוחני אל הגשמי, לצרכי שפע ופרנסה.

<u>אז איך משתמשים במדיטציה בצורה יעילה?</u>

בלילה כשאנחנו נרדמים, אנחנו נכנסים למצב קולטן טבעי. אם חשבת על משהו וזה קרה, או כשאתה מרגיש שהמחשבות שלך הפכו תואמות לתפקודים

ולפעולות הגוף שלך, סימן שהקולטן שלך עובד היטב. הדבר נכון גם בלילה. כשאתה נרדם, אתה נכנס למצב קליטה טבעי. אם כן, נשתמש במצב הקליטה הזה בחמש הדקות האחרונות לפני שאתה נרדם. במקום לדאוג מה עומד לקרות מחר, תחשוב מה היית רוצה להשיג, בכדי להיות אדם טוב יותר. נכון להשתמש בדמיון שלנו ולעשות מעֵין סרט קטן במוח, לגבי מה שאתה רוצה שיהיה לך בחיים, ממקום של אהבה עצמית.

הנה לך עוד תרגיל קל ומהמם, שבעלי חזיונות המתבוננים בסתר הנעלם לעבודה עצמית היו עושים. זה נקרא **ברכת המלאכים**. חז״ל טענו, שהמלאכים הם ישויות ממשיות ויש להם נוכחות ותנועה, והם מעורבים בחיי היומיום של כל אדם. כמובא בזוהר הקדוש, שלכל מלאך יעוד ותפקיד מוגדרים. ״אין לך כל עשב ועשב מלמטה שאין ממונה עליו מלמעלה ושומר אותו שמכה אותו ואומר לו גְדַל״. (בראשית; א׳, רנ״א)

וכתב בעל הסולם בתורת הקבלה ומהותה: ״כל הריבויים שבדומם, צומח, חי, ומְדַבֵּר, שבעולם הזה, יש לו שכנגדו של כל פרט ופרט בעולם העליון ממנו, בלי שום הפרש כלל וכלל בצורתם, רק בחומר שלהם בלבד. כי החיה או האבן שבעולם הזה הוא חומר גשמי, והחיה והאבן הנמצאים כנגדם בעולם העליון, הוא חומר רוחני, שאינו תופס לא מקום ולא זמן, אמנם האיכות שבהם הוא ממש אחד״.

עוד מוסיף הזוהר ואומר בפרשת במדבר: כי ארבעה מלאכים מלווים את האדם בחייו, כפי שאנו אומרים לפי השינה; ״מימיני מיכאל, משמאלי גבריאל, מלפנַיי אוריאל, מאחורַי רפאל, ועל ראשי שְכִינַת אֵל״ (קריאת שמע שעל המיטה). חכמי הקבלה הכירו בקיומם של מלאכים, ככוחות פועלים בבריאה. הם ידעו את שמם המפורש, ואת תפקידם הייחודי. אלה הם המלאכים החשובים במעלה, והם מלאכי השרת, שהנוטריקון (ראשי-תיבות) שלהם הוא **ארגמ״ן**: אוריאל, רפאל, גבריאל, מיכאל, נוריאל.

<u>הזמנת המלאכים:</u>

זו הברכה, אותה אנו אומרים בשעת הצורך. <u>ברכת המלאכים</u>, או <u>בקשת המלאכים</u>, הינה בקשה להגנה ושמירה, המשלבת בתוכה זימונים חיוביים וחשובים לחיים שלנו. אנחנו משתדלים לבצע אותה בוקר. והיא נאמרת כך; **"בשם שמים, אנחנו מזמינים את מלאכי שמים לשמירה והגנה. 'המלאך רפאל מִלְפָנים, המלאך מיכאל מימין, המלאך גבריאל משמאל, והמלאך אוריאל מאחור'. ואתה המלך היושב במרומים על כיסא המלכות, אנא שמרוני ב________** (בֵּיתי, צאתי מבֵּיתי, מקום עבודתי, שנתי, וכדומה) **אנא** (ומצרפים פה מלל אינטואיטיבי חופשי), **תודה על** (מודים על דברים שכבר יש לי), **ותודה על** (מודים על דברים שאנחנו רוצים לעצמינו בזמן הווה), **אמן".**

כל החוכמה כאן, היא הדמיון. זה מה שמוריד את הברכה לכדי מעשה לעולם החומר (ומשלב את הכלים של חוק ההימשכות). כאשר אנו אומרים את שמות המלאכים, אנחנו למעשה מציבים אותם באמצעות הדמיון, כהגנה מסביבנו. כשאנו אומרים; "המלאך רפאל מלפנים", אנחנו מדמיינים אנרגיה מלפנים (מלאך, אור, דמות, מה שנוח לך). כשאנו אומרים; "המלאך מיכאל מימין", שוב מדמיינים כנ"ל. כשאנו אומרים; "המלאך גבריאל משמאלי", שוב מדמיינים כנ"ל. וכשאנו אומרים; "המלאך אוריאל מאחורי", שוב מדמיינים כנ"ל.

למעשה, יצרנו חומה של ארבע אנרגיות סביבנו. כאשר אנו אומרים: "ואתה המלך היושב במרומים", אנו מדמיינים כדור של אור שבא מלמעלה, וממלא את החלל בין המלאכים שהצבנו. למעשה, אנו עוטפים את עצמנו באור.
במלל החופשי, אנו מבקשים לעצמינו דברים שיחַזקו אותנו. אפשר גם לעשות את הבקשה, על מישהו אחר שאנו אוהבים, ופשוט להציב מלאכים מעליו (בדמיוננו כמובן), ולאחל לו מה שאנחנו רוצים בשבילו דרך ההודיה. אפשר לעשות זאת על הבית שלנו, ולהציב את המלאכים על הקירות או על הגג, ולמלא את חלל הבית באור. כך ההודיה תתייחס לפְּנים הבית, ולדברים שאנו רוצים לחוש בבית. ככל שעושים את הבקשה הזו יותר ולאורך זמן, כך מרגישים את האפקטיביות שלה. אחרי תקופה, ממש ניתן להרגיש את האנרגיה הזו, שעובדת איתנו לבקשותינו.

למעשה, אנו מדברים עם מלאכים. מי הם ארבעת המלאכים הללו? הנה המידע אודותם:

מיכאל המלאך:

הוא כוח החסד, ההתחדשות, הגנה מעין הרע, ויכולת ההתעוררות מחדש. במלאך זה אפשר להסתייע על מנת לעצור את תופעות הזיקנה, והוא מהווה כוח של חסדים, ומשמש סנגור על ישראל. הוא נמנה עם אחד מארבעת מלאכי השרת. הוא המלאך שבישר לשרה על הולדת בנה יצחק. מקום הימצאו ברקיע הרביעי, ומלבושו כעֵין מים-וקרח המבטאים את מידת החסדים.

גבריאל המלאך:

הוא הכוח של הדין. זהו לחץ החיובי בתחום התיקון שלנו, והוא ממונה על החלומות. אדם שחלם חלום מבהיל, יכול להתחיל בחיפוש תשובות אצל המלאך גבריאל, כי הוא נותן לאדם רמזים, כדי שיראה ויבין מה טעון תיקון בחייו. המלאך גבריאל מהווה כוח חיובי, המחייב את האדם בעבודת התיקון האישי, שהוא תיקון המידות. המלאך גבריאל הוא זה שהחריב את סדום. הוא זה שבימי יהושע ניצב לימינו, להילחם את מלחמת ישראל. ככתוב; " אני שר צבא יהוה" (יהושע; ה', י"ד). הוא המלאך גבריאל הנלחם להם, ככתוב; "וחרבו שלופה בידו". (דברי הימים א'; כ"א, ט"ז)

המלאך רפאל:

נמנה על אחד מארבעת מלאכי השרת, והוא ממונה על הרפואה. המלאך רפאל עוזר לנו, ונותן לנו הזדמנות חדשה. למלאכי השרת יש כנפיים, והם יכולים לעוף "מסוף העולם ועד סופו". הם יודעים את העתיד, את מהלך הכוכבים, וזמנֵי החמה. הם בעלי דעת ותבונה, מתהלכים בקומה זקופה, ודוברים את שפת לשון הקודש (תלמוד בבלי: מסכת חגיגה; ט"ז, ע"א). המלאך רפאל הוא זה שריפא את אברהם. שמו של רפאל נגזר מהפסוק; "אל נא **רפא** נא **לה**" (במדבר; י"ב, י"ג). בגמרא כתוב; "אותו מלאך הממונה על ההיריון לילה שמו, ונוטל טיפה ומעמידה לפני הקב"ה, ואומר לפניו: רבש"ע, טיפה זו מה תהא עליה?

גיבור או חלש, חכם או טיפש, עשיר או עני?" (נידה; ט"ז ע"ב). המלאך רפאל, הוא הממונה על ההיריון ועל פקידת עקרות.

המלאך אוריאל:

הוא קו האמצע (משפיע על האיזון הנפשי והרוחני, ובאופן כללי), והוא מופיע בעיקר בקבלה ובתפילות שונות. במדרש מובא הטעם שנקרא שמו אוריאל "בשביל תורה נביאים וכתובים, שהקב"ה מכפר עליו ומאיר להם לישראל" (במדבר רבה; ב', י'). "הבא להיטהר מסייעין בידו" (שבת; ק"ד, א'). אדם שמנסה להשתפר בכל מאודו ולשנות את חייו לטובה, המלאך אוריאל עוזר לו ונותן לו הזדמנות חדשה.

חוץ מארבעת המלאכים יש גם את מלאכי החבלה. הם נקראים גם כרובים. הם מתוארים כחיות בעלות ארבע כנפיים, ותפקידם לשאת את המרכבה האלוהית. הם הופקדו לשמור על מבואות גן עדן, ולמנוע מהאדם להיכנס. ככתוב; "וַיַּשְׁכֵּן מִקֶּדֶם לגן עדן את הכרובים" (בראשית; ג', כ"ד). במזרחו של גן עדן מחוץ לגן הוא שָׂם את הכרובים, שהם מלאכי חבלה.

לדעת חכמי הקבלה. אלה הם ישויות רוחניות הקיימות באופן ממשי מאז ומעולם, ואף על פי שלא ניתן לראותם בעין בשר, אין הדבר מוכיח שהם לא קיימים. שהרי ידוע, כי רב הנסתר על הגלוי. מספר המלאכים הוא אין סופי, עצום ורב. בסתר ליבו של כל אדם ברגעי חסד נדירים, הבקשה שלו היא; "שלח לי מלאך לעזרה".

התיקון הכללי:

רבי נחמן מברסלב גילה התנגדות לספר הזוהר, בנושא התיקון הכללי. לדעתו, ניתן לתקן את הנזקים הרוחניים שאוננות או קֶרי (פליטת זרע מתוך חלום) גורמים. לצורך זה, הוא חיבר את תיקון הכללי - קובץ פרקי תהילים - ותפילות שנועדו לתקן את פגם הברית, בנוסף על טבילה במקווה טהרה, שנחשבת בעיניו לעיקר התיקון.

לפי הזוהר, יש לראות בכך (אוננות וקֶרִי) עבירה שאין עליה כפרה. אין כוונת הזוהר כפשוטו, אלא שהכוונה היא להרתיע את האדם מן החטא. ידועים מאמרי חז"ל האומרים, כי תמיד אפשר לחזור בתשובה, ואין דבר שאי אפשר לעשות עליו תשובה.

את התיקון הכללי, אני רואה כתיקון חלקי. זה תיקון, שלמעשה משאיר אותך בחיי בפחד, ולא גורם לך לחיות חיים שמחים ומלאים. התיקון הכללי אמור להיות משהו, שעושה אותך אדם שלם, שחי חיי אהבה עצמית, וחיֵי נתינה אין סופית לזולת.

איך אמור לעבוד התיקון הכללי?

היום יותר קל לנו להבין, מה זה אומר לתקן שיבוש במערכת. למשל, כשיש וירוס בתוכנת מחשב, יש לנו שתי אפשרויות - (1). לתקן את זה. למצוא את מוקד השיבוש ולחסל אותה. (2). לפַרמֵט את הדיסק הקשיח, ולהתקין את התוכנה מחדש.

לכולנו יש וירוס מסוים במערכת ההפעלה במוח, שגורמת לנו להגיב בצורה שלילית כזו או אחרת, במצב מסויימים. לדוגמא; אישה או גבר מוכה, הם אלה שגורמים לבן או בת זוג להיות אגרסיביים כלפיהם. כמובן השאלה הראשונה של כולם היא - מה, אתה אומר שהקורבן בעצם אשם?

כמובן שלא!! אבל גם כמובן שכן!! ההסבר הוא כזה. שהבן/בת זוג האלימים,

הם ללא ספק בני אדם אגרסיביים. אך היכולת שלהם לממש זאת הלכה למעשה, תלוי בבני הזוג הקורבניים המאפשרים או מסכימים למצב (במקום לברוח, להזמין משטרה, להרביץ חזרה, לצעוק, לערֵב שכנים או בני משפחה, וכו'). ברוב המחקרים מצאו, שהקורבנות, גדלו בסביבה של אלימות.

המקום האחרון שבו אנו מצפים למצוא אלימות, הוא במשפחה. זו אחת הסיבות, שאלימות במשפחה היא כה מבלבלת. ילדים שחווים התעללות או שחוו התעללות, גדלו להיות בן זוג מתעלל, או בן זוג הקורבני.

התעללות יכולה לפגוע בבניכם, בבִתכם, באחותכם, ובחבריכם הטובים. לכן, באופן תת-מודע, הם יבחרו בבני זוג שיהיו אלימים כלפיהם, או שהם עצמם יהיו אלימים כלפי בני זוגם. כמובן שזה לא הייתה בחירה במודע, אלא בחירה בתת-המודע ולמה? כי זה שיבוש במערכת ה-"וירוס" שלהם. עד עכשיו עדיין לא מצאו דרך לפרמט את הדיסק הקשיח של האדם (במוח, במיינד). יש לנו פסיכולוגים שעושים את עבודת הניקיון של הווירוס בתוכנה, שזה גם כן רק תיקון חלקי. אך הם לא ממש מבינים בדיסק הקשיח לעומק.

פרק 23

כוח האותיות

בספר דברים (ז׳, י״ג), מצוּוֶה עַם ישראל להרחיק מעליו כל השפעה זרה מהעמים היושבים כבר בארץ המובטחת. וזה העניין של כוח האותיות 22 לפי הקבלה, על פי ״ספר הפליאה״.

זה מדהים איך ״כל האותיות הם פנים כנגד אחור, מפני שבּוֹשִׁים (מתביישים) להסתכל זה בזה, וכולם מקבלים זה מזה. אות בי״ת מאל״ף, וכן כולם. וזהו שאמר; לְיִרְאָה אֶת יְהֹוָה״ (דברים; י״ז, י״ט). שיהיה לך יראה ובושה כמו שיש יראה ובושה לאותיות. וזה בא לייחד את כל האותיות מן א׳ ועד ת׳. כשם שהם מתייראים ובושים, כך אתה צריך ליבוֹש ולהיכלם ולא להרים ראש נגד המדרגה שעליך״. (תיקוני הזוהר; תיקון ל״ד)

בהתחלת הבריאה, בראשית הזמן, האות א׳ במילה **ברא<u>ש</u>ית** פנתה אל האות ב׳ שהאות א׳ האצילו, ואמר אל האות ב׳ שהוא החכמה, בא האב - אב לחכמה, אב לבינה, אב לאברהם, אב ליצחק, אב ליעקב, אב למשה ולאהרן, אב ליוסף ולרחל אימו, הנה מאב אחד נאצלו כל הבנים ומבקשים מהאב להשקותם, כי עייפים הם. ו-״מים קרים על נפש עייפה״ (משלי; כ״ה, כ״ה), וזהו העניים והאביונים המבקשים מים, ואין מבקשים גם המידה הנקראת אי״ן. העניים ואביונים אלו שש קצוות, שבזמן הגלות מבקשים מן הא׳ הנקרא אין, אך כתר חכמה ובינה אינם עניים.

הפירוש הקבלי לכל אות ואות ב-22 אותיות האלף בית, הם עניינים קבלים מאוד עמוקים, ובמובן מסוים גם קשים מאוד להבנה. הרעיון הוא, לעשות השתדלות ולמצוא את העומק המסתתר מאחורי כל אות ואות, שיש בה כוח עולמי.

אנו מוצאים את הסיפור אודות 22 האותיות במדרש הקדום "אותיות דרבי עקיבא", חוזר על עצמו גם בנוסח דומה בספר הזוהר, המספר על התחרות בין אותיות האלף-בית על התואר הנחשק לפתוח את התנ"ך. האותיות באו אל הקב"ה, ולכל אות צידוק משלה, מדוע **בה** כדאי לפתוח את העולם (להציב אותה כאות ראשונה בתורה). הן הגיעו בסדר הפוך, מהאות ת' לאות א'.

האות ת' הסבירה ש"הרי אני החתימה של חותמד שהוא אמ**ת**, ואתה נקרא בשם אמת". האות צ' קבעה שרצונך לברוא בי את העולם, שאני צדיקים חתומים בי, ואתה הנקרא **צ**דיק רשום בי, שכתוב; כי צדיק יהוה צדקות אהב" (תהלים; י"א, ז'). האות מ' חשבה שהיא ראויה יותר, כיוון "שֶׁבִּי נקראת **מ**לך". והאות ט' ביקשה שהקב"ה יכיר בה כבוראת העולם, "שבי נקראת **ט**וב וישר". לאחר שברא אלוקים את עולמו דווקא באות ב' ("**ב**ראשית ברא אלהים את השמים ואת הארץ"), הבחין הקב"ה שאחת האותיות עומדת בצד ושותקת. זו היתה כמובן האות א', אותה ראו המקובלים כאות הצנועה ביותר.

א':

"א' יש לה ג' צדדין ראש, ואמצע, וסוף. **ראש** הוא הצד העליון, שבו אדוק ומורה על ממשות החכמה, וזיכרון הכוח שהיא נאצלת ממנו. **והאמצע** מורה על ממשות השכל מתרבה מהחכמה. **והסוף** מורה על המידה המתרבה מהשכל. וזו היא צורתה מזומנת להבין מעשה העליונים והיא תחילת לימוד התחתונים. על כן נעשה דבר א' והם בכבוד הדעת. אלו ב' צדדין שפע מוחלק ויונקים כוח מזה החלק שלפניו מכוח השוואתם ובזכרותם ובזיווגם נוקבים בית קיבול לכוח נאצל, והנפרד מהם שהוא כוח הגבלה הנראית בתוך עשר ספירות שהיא כלל לכל ענפי החכמה שהם נשרשים בשורש העליונים אצל הכתר, כדי להמשיך כח חיזוק בכל הספירות."

האות א' היא האות הראשונה בסדר האותיות. סימנה אחדות כוללת, הנובעת ממקור החכמה. היא מבטאת את ההתחלות החדשות ואת התנועה קדימה. היא ניצבת גבוה בסולם הערכים האוניברסליים, וכוללת בתוכה כוחות

עצומים המקרינים על כל האותיות הבאות אחריה. צורתה הגראפית היא, כאדם המצביע כלפי מעלה. ״לכן השיב לה הקב״ה ואמר לה: אלף, אל תיראי, שאת ראש לכולן כמלך. את אחת, ואני אחד, והתורה אחת, וכך אני עתיד ליתנה לישראל עמי, שנקראו אחד, ולהתחיל להם בך על הר סיני שנאמר; ׳אנכי יהוה אשר הוצאתיך מארץ מצרים מבית עבדים לא יהיה לך אלהים אחרים על פני׳״. (אותיות דרבי עקיבא; ב׳ ע״ב)

ב׳:

נכנס בי״ת לפני הקב״ה ואמרה לפניו, ריבונו של עולם! רצונך שתברא בי את עולמך, שבי משבחין לפניך באי עולם בכל יום, שנאמר; ״ברוך ה׳ לעולם אמן ואמן״ (תהלים; פ״ט, נ״ג), ״ברכו ה׳ מלאכיו״ וגו׳, ואומר; ״ברכו ה׳ כל צבאיו״, ועתידים כל דורות העולם לומר לפניך; ״ברוך ה׳ אלקי ישראל״, ואומר; ״וברוך שם כבודו לעולם וימלא כבודו״ וגו׳. מיד קיבל הקב״ה ממנו ואמר לו הן. אמר לו ברוך הבא בשם ה׳, וברא בו את עולמו בבי״ת, שנאמר; ״בראשית ברא אלהים״.

״ב׳ יש לה ב׳ צדדין בממשותה יוצא על הצד הב׳ מלפניה ומלאחריה והיא פתוחה כדי לקבל תוספת רוח הקודש מן הארץ. נמצא הא׳ כמו הרב המשים דברים בפי התלמיד שהיא הב׳ וצורתה פתוחה מזומנת להכיר עיקר האחדות, וזה ביאור עניינה ותכונת ראייתה בהבנת החוכמה״.

מסופר בגמרא; ״אמר רבי יונה בשם רבי לוי: בבי״ת נברא העולם. מה בית סתום מכל צדדיו ופתוח מצד אחד, כך אין לך רשות לדרוש מה למעלה ומה למטה, מה לפנים ומה לאחור, אלא מיום שנברא העולם ולבא״ (חגיגה; פ״ב). העובדה שהאות בי״ת ״נבחרה״ לפתוח את התורה, הביאה את המקובלים לייחס לה תארים ותכונות פלאיות, וללמד אותנו לא להסתכל אחורה, כי יש שם קיר. בלתי אפשרי לחזור אחורה בזמן. התורה ניתנה באות בי״ת, והיא מציינת את האפשרות לקבלת שפע והתרחבות. אות זו מייצגת את ״הכלי״, המשלים לאות א׳ (גוף ונפש). אדם הנושא את האות ב׳ בשמו הפרטי, יהיה אדם רגיש.

ג׳:

״ג׳ יש לה ב׳ צדדין ומטה, והמטה אחוז באמצעותה דוגמא של זוהר העשוי לקבל שפע שלמעלה ממנו. והיא פתוחה לפנים, כדי להשפיע מאותו כח באותיות שלמטה הימנה, ויש לה חלון בדוגמתה. מפני שכל האותיות הם צורות עומדות בהשוואת החלונות שנבראו בתוכם, כמו אספקלריות המאירות דומה לזכוכית צבוע במיני צבעונים מזומנת לאמר ולגזור בהם מעשה״.

בתורת הסוד, מייצגת האות ג׳ את התוצאה שבאה מחיבור. הכוונה היא, כשם שילד מסמן את התוצאה הנפלאה של חיבור הוריו (אבא + אימא = ילד. הווי אומר, האות א׳ + האות ב׳, מהווים את התוצאה של האות ג׳), כך מייצגת האות ג׳ את ההמשכיות והשפע. ביכולתה לגשר ולחבר בין ניגודים, לכדי יצירת שלמות אחת בין האותיות הקודמות לה.

ד׳:

״ד׳ יש לה ב׳ צדדין. צד נטוי וצד סמוך. והוא דפוס להשלים בה חומר היסודות דבוקה באמצע הג׳, והחלון שלה יש בו ממשות להכיל מכל צדדין מלמטה ולא מלמעלה, ואל זה נקרא מהות היצירה״.

האות ד׳ נזקקת לחסדים לשם קיומה, והיא מעניקה הרבה יותר ממה שהיא מקבלת. היא בין שני הכוחות, נתינה וקבלה, ואלו יוצרים אחדות אחת שלמה בלתי נפרדת.

ה׳:

״ה׳ בדוגמתה פתוחה, כדי לקבל שפע מכל צד, ופתוחה כנגד פניה כדי להיות יונקת כל האותיות ממנה בדרך השפע. והיא מניקה והיא סתומה מלמעלה, כדי שלא יתפשט השפע לצאת חוץ ממנה״.

הקבלה מלמדת, כי זוהי האות בה נברא העולם הגשמי, ומכאן הרמז לאמונה העממית שהיא כְנגד המספר 5 המבטא סגולה לשפע ולשמירה.

ו':

"ו' היא עומדת בזו הצורה, למצוא בו דוגמא נסתרת וניכרת בזו הצורה".

האות ו' מהווה גורם מחבר המסוגל לגשר בין הפכים. היא מציינת את היושרה, הצדק, והשלמות, ולכן נתפסת כעמוד מרכזי, סביבו מתקיימת הבריאה כולה.

ז':

"ז' עומדת בזו הצורה, כדי לתת השוואה וחילוק לגולם הנאצל והנעשה מן החומר".

האות ז' מציינת בפָּן החיובי - פרנסה, מזון, וחיים.

ח':

"ח' נקראת כך, על שם שהוא דפוס לסיבת גולם רוחני וגולם גופני. דמות שהיא ח', הוא הצורה לכל הדברים שהם בעלי חיים, ועל כן נקראת בלשון חיים".

האות ח' מציינת את המימד העל טבעי, את עולם הנסתר, ואת תחום המיסטיקה, ואת מסוגלותו של האדם להתעלות מעל העולם הגשמי.

ט':

"ט' היא כפופה מלפניה, וזקופה מכל צדדים. וממנה מתאצלות כל הדברים שהם לבוש השכל והמדע ר"ל הסתר שהם נסתרים בתוכה".

האות ט' מופיעה לראשונה במקרא במילה "טוב" (בראשית; א', ד') והיא רומזת למושג "הטוב והמוחלט" הבא לידי ביטוי בבריאות, פרנסה, וחיים טובים.

י':

"י' היא צורת רוחני, מקבלת שפע וברכה, ונעשית השוואה לכולם. וכולם יונקים ממנה ועל כן נעשית כמו דמות צוּרה זקופה מתרוממת ויושבת בראש,

ונעשית ראש לכולם, והיא עם כולם וחוץ מכולם... בעבור שהיא נאצלת מזיו זוהר גדול מהכתר, ונעשו עמה ספירות מיוחדות... וזהו שכתוב "דרכיה דרכי נועם וכל נתיבותיה שלום".

האות י' היא האות הרוחנית ביותר ובעלת העוצמה הרבה ביותר בשפה העברית, ולכן לא לחינם היא פותחת את שם הבורא המפורש.

כ':

"כ' הדרכים והנתיבות מענין אלף נטעו. כי הכ' של כ"ב (22) אותיות, נקרא כבוד. והוא צורת שכל קבוע, והוא הנתיב שלה".

אות זו מייצגת את "הכתר" הראוי, למי שעמל והשיג מטרותיו בדרך ראויה, וניצב במעלה רמה.

ל':

"ל' היא צורת אור מופלא, עומדת כמו מראה שהכל נראה מתוכה, והוא הנתיב שלה".

אות זו, היא האות האמצעית והגבוהה ביותר בשפה העברית, כי יש לה כעֵין צוואר העולה כלפי מעלה. והיא מבטאת את הלימוד ואת תפישתו השכלית של האדם, שבאמצעותה הוא יוכל להגיע להבנה עמוקה של מטרת החיים עצמם, וכפועל יוצא להתחבר לבורא. שהרי ללא לימודים, יתקשה האדם למלא את חייו בתוכן ומשמעות.

מ':

"מ' הוד אור צח פתוחה, והמ' האחרת סתומה (זו האות ם' הסופית, הסגורה מכל כיוון), והכל דבר אחד. והנתיב שלה נקרא אור צח ומצוחצח".

במהותה אות זו מבטאת את יכולת החיבור בין כוחות עליונים רוחניים וכוחות נמוכים גשמיים, כמצוי במילה "אמת", שמשמעה, חיבור הכוחות הרוחניים (האות א') עם הכוחות הגשמיים (האות ת') והאות מ' מהווה את הגשר המחבר ביניהם.

נ':

"נ' הם שני דברים, כנגד אור הנתיב הנסתר ותכונת הקדמון, ונעשה הכל דבר אחד. ועל זה נקרא משה נאמן והוא מגזירת אמונה. רצה לומר אב האמונה, שמכוחו האמונה נאצלת והוא נאמן בבריאותו".

אות זו נקשרת עם מידת הצניעות והענווה.

ס':

"ס' הנתיב השלם הוא אור הבהיר, מפני שהיא מחופפת בסתימותה מכל צד, והיא הנתיב שלה".

יש הרואים באות "ס" סגולה לשמירה והגנה. שהרי ברכת הכהנים מכילה 60 אותיות בדיוק. כמו כן, ארבעת הרבדים שבחכמת התורה נקראים בשם פרד"ס (פשט, רמז, דרש, סוד), כך שהאות "ס" רומזת לחכמת הנסתר ולעיסוק בסודות עליונים.

ע':

"ע' הוא לשון עבודה, וע"ז נקרא הנתיב שלה כיסא הנוגה. ויש לה שני ראשין והיא הנוף עומד פתוחה לקבל פועל המעשה".

אות זו רומזת לחוש גם הראייה. בעוד ששאר החושים מישוש, ריח, טעם, שמיעה, פועלים - רק כאשר מתקיימת קירבה פיסית אליהם. חוש הראייה הולך בנקל ממרחקים עצומים. חכמת הקבלה מלמדת, כי דרך הראייה הגשמית, נוכל להבין את עומקה של הראיה הפנימית.

291

פ':

"פ' ף' נקראים צורת שכלי, והנתיב שלהם נקרא אור הגדולה הנקרא חזזית. כלומר, מקום מוצא חזיון החוזים".

אות זו מייצגת את הפֶּה בלשון הקודש. מרבית המילים המבטאות יציאה ממצב סגור, פותחות באות פ'. (פתח, פֶּה, פֹּה)

צ':

"צ' ץ' הם מישְׂכל, הנתיב שלהם נקרא גלגל המרכבה, והיא מקום הטוהר ששם משתווים כל דברי הטהרה והוא מורה עליהם".

אות זו רומזת על צדק וצניעות. האות צ' סוגרת את האותיות ס', ע', פ'. וההסבר הוא: האות ס' היא שמירה, האות ע' היא עַין האדם, האות פ' זה הפה של האדם.

ק':

"ק' עניין וצורה של זוהר, שמשם היו לוחות הברית שנתנו על ידי משה רבנו עליו השלום. ועל כן נקרא הקב"ה אלהים קדושים, כי הוא קדוש בכל ענייני הקדושות. והענִיָן והנתִיב של אור הנקרא כיסא הכבוד".

לכן האות ק' מבטאת את הטוהר המוחלט, ואת הזכות העילאית.

ר':

"ר' הוא יסוד ההוויות. הנתיב שלה שמיוסדים בהם כל ההוויות שבעולם".

באות זו מביעים את המושגים; ראשון ו-ראש, המציינים פריצה קדימה, הנהגה, ואת המיצוב הגבוה בסולם.

ש':

"כבר אמרתי שהוא דמות של קשר תפילין. ש' דמות קשר של תפילין, והנתיב שלה נקרא ממשות הפועל".

שלושת הקווים שבאות זו, מבטאים את שלמות האדם - גוף, רוח, ונשמה. לאות ש', שני היבטים. והיא מייצגת גם את מידת ה**ש**קר וה**ש**חיתות ואת הכ**ח**ש ול**ח**ש. כמובא בזוהר (הקדמה) כיצד פונה האות ש' לבורא ומבקשת להיות הראשונה לתחילת מעשה הבריאה ומשיב לה הבורא: "אמנם את הראשונה בשמי.. מהות ה**ש**למות, אולם האדם עתיד להשחית את הקדושה בר**ש**ע ובשקר. שכנייך האותיות ר' וק', ימשכו אותך לקשור קשר ולטעת שקר עלי אדמות.

ת':

"ת' היא כנגד תיק של תפילין, והנתיב שלה נקרא תשלום העשייה... והוא דבר אחד גלויים ונסתרים אחוזים בשרשי הכתר ועל זה קרא הקב"ה לכולם בשם אחד והוא שם החכמה כמה שנאמר ; 'יהוה בחכמה יסד ארץ'".

לכן ת' מייצגת את המילים : **ת**פילין, **ת**שלום, אמ**ת**, שלמו**ת**, ואחדו**ת**.

293

פרק 24

המפתח לסולם

לקראת סיום ספר זה, ברצוני להעניק לך סוד טמון נוסף. נאמר; (מסכת מכות; ג' ט"ז): "רַבִּי חֲנַנְיָא בֶּן עֲקַשְׁיָא אוֹמֵר: רָצָה הַקָּדוֹשׁ בָּרוּךְ הוּא לְזַכּוֹת אֶת יִשְׂרָאֵל לְפִיכָךְ הִרְבָּה לָהֶם תּוֹרָה וּמִצְוֹת, שֶׁנֶּאֱמַר; "יהוה חָפֵץ לְמַעַן צִדְקוֹ יַגְדִּיל תּוֹרָה וְיַאְדִּיר" (ישעיהו; מ"ב, כ"א).

ללא המצוות, בלתי אפשרי לקרב עצמינו לה' יתברך שמו, כי אנו מגושמים ביותר. מכוח קיום אהבה עצמית, אהבת הזולת, והמצוות, אנחנו קונים לעצמינו שלמות. ובגלל שנשמה נחותה לא יכולה לממש את עצמה בעולמות העליונים, היא חייבת לרדת בחזרה לעולם העשייה, וזהו עולמנו הגשמי.
כי רק בעולם החומר, יש לנו את הזכות ללמוד ולעשות את בית-הספר של החיים, עבור הנשמה. כשאדם נמצא בעולם הגשמי והוא עובד מצאת החמה עד צאת הנשמה, הוא מפספס את הדבר החשוב ביותר בעולם העשייה. כשאדם רוצה לגור בפנטהאוז, הוא חייב להתחיל בקומה ראשונה ולטפס דרך כל קומות הבניין, עד שהוא מגיע לפסגה. כך זה גם בעולם הנשמות, משם אנו באים.

דבר זה דומה לרעיון שאנו חיים בבניין אחד, ולכל אחד מדיירי הבניין יש מפתח להגיע לקומה מסויימת (כמו בבתי מלון). לכל אחד יש את המפתח לבית שלו, והמפתח שלו ייחודי לו. כל דיירי הבניין יכולים להשתמש ולעלות במעלית. אך עם המפתח הספציפי שיש לו, כל אחד יכול לעלות אך ורק לקומה שהוא שייך אליה, ולהשתמש במפתח לדירה הייחודית שלו. חלק מהאנשים יש להם דירה פשוטה בקומות תחתונות, וכמה אנשים יש להם דירות בקומות העליונות הגדולות והיקרות יותר. ויש כמה אנשים בודדים, שיש להם פנטהאוז.

הדבר נכון גם בעולם הנשמות. נשמה שיש לה יותר זכויות, מותר לה לעלות לקומות הגבוהות יותר. ואילו נשמה שלא השקיעה בעצמה, נשארת באותה קומת קרקע, מתוסכלת, וחוזרת לפה פעם אחר פעם, ומפספסת את העבודה האמיתית שהיא באה לעשות פה.

אנו העם היהודי, קיבלנו מתנת שמים, ומתנה זו היא התורה. עם זאת, כל האומות גם הם קיבלו תורה משלהם. אך אנו היהודים, חוץ מהתורה, קיבלנו גם את התורה שבעל פה, את הנביאים, את הגמרא, ואת הקבלה. זו מתנה נפלאה שזכינו בה. יש אדם שמנסה לדחוס הרבה חומר למידה, אך ככל שהוא לומד יותר ומנסה להתקרב לדת, הוא יותר מתרחק ממנה. כי הוא מנסה ללמוד דת, ולא תורה. או שהוא מנסה לנתח ולהבין את הדתיים, במקום את הפנימיות של התורה.

אנו חייבים להבין, שאין כזה דבר דתיים ואין כזה דבר חילונים. זה מושג שלא באמת קיים. יש בני-אדם, ותפקידם להתחבר לתורה. זכינו לקבל מתנה כזאת נפלאה, ועלינו להשתמש בה בצורה הפשוטה ביותר. הווי אומר, ללמוד את חוקי התורה ואת תורת הנסתר, ולא להתעסק או להתעמק במנהגים השונים או בפרשנויות השונות, או להיכנס לעומק מבלי לחפש את המקור ההתחלתי.

כשנלמד ליהנות מחוכמה זו, נוכל לקבל את הכרטיס לפנטהאוז. ופתאום ההיגיון נתן לנו תשובות, על כל הדברים שלא הבנו קודם. דברים מסויימים, נהיים לנו לפתע, מאד ברורים. רק למידה תיתן לנו את הכלים. אז מדוע לפספס מתנה זו? במיוחד שהיום יש לנו את הדף היומי שזה סך הכל 30 דקות ביום, בשביל לזכות בחיי נצח. אשרינו שזכינו, כי בסופו של יום, הכול טוב והכל לטובה.

רבי פנחס בן יאיר, סידר את סדר המדרגות הסולם באופן מדורג וברור. המדרגה התחתונה בסולם היא התורה, והמדרגה העליונה ביותר בסולם היא תחיית המתים. זאת אומרת, שאפילו כשאדם נמצא במקום חשוך ביותר

ומבחינת הנשמה הוא מעֵין מת, עליו להתפנות ללימוד התורה שהיא המדרגה התחתונה בסולם.

וכל הרוכש את התורה, ידיעתו עשירה, ומתמלא ענוה ויראה, דרך ארץ, אהבת הבריות, והעולם פתאום קרוב אליו ברוח של אהבה ואושר, והחיים נעשים קרובים לליבו. נאמר במשנה; "אל תאמר לכשאֶפנה אֶשנה, שמא לא תפנה" (פרקי אבות; ב', ד'). אל תאמר "לכשאפנה" - כשהמצב יהיה נוח, "אשנֶה", אלמד תורה. "שמא לא תִּפָּנֶה". שמא חפץ הקב"ה שלימודך יהיה דווקא במצב של "לא תפנה", כשאינך פנוי לכך.

וכך אמר רבי פנחס בן יאיר; "תורה מביאה לידי זהירות, זהירות מביאה לידי זריזות, זריזות מביאה לידי נקיות, נקיות מביאה לידי פרישות, פרישות מביאה לידי טהרה, טהרה מביאה לידי ענווה, ענווה מביאה לידי יראת חטא, יראת חטא מביאה לידי רוח הקודש, רוח הקודש מביאה לידי תחיית המתים, וחסידות גדולה מכולן". (עבודה זרה; כ', ב')

נשלם ספר הסולם, והדרך צלח רכב על דבר אמת.

"יברכך יהוה וישמרך. יאר יהוה פניו אליך ויחנך. ישא יהוה פניו אליך וישם לך שלום" (במדבר; ו', כ"ב-כ"ז). יהי שערך שלום אמן וכן יהי רצון.

ביבליוגרפיה:

יהדות:

תנ"ך.

תלמוד בבלי.

ספר "הפליאה".

אגרות הרמב"ם

ספר "פרקי דרבי אליעזר".

ספר "אותיות דרבי עקיבא".

כתבי רבי אברהם אבולעפיה.

כתבי רבי אליעזר אלפנדרי. 2010

כתבי הרב אברהם יצחק הכהן קוק.

כתבי רבי דוד מדמוני. 2010

הרב ברוך רוזנבלום.

הרב מיכאל לייטמן.

נומרולוגיה:

ניר גוטליב.

תמיר בן אשר.

קרן ברמן.

יצחק אהרן – ראש מרכז "חכמה".

אתרים:

אתר הידען. www.hayadan.org.il

אתר ספריא. www.sefaria.org.il

אתר : www.enteryourmind

https://www.yeshiva.org.il

https://he.wikipedia.org

מקורות נוספים:

אלאן קרדק.

וורן באפט.

סטיב ג'ובס. \ פרופ' אשר יהלום גלובוס.

המרכז ללימודי השואה במכללה ירושלים.

● ● ●

אודות הסופר פנחס הכהן טורנהיים:

פנחס הכהן טורנהיים נולד ברחובות וגדל בניו-יורק ושם שהה תקופות שונות. מגיל צעיר הוא אהב לחקור את העולם הרוחני.

הוא טייס מסוקים מסחרי עם ניסיון של שלושים שנה בעולם התעופה, ממציא פטנטים רשומים בעולם התחבורה האישית, ובוגר ישיבת חב״ד בברוקלין ניו יורק, וקינגסבורו קולג׳, בברוקלין ניו-יורק.

אחרי שעבר הכשרה מקצועית בהפקות סרטים, הוא בילה את העשור הראשון של המאה העשרים ואחת, בקריאה ובכתיבה יצירתית של תַסרִיטים לתוכניות טלוויזיה בארה״ב ״Spy School״ ״Trail Ride Maniacs״. ״טיולי רכיבה על שביל״, ו״בית ספר לריגול״.

פנחס הוא דור שביעי בארץ, והוא בנו של הרב מאיר טורנהיים, הרב של מושב סִתְרִיָה לשעבר, ונכד לרבי אברהם יעקב בנימין טורנהיים, בנו של רבי נתנאל חיים טורנהיים, אשר התגורר בירושלים רב בית המדרש ״קהל יראים״ (חסידות משכנות הרועים) והם נצר לשושלת חסידות וולברוז.

פנחס טורנהיים הוא נומרולוג העוסק בניתוח אותיות שם האדם, ובהתאמה זוגית, בריאות, חישוב מספר הבית ומספר העסק, על פי תורת הנומרולוגיה הקבלית.

המחבר דובר שלושה שפות: עברית-יידיש-ואנגלית. היכרותו עם העולם הרוחני ועם תורת הנומרולוגיה הקבלית – על פינותיהן המיוחדות ועל סודות אורחות החיים בהן – הטביעה את חותמה על תיאור זירות ההתרחשות ועל מגוון הדמויות הרוחניות המרתקות ויוצאות הדופן המאכלסות את ספרו.

אודות הסופר פנחס הכהן טורנהיים:

פנחס הכהן טורנהיים נולד ברחובות וגדל בניו-יורק ושם שהה תקופות שונות. מגיל צעיר הוא אהב לחקור את העולם הרוחני.

הוא טייס מסוקים מסחרי עם ניסיון של שלושים שנה בעולם התעופה, ממציא פטנטים רשומים בעולם התחבורה האישית, ובוגר ישיבת חב״ד בברוקלין ניו יורק, וקינגסבורו קולג׳, בברוקלין ניו-יורק.

אחרי שעבר הכשרה מקצועית בהפקות סרטים, הוא בילה את העשור הראשון של המאה העשרים ואחת, בקריאה ובכתיבה יצירתית של תַסרִיטים לתוכניות טלוויזיה בארה״ב "Spy School" "Trail Ride Maniacs". ״טיולי רכיבה על שביל״, ו״בית ספר לריגול״.

פנחס הוא דור שביעי בארץ, והוא בנו של הרב מאיר טורנהיים, הרב של מושב סְתְרִיָה לשעבר, ונכד לרבי אברהם יעקב בנימין טורנהיים, בנו של רבי נתנאל חיים טורנהיים, אשר התגורר בירושלים רב בית המדרש ״קהל יראים״ (חסידות משכנות הרועים) והם נצר לשושלת חסידות וולברוז.

פנחס טורנהיים הוא נומרולוג העוסק בניתוח אותיות שם האדם, ובהתאמה זוגית, בריאות, חישוב מספר הבית ומספר העסק, על פי תורת הנומרולוגיה הקבלית.

המחבר דובר שלושה שפות: עברית-יידיש-ואנגלית. היכרותו עם העולם הרוחני ועם תורת הנומרולוגיה הקבלית – על פינותיהן המיוחדות ועל סודות אורחות החיים בהן – הטביעה את חותמה על תיאור זירות ההתרחשות ועל מגוון הדמויות הרוחניות המרתקות ויוצאות הדופן המאכלסות את ספרו.